청소년! 7인 7색, 배낭 메고 중동

글·사진 김정연, 김태준, 문다예, 박지원, 이다연, 지영훈, 허주은, 박진섭

청소년! 7인 7색, 배낭 메고 중동

초판 1쇄	인쇄 2023년 09월 07일
초판 1쇄	발행 2023년 09월 29일
지은이	김정연, 김태준, 문다예, 박지원, 이다연, 지영훈, 허주은, 박진섭
펴낸이	김지홍
편집	김지홍
디자인	채하림
펴낸곳	도서출판 북트리
주소	서울시 금천구 서부샛길 606 30층
등록	2016년 10월 24일 제2016-000071호
전화	0505-300-3158	팩스 0303-3445-3158
이메일	booktree11@naver.com
홈페이지	http://blog.naver.com/booktree77
값	18,000원
ISBN	979-11-6467-141-0 (03910)

- 이 책은 저작권에 등록된 도서로 저작권법에 따라 무단전재 및 복제와 인용을 금지합니다.
- 이 책 내용의 전부 및 일부를 이용하려면 저작권자와 도서출판 북트리의 서면동의를 받아야 합니다.
- 잘못된 책은 구입하신 서점에서 바꾸어 드립니다.

: 출애굽기 묵상하며 여행하기

청소년! 7인 7색, 배낭 메고 중동

글·사진 김정연, 김태준, 문다예, 박지원, 이다연, 지영훈, 허주은, 박진섭

CONTENT

01 여행은 스승입니다	6
02 여행을 열다	8
03 20일 중동 여행 루트	10
04 서로를 소개합니다 / 여행 찬양 소개	11
05 여행 준비 모임	31
06 출애굽기 묵상하며 여행하기	55
2023-01-16 [출애굽기 1장] 스탑오버로 부다페스트 여행	56
2023-01-17 [출애굽기 2장] 환승에 환승으로 카이로 도착	70
2023-01-18 [출애굽기 3장] 피라미드를 보러 가자	85
2023-01-19 [출애굽기 4장] 카이로 시내 & 다합으로	105
2023-01-20 [출애굽기 5장] 다합에서 처음으로 숙소 구하기	119
2023-01-21 [출애굽기 6장] 다음 일정을 위해 쉬어가기	131
2023-01-22 [출애굽기 7장] 시내산 등반	144
2023-01-23 [출애굽기 8장] 스쿠버 다이빙	160
2023-01-24 [출애굽기 9장] 이집트 안녕! 요르단 안녕?	173
2023-01-25 [출애굽기 10장] 와디럼 사막투어	187
2023-01-26 [출애굽기 11장] 페트라의 도시 와디무사로	201
2023-01-27 [출애굽기 12장] 붉은 도시, 페트라	213

2023-01-28 [출애굽기 13장] 우리 예루살렘에 갈 수 있어?	228
2023-01-29 [출애굽기 14장] 사해에서 신비한 경험	240
2023-01-30 [출애굽기 15장] 암만 시내 둘러보기	255
2023-01-31 [출애굽기 16장] 키프로스 파포스?	270
2023-02-01 [출애굽기 17장] 요리에 진심인 우리	285
2023-02-02 [출애굽기 18장] 텔아비브에서 이스라엘을 누리다	300
2023-02-03 [출애굽기 19장] 출국하기 너무 어려워!	316
2023-02-04 [출애굽기 20장] 벌써 귀국이라니!	326

07 중동 여행을 마치며   337

김정연의 "돌아보니 모든 게 감사!"	338
김태준의 "7인 7색이 뭐길래?"	340
문다예의 "내가 찾아가야 할 것들"	342
박지원의 "여행이 나에게 알려준 '하루'"	343
이다연의 "완전히 새로운 세상!"	345
지영훈의 "부모님 없이 가는 나의 첫 여행"	347
허주은의 "걱정의 끝은 결국 행복"	349

08 우리가 소개하는 여행 TIP   353

09 여행을 닫다   358

여행은 스승입니다

전 세계, 지구상에 가장 큰 고통과 아픔을 준 코로나 19, 그로 인해 우리는 인간이란 존재의 나약함을 깨닫게 되었고, 우주 만물을 창조하신 하나님 아버지 앞에 초라하고 나약한 모습으로 설 수밖에 없었습니다. 그동안 잘 진행되었던 소중한 배움과 깨달음의 시간을 뒤로 할 수밖에 없었습니다.

또한 코로나가 어느 정도 풀렸지만 본래 계획했던 시베리아 횡단 배낭여행은 러시아와 우크라이나의 전쟁으로 진행이 어려웠습니다. 하지만 제자들을 사랑하고, 여행을 사랑하는 '여행' 박진섭 선생님은 7명의 제자들(김정연, 김태준, 문다에, 박지원, 이다연, 지영훈, 허주은)과 본래 계획했던 시베리아 횡단 철도를 타고 '7인 7색'을 떠나려던 마음을 접고, '중동'으로 향했습니다. 출애굽기를 품고 떠나는 네 번째 배낭여행도 예상치 못한 지뢰밭을 곳곳에서 맞닥뜨릴 위험이 도사리고 있는 이집트, 요르단, 이스라엘입니다.

이집트, 요르단, 이스라엘은 모세와 출애굽기, 아니, 모세 오경(창세기, 출애굽기, 레위기, 민수기, 신명기)의 탄생지라고 불릴 수 있을 것입니다. 여기에 우리 주님, 우리 예수님이 태어나셨고, 걸으시며, 배고파하시며, 우시기도 했던 곳입니다. 십자가를 지시고, 오르시던 그 언덕길을 걷고, 멀리서 바라보는 것만으로도 우리의 마음이 만져질 수 있는 7인 7색 배낭여행입니다.

'여행'은 내가 계획했던 대로 움직이는 것이 아니기에, 그것도 여행 박진섭 선생님과 일곱 명의 제자들, 또 함께 섬기신 기대 정영범 선생님이 한 팀이 되어 움직이는 공동체이기에 더욱 그렇습니다. 스케줄이 꼬이고, 그 속에서 다양한 토론과 논쟁을 통해 지혜를 모으고, 기도하며, 출애굽기 말씀을 새롭게 묵상하며, 매일 새롭게 출발하는 여행은 그 자체가 인생이요, 배움이리라. 아니, 더 깊숙이 들어가면 "여행은 곧 스승이다."라고 고백할 수밖에 없을 것입니다.

2024년 1월이 벌써 기다려집니다. 다음 배낭여행은 어디로 가게 될까요? 매우 궁금합니다. 그만큼 '7인 7색' 배낭여행은 인생을 배우고, 우리의 믿음을 단단하게 하는 묘한 매력을 지니고 있습니다.

감사합니다.

2023년 9월
기독교대안학교연맹 이사장, 소명학교장 신병준 (꿈)

여행을 열다

　네 번째 시리즈, 중동으로 돌아왔습니다. 2018년도에 첫 여행 에세이 7인 7색 인도 차이나 반도를 시작으로 2019년도에는 두 번째 여행 에세이 7인 7색 인도 네팔, 2020년도에는 7인 7색 남미, 2023년도에 드디어 코로나19 시기를 이기고 중동에 다녀왔습니다. 처음 시작하며 계획했던 지금까지의 여행 일정을 비롯하여 출판까지 무사히 마무리 될 수 있음에 하나님께 영광을 높여드립니다. 다음 배낭여행은 말레이 제도(말레이시아, 인도네시아)로 고민을 하고 있습니다.

　저는 경기도 용인시 수지구 고기동 소재, 경기도 교육청 등록 기독교 대안교육기관 소명학교에서 '여행'이라는 별칭으로 국어를 가르치고 있습니다. 아이들이 여행 쌤이라고 부릅니다. 별칭을 여행으로 지은 가장 큰 이유는 지금까지 나에게 보이지 않는 큰 스승으로 여행이 그 역할을 해주었기 때문입니다.

　이번 네 번째 여행은 '중동'입니다. 이번에는 특별히 지금까지 코로나로 배낭여행을 함께 하지 못했던 아이들이 많아 두 팀으로 구성하여 22학년도 11학년 정연이, 태준이, 다예, 지원이, 다연이, 영훈이, 주은이, 기대 정영범 선생님과 22학년도 12학년 가은이, 시현이, 택연이, 현승이, 하원이, 선민이, 재우, 요게벳 정은주 선생님과 저까지 총 17명이 20일 동안 배낭여행을 했습니다. 18년에는 사도행전을 묵상하며 18일, 19년에는 마태복음을 묵상하며 23일, 20년에는 창세기를 묵상하며 34일, 23년에는 출애굽기를 묵상하며 20일 여행을 하게 되었습니다. 중동의 특이점은 계속 진행되는 분쟁과 갈등으로 이를 조심해야 한다는 것입니다. 제가 세계 일주를 하던 2011년에도 이스라엘 입국을 포기한 적이 있어 여행 중 이러한 상황을 마주하지 않기를 기도했습니다. 하지만 이번에도 이스라엘 예루살렘을 포기해야 하는 상황이 생기게 되었습니다.

하지만 이 상황을 허락하신 분도 하나님이심을 고백하며 아이들이 여행을 온전히 누리는 모습에 감사할 수 있었습니다. 예루살렘을 포기하며 키프로스 파포스라는 곳을 급하게 알아보게 되었고, 저도 처음으로 방문을 하게 되었습니다. 그곳에서 복음을 위해 핍박을 받았던 바울의 흔적을 발견할 수 있었습니다. 출애굽기를 묵상하며 모세를 마주했고, 파포스를 방문하며 바울을 마주할 수 있어서 감사했습니다.

7인 7색 여행의 두 가지의 목적은 첫 째, 나 자신을 찾아가는 여행입니다. 나를 창조하신 하나님께서 '성경'을 통해 말씀하십니다. 하루의 시작으로 말씀을 묵상하고, 이 말씀을 토대로 하루를 살아가고, 저녁 시간에 성찰하는 시간을 매일 가졌습니다. 둘 째, 아이들이 주도하며 성장하는 여행입니다. 아이들이 시행착오를 통해 성장하는 모습을 바라볼 때 저는 방학을 포기한 것 이상의 가치를 바라봅니다. 그 모습이 너무나 아름답습니다. 이를 통해 아이들이 공동체를 경험합니다.

이 책과 함께 출애굽기를 깊이 묵상하는 시간이 되시기를 권면합니다. 하나님께서는 출애굽기를 통해 여호와의 구원 능력을 보여주시며, 율법으로 대변되는 하나님의 백성들을 거룩한 자리로 초대하고 계십니다. 혼란스러운 이 세상을 살아가는 오늘날 우리에게도 동일하게 말씀 하시며, 거룩한 자리로 초대하고 계십니다. 함께 묵상하시며 그 시대, 애굽에서의 하나님의 구원 계획이 오늘날, 우리에게도 동일하게 유효함을 바라보세요. 그 사랑을 풍성하게 누리시기를 축복합니다.

감사합니다.

2023년 9월
소명학교 교사 박진섭 (여행)

20일 중동 여행 루트

서로를 소개합니다 / 여행 찬양 소개

여행 찬양을 들을 수 있어요!

김정연을 소개합니다

김태준 : 큰 키로부터 심신의 안정을 주는 친구. 무뚝뚝한 것 같지만 관찰력을 바탕으로 배려심이 깊고 재미를 준다. 깔끔한 정연이가 점점 역변하는 것 또한 보는 즐거움이 있었다. 여행 중 우리를 위해 두 번의 요리를 해줬는데 기가 막히는 요리 실력을 갖고 있다. 하지만 가끔 조용히 있다가 뼈 때리는 말을 하는데 상당히 아프다.

문다예 : 조용한데 주관이 뚜렷하고 존재감이 큰 요리사 친구. 잔잔함이 재미있었고 김치볶음밥은 정말 맛있었다.

박지원 : 조용한 개그맨 김정연! 최소한의 말로 친구들을 웃기는 재주가 있다. 대답할 때도 목소리를 내지 않는다. 따봉으로 답할 뿐… 또 김정연이 마지막 하루 피드백을 할 땐 모두가 놀란다. 언제나 같은 표정, 같은 걸음걸이로 꿋꿋하게 갈 길을 가던 김정연이, 하루 피드백 모임 시간엔 힘들었다, 짜증났었다고 이야기한다. 아무도 몰랐다.. 모두가 한 번씩은 분명 놀랐을 것이다. 아 그리고 7인 7색 대표 셰프님이다!

이다연 : 자기가 웃기다는 걸 자기만 모르는 사람. 조용하게 할 일을 다 해내고 묵묵히 도와주다가 뜬금없는 포인트에서 큰 웃음을 주는 반전 매력이 있다. 가이드, 요리사 등 다양한 직업의 소유자로 '킹정연'이라는 별명을 얻었다.

지영훈 : 무감정 그 자체. 하지만 요리할 땐 그 누구도 범접할 수 없는 매력적인 남자다. 무뚝뚝한 것도 매력이다. 광각 사진 찍을 때마다 다 찍어주는 착한 정연. 사진 찍을 때마다 찾는 김정연~

허주은 : 요리를 좋아하는 친구이다. 여행 동안 해줬던 오므라이스나 김치볶음밥은 진짜 못 잊을 맛이다. 밥 먹을 때 들어간 식재료를 분석하는 모습이 웃겼다. 또 엄청 조용한 친구인데 여행 동안 은은하게 웃겼다. 티를 안내서 몰랐는데 하루 성찰 모임 때 의외의 나눔이 많았다.

• 정연이의 여행 찬양 소개

　예수전도단의 '주님을 맞이하며'라는 찬양이다. "우리 주 위해 여기 모였네"라는 가사가 반복되는 것처럼 이번 여행을 통해서 즐기는 것뿐만 아니라 함께 모였을 때 주님을 묵상하고 찬양하기를 바라며 이 찬양을 고르게 되었다. 힘들 때도 찬양할 수 있는 모임이 되었으면 좋겠다.

김태준을 소개합니다

김정연 : 팀장을 맡아주었다. 책임감이 강해서 어떤 일이든지 나서서 도와주었다. 게다가 체육대학교 입시생으로서 힘쓰는 일도 도맡아서 하였다. 식사량이 많아서 여행하는 동안 배고파했던 때가 많았다. 가끔 피곤해할 때도 있었지만 밝은 모습을 유지하려고 했던 것이 눈에 보였다.

문다예 : 모든 방면에서 오빠가 있으면 이런 느낌일 것 같다. 여행 전부터 끝날 때까지 꼼꼼하고 세심하게 친구들을 챙기는 것을 보며 놀랐다.

박지원 : 팀장님 김태준! 친구들을 열심히 챙겨준다. 가끔씩 개그를 치는데, 그럴 때마다 분위기가 싸해진다. 리더에는 소질이 있지만 개그에는 소질이 없는 듯하다. 7인 7색 내내 이 친구의 잠바를 많이 뺏어 입었다. 항상 챙겨주고, 항상 구박한다. 어딘가 이상한 츤데레 성격을 가지고 있다.

이다연 : 섬김이 당연한 체력왕. 넘치는 힘과 체력으로 친구들을 많이 도와줬다. 11학년 팀장을 맡아 부담감이 컸을 텐데 여행 전부터 끝까지 책임감 있게 섬겨준 친구다. 마냥 과묵할 것 같지만 웃음소리는 가장 호탕하고 무모한 도전에 목숨 거는 편이다.

지영훈 : 든든한 팀장. 그가 없었다면 우리 여행은 이리 순탄하지 않았을 것이 분명하다. 자기 몸보다 남을 도와주는 것을 우선시하는 클라이밍(암벽 등반)하는 태준. 뭐든지 부딪혀보고 도전해보는 게 멋있는 도전 김태준.

허주은 : 책임감이 진짜 강한 친구다. 학생이지만 뭔가 선생님의 신분으로 여행을 함께하는 것 같았는데 그만큼 모든 친구들한테 신경을 잘 써줬던 친구다. 정말 잘 챙겨줬다. 사진 찍어줄 때 맨날 목석처럼 가만히 있는 게 웃겼다. 불면증이 있다고 하더니 공항 노숙할 때 진짜 잠을 안자서 되게 놀랐다.

• 태준이의 여행 찬양 소개

    어노인팅의 '내가 주인 삼은'이라는 찬양이다. "어떤 찬양을 선정해야 7인 7색 중 의지할 수 있을까?"라는 생각으로 찬양을 찾아보던 중에 이 찬양이 생각났다. 이 찬양을 선택한 이유는 찬양이 전하는 메시지처럼 여행 중 거친 풍랑과 같은 힘든 상황에서 이 찬양을 들으며 모든 것을 내려놓고 오직 주님 앞에 나아가고 싶었다. 그리고 '주사랑'이라는 짧은 가사로 나 스스로가 평안과 힘을 얻었고, 친구들 또한 이 찬양을 통해 하나님의 사랑을 누렸으면 해서 선택하게 되었다.

문다예를 소개합니다

김정연 : 바다를 좋아하는 친구. 조용하지만 친구들과 토론할 때는 굉장히 논리적이고 자신의 철학을 잘 설명한다. 음식에 대해서는 호불호가 확실하다. 그러나 그 외에는 여행 중에 한 번도 불평한 적이 없다.

김태준 : 친해지면 목소리도 우렁차고, 활기찬 친구. 본인만의 색깔이 뚜렷한 친구이다. 이야기를 하다 보면 철학적인 면에 많은 생각을 하고 있다는 것을 느낀다. 자연을 좋아하고 먹는 것의 즐거움을 아는 친구이다. 가끔 엉뚱한 행동을 한다.

박지원 : 조용한 4차원 문다예! 조용히 할 말 다 하고, 조용히 철학적인 질문들을 던진다. 언제는 다예가 "행복이 뭐야?"라는 질문을 해서 우리 모두를 당황시켰다. 아, 다예는 편식이 심하다! 싫어하는 음식이 어찌나 많던지, 다 읊을 수도 없다. 어쩌면 다예에게 '배고플지언정 야채는 먹지 않겠다!'라는 신념이 있을 수도 있다.

이다연 : 사고의 흐름이 예측 불가한 철학자! 본질적인 질문을 던지고 깊이 있게 생각하는 모습이 본받을 점이다. 자연과 아이스크림에 엄청난 행복을 느끼는 특이하고 귀여운 친구다.

지영훈 : 아직도 무엇을 생각하고 있는지 모르겠다. 약간 4차원적인건지 잘 모르겠지만 확실한 건 식물, 바다, 간식을 엄청 좋아하고, 채소를 나보다 안 먹는 다예. 너무 순수한 건지 생각이 깊은 건지 잘 모르겠지만 모든 것에 "왜?"가 붙는 질문 폭격기 문다예.

허주은 : 원래도 철학자 같은 친구였는데 이번 여행에선 더 철학자 같았다. 갑자기 "얘들아 너네가 생각하는 행복은 뭐니?"라는 질문을 했을 땐 진짜 웃겼다. 자신만의 신념이 있는데 그게 참 멋지다. 여행 동안의 다예를 생각해보면 항상 셀카를 찍고, 다합 드림캐쳐와 고양이에 집착했으며, 여행지 모래를 주워 담았다. 함께 너무 재밌게 여행을 했다.

• 다예의 여행 찬양 소개

  좋아하는 찬양에 행복하고 의미 있는 기억을 담아오고 싶었다. 홍이삭의 '하나님의 세계'는 사회소명(소명학교의 진로 프로그램)을 배우며 알게 된 찬양이다. 이 찬양을 들을 때면 주님을 따르는 길이 행복한 길이라는 생각이 든다. 여행에서 창조 세계의 아름다움과 질서를 묵상하기 위해 이 찬양을 선정했다.

박지원을 소개합니다

김정연 : 7인 7색 전에 배낭여행 경험이 있는 유일한 11학년. 작년 여름쯤에 산티아고 순례길을 갔다고 한다. 그래서 그런지 여행 중에 여유가 있는 듯했다. 그리고 아이유를 굉장히 좋아한다. 브이로그 비슷한 영상을 자주 찍었던 것이 기억난다.

김태준 : 든든하고 잘생긴 친구. 만나본 사람 중에 제일 호탕하고 쿨한 친구이다. 말투가 툭툭거리는 것 같지만 안에는 배려가 있다. 배낭여행을 갔다 온 적이 있는데 그로 인해 종종 여유로운 모습을 보여준다.

문다예 : 주도적이고 성격이 시원시원하다. 지원이는 말을 너무 재미있게 잘한다. 항상 웃긴 일이 있을 때 그 상황을 다시 모두에게 전달해 준다.

이다연 : 자기가 맡은 일을 열심히, 그리고 '잘' 해내는 든든한 여행자! 즉흥형 중에서는 계획적인 편이다. 예술인답게 사진도 감각적으로 잘 찍는다. 조금의 가식도 허용하지 않는 꾸밈없는 매력 덕분에 훨씬 편안하게 여행할 수 있었다.

지영훈 : 뭔가 웃긴 친구, 그냥 웃긴 친구, 뭘 해도 웃긴 친구. 11학년 포토그래퍼 담당. 뭔가 항상 엉뚱하지만 나름 냉철하게 판단해야 할 때 결정을 내려주는 지원. 확실한 건 내 개그를 너무 좋아하는 브이로그 유튜버 박지원.

허주은 : 엄청 웃기다. 나랑 뻘짓 할 때 잘 맞아서 웃긴 일이 참 많았다. 몸이 안 좋을 때 시내산에 올라가서 힘들었을 텐데 티를 하나도 안 내고 진짜 씩씩하게 올라갔다. 항상 카메라를 들고 다니면서 브이로그를 찍었고, 나올 영상을 매우 기대하고 있다. ㅋㅋㅋㅋ 숙소에서 항상 씻고, 가장 먼저 침낭 속에 들어가 있는데 그 애벌레 같은 모습이 눈에 아른거린다. 여행 동안 행복해 했지만 집도 많이 그리워했다.

• 지원이의 여행 찬양 소개

　내가 고른 찬양은 J-US의 '나를 세상의 빛으로'라는 찬양이다. 이 찬양은 J-US 찬양 예배에 가서 처음 들었는데, 7인 7색 떠나기 몇 주 전에 이 음악이 유튜브에 업로드 됐었고, 우연히 그 찬양을 다시 접하게 되었다. 나는 '영화과'라는 꿈을 분명 가지고 있지만, 이 길이 나에게 맞는 길인지에 대한 의문은 여전히 남아있다. 그래서 부족한 모습에 스스로가 쉽게 흔들리고, 쉽게 넘어지는 내 자신을 보며, 세상의 빛으로 보내신 하나님을 온전히 의지하며, 고3 시간 동안 빛으로 나아갈 준비를 하고 싶었다! 그래서 이 여행이 그것을 깨닫게 되는 원동력이 되었으면 하는 마음으로 이 찬양을 선택하게 되었다.

이다연을 소개합니다

김정연 : 팀장은 아니지만 팀장과도 같은 모습을 보여준 친구. 특히 하루 동안의 일정을 시간별로 정리해서 알려주었던 것이 인상 깊었다. 매우 계획적이고 철저해서 믿음직스러웠다. 여행 전에 공부에 대한 부담감이 있었지만 7인 7색을 잘 준비해 주었다.

김태준 : 7인 7색의 실질적 우두머리. 해결책이 필요한 상황에 적절한 해결책을 제안해 준다. 체력이 부족하지만 뒤처지지 않으려고 열심히 걸었다. 아마도 10년치 활동량을 여행하는 동안 다 사용한 듯하다.

문다예 : 나눔을 하거나 평소에 이야기하는 것을 들어보면 통찰력이 뛰어난 것 같다. 상황을 잘 정리해서 합리적인 판단을 내린다.

박지원 : 행복하고 든든한 이다연! 여행 내내 다연이의 실실거리는 웃음을 봤어야 한다. '이 친구가 정말 행복하구나.'라는 것을 알 수 있었다. 평소엔 앉아서 공부만 하던 이다연이 이곳에 와서 더없이 행복한 모습을 하고 있었다. 이 친구에겐 배울 점이 참 많다. 행복한 여행을 보내는 것부터 시작해서 묵상 나눔을 들어보면 '어쩜 저렇게 생각했지?'싶다.

지영훈 : 정말 모든 계획을 다 짜주는 인간 계획서 같은 존재. 다연이가 없었다면 아무 것도 하지 못했을 것이 분명하다. 감성적인데 여행 중에 울지 않아서 놀랐다. (영화 보면서 우는 것도 놀랐다.) 인간 계획서이면서 내 개그에 유일하게 진심으로 웃어주는 이다연.

허주은 : 7인 7색 여행에서 나와 함께 행복 메이트였던 친구이다. 내가 컨디션이 안 좋았을 때 온갖 약이란 약은 다 줘서 너무 고맙고 웃겼다. 참 성숙한 친구인데 그게 모임 할 때나 함께 대화를 나눌 때 많이 드러났다. 사진 찍는 걸 좋아하는데 핸드폰을 화질이 안 좋은걸 가져 와서 친구들 폰을 빌려서 가장 열심히 사진 찍는 게 쏘 큐트했다. 밸런스 게임을 엄청 좋아하는데 진짜 잘 지어낸다.

• 다연이의 여행 찬양 소개

　내가 선정한 찬양은 WELOVE의 '다시 일어나'이다. 가사 중 '주를 예배함이 내 모든 기쁨이 되리'라는 가사가 있다. 이번 여행을 통해 그 어떤 순간보다 하나님을 예배하는 것을 가장 기뻐하는 자가 되고 싶어서 이 찬양을 골랐다.

지영훈을 소개합니다

김정연 : 밝은 성격의 소유자. 몸이 자주 아픈 체질이라 다들 걱정했지만 잘 버텨주었다. 컨디션이 좋을 때는 텐션이 굉장히 높지만, 아플 때는 밥도 잘 먹지 못해서 더 걱정이었다. 여행 중 지루할 수도 있는 순간에 친구들을 웃게 해주었다.

김태준 : 생각이 깊은 장난꾸러기. 컨디션이 안 좋을 때 피해를 주지 않으려고 노력한다. 부러울 정도로 잠을 잘 자고, 때론 걱정될 정도로 잘 잔다. 우리 팀의 분위기 메이커 중 한 명으로서 영훈이의 컨디션이 좋은 날은 재미있는 날이 된다.

문다예 : 배려가 몸에 배어 있고, 친구들을 계속 신경 쓰는 것이 느껴졌다. 평소에 그 특유의 개그를 좋아했는데 여행에서도 재미를 담당해 주었다.

박지원 : 분위기 메이커 지영훈! 친구들을 웃기기 위해 말을 많이 하는 것 같다. 덕분에 오디오가 비지 않아서 꽤 즐거웠다. 하지만 대화를 하다 보면 꽤 속 깊은 면이 있다! 반전 매력을 지닌 친구!

이다연 : 따라잡을 수 없는 친화력의 소유자이자 만화 캐릭터처럼 통통 튀는 분위기 메이커! 여행 내내 "Have a nice day!"를 입에 달고 지낸 정이 많은 친구이다. 이번 여행에서 콜라와 사랑에 빠졌다.

허주은 : 친화력이 진짜 갑이다. 여행 중 갑자기 만난 우리나라 분들과 연락 주고받는 것을 보고 느꼈다. 여행하는 동안 많이 아팠어서 안타까웠는데 그래도 마지막엔 잘 회복한 것 같아 다행이었다. 맨날 알 수 없는 이상한 드립을 치고 다녔는데 많이 배웠다. 또 매번 슈크란!(감사합니다)을 외치던 게 아직도 귀에 맴도는 것 같다..

• **영훈이의 여행 찬양 소개**

　WELOVE의 '어둔 날 다 지나고'를 선정하게 된 이유는 가사 중에 "한 걸음 한 걸음 주와 함께 걸으리"라는 가사가 있다. 내가 힘들 때 마다 이 찬양을 듣곤 했는데 주님은 언제 어디서나, 무슨 일이 생겨도 우리와 함께 계시고, 동행하시기에 이를 잊지 않기 위해 이 찬양을 선정하게 되었다.

허주은을 소개합니다

김정연 : 어딘가 나사가 빠져있는 듯하다. 그러나 힘들 때 예상치 못한 곳에서 웃음을 주어서 엉뚱한 점이 오히려 힘이 되었다. 가끔가다 감동적인 말도 해서 놀랐다. 약간씩 휘청휘청 거리며 걷는 게 포인트.

김태준 : 철이 든 막내딸 같은 친구. 허당스럽지만 해야 할 때는 진지하게 임하는 모습을 보여준다. 다합에서 반팔만 입고 까불다가 감기에 걸려 고생했다. 이집트에서 산 알라딘 바지가 매우 어울리는 친구이다.

문다예 : 주은이다움이라는 말로밖에 설명할 수 없는 성격이다. 헤롱헤롱한 듯한 텐션과 예측할 수 없는 엉뚱함이 이번 여행에서 더 드러났던 것 같다.

박지원 : 개그우먼 허주은! 얘 때문에 7인 7색 동안 엄청 웃었다. 주은이가 없었으면 큰일 날 뻔했다. 이상한 알라딘 바지를 이집트에서 구매하더니 거의 매일 입고 다녔다. 그 누가 말려도 꿋꿋하게 자기 길을 걷는 허주은은 미운 구석이 없는 귀여운 친구다.

이다연 : 엉뚱한 매력이 사랑스러운 해피 바이러스!! 세상 행복하고 맑은 표정이 다른 사람까지 행복하게 만든다. 이렇게 웃기고 따뜻한 사람은 처음 본다. 감히 흉내 낼 수 없는 독보적인 캐릭터로 우리에게 큰 웃음을 주었다.

지영훈 : 가끔 한국어 오류가 있고 순수미가 있어서 너무 좋다. 뉴스 리포터를 담당하고, 개그가 가끔 나보다 재미있어서 좋다. 그리고 다예 통역사 같은 느낌, 몸이 핸드폰 가게 앞에 있는 풍선 인형 같은 느낌! 유일한 나의 개그 대항마 허주은.

• 주은이의 여행 찬양 소개

    나의 주제 찬양은 마커스 워십의 '오직 예수뿐이네'라는 찬양이다. "크신 계획 다 볼 수도 없고 작은 고난에 지쳐도 주께 묶인 나의 모든 삶 버티고 견디게 하시네. 은혜 아니면 살아갈 수가 없네. 나의 모든 것 다 주께 맡기니"라는 찬양 가사가 우리 여행 안에서 꼭 필요할 것만 같다는 생각이 들었기 때문이다. 그리고 가사처럼 내가 여행을 하며 '어떤 상황에서든지 은혜로 나아갔으면 좋겠다.'는 생각을 했기에 이 찬양을 선정했다.

기대(정영범) 선생님을 소개합니다

김정연 : 11학년과 일정을 함께 소화하신 선생님. 여행 선생님이 12학년 팀에 계실 때는 신경 쓰셔야 할 것이 더욱 많으셨을 텐데 우리를 항상 밝은 모습으로 친근하게 대해주셨다. 여행 후반에는 밥을 해 먹어야 했는데 이때 선생님의 요리 실력이 돋보였다.

김태준 : 닉네임처럼 힘들 때 기댈 수 있는 어른. 하지만 때론 편안한 형이 되어주는 어른이시다. 선생님과 여러 다양한 이야기를 했을 때 많은 것을 배울 수 있었다. 엄청 도전적이시다.

문다예 : 장난을 많이 치시고 웃음이 많으시다. 기대 쌤의 나눔은 깊이가 있고 따뜻해서 와 닿을 때가 많았다. 고기를 잘 구우시고 이색적인 요리에 자주 도전하신다.

박지원 : 우리의 인자한 선생님 기대 쌤! 학교에서도 화내는 걸 한 번도 본 적이 없는데, 이집트에서 현지인에게 놀림 받았을 때의 선생님의 화난 표정이 아직까지도 선명하다. 언제나 웃으시던 기대 쌤의 모습만 봐서 그런지 매우 신선했다! 하지만, 곧바로 마음을 바로잡으시고 우리에게 그들의 지혜와 우리의 지혜는 다른 것이니, 낙심하지 말라고 위로해 주시는 선생님은 우리들의 최고의 친구 같은 든든한 선생님이다!!

이다연 : 친구처럼 친근하면서도 존경스러운 선생님. 항상 솔직한 묵상 나눔으로 큰 울림을 주셨다. 동시에 즐길 때는 누구보다도 열심히 즐기고 누리시는 쌤!

지영훈 : 선생님이지만 교회 형 같은 친근함! 묵상에서 하시는 말씀들이 나에게도 힘이 되어 너무 감사했다. 가끔 힘들어하실 때마다 표정이 너무 재미있어서 정말 선생님처럼 안 보였다. 하지만 우리가 힘들어 할 때마다 도움을 주시는 정말 감사하고 멋진 우리 기대 쌤!

허주은 : 학생보다도 학생 같았던 분이시다. 이왕 여행 온 거라는 마음으로 새로운 시도를 많이 하셨다. 생각이 엄청 깊으셔서 여행 중 기대 쌤의 묵상 나눔은 큰 은혜가 됐다. 선생님과 냄비 밥을 지을 때 기억이 너무너무 인상적이고 재밌어서 계속 기억에 남을 것 같다. 지금 생각해도 웃기다. 전에는 선생님 수업을 거의 안 들어

서 잘 몰랐었는데 너무너무너무 좋으신 분이라는 것을 알게 됐다.

여행(박진섭) 선생님을 소개합니다

김정연 : 별명부터 '여행'으로 지으실 만큼 여행을 좋아하시고 경력자이신 선생님. 학생들이 선생님을 너무 의지하지 않고 자기 주도적으로 여행할 수 있도록 뒤에 계셨지만, 도움이 필요한 상황에서 한 번씩 조언을 해주시는 것만으로도 마음이 편했다.

김태준 : 든든한 방관자. 우리 스스로 결정하고 선택할 수 있도록 기다려주심으로써 우리가 주도적으로 여행을 하며 배울 수 있도록 하신다. 하지만 중요한 순간에는 경고, 가이드 등으로 우리가 안전한 길로 갈 수 있도록 도와주신다. 선생님과 신앙 관련해서 나누며 적어둔 것을 다시 찾아볼 정도로 깊음이 남다르시다.

문다예 : 안정감을 주시고, 중요한 상황에서 경험을 바탕으로 큰 도움이 되는 조언을 해주신다. 음식점에서 항상 "저는 아무거나 주세요."라고 말씀하시는데 정말 대단해 보였다.

박지원 : 든든할 줄 알았던 여행 쌤! 부다페스트에 도착하자마자 알아서 하라며 뒤로 빠져계시던 여행 쌤의 모습이 아직도 선명하게 남아있다. 얼마나 충격이었는지.. 그 덕에 얻어간 게 참 많은 것 같다. 사실 든든한 여행 쌤!이 더 맞는 말일지도 모른다. 페트라 여행할 때, 가이드가 필요 없다며 쏘리. 위. 돈. 니드. 가이드.라고 카리스마 있게 말씀하시는데 와우! 직접 그 모습을 모두가 봤어야 한다.

이다연 : 존재만으로도 든든하고 힘이 되는 선생님. 여행의 방향성을 잃을 때마다 다시 하나님 중심으로 방향을 잡을 수 있도록 도와주셨다. 선생님 덕분에 인생의 방향도 바로 설정할 수 있었다.

지영훈 : 묵상 나눔과 마무리 나눔을 해주실 때마다 좋은 말씀과 하루 피드백을 깔끔하게 해주시는 여행 쌤! 정말 어려운 상황에 놓일 때마다 한 번에 해결해주시는 여행 쌤. 특히 "Sorry we don't." 이 한마디가 얼마나 멋있는 말인지 알려주고 다이어트 성공하신 멋진 우리 여행 쌤!

허주은 : 항상 꽃받침을 하셔서 김~치, 치~즈처럼 여행~쌤이라는 유행어 아닌 유행어가 7인 7색 여행 속에 등장했다. 여행을 정말 많이 해보셔서 그런지 상황 속에서 흘

러나오는 지혜가 정말 대단하시다. 어떤 상황이든지 다 겪어보셔서 어떻게 해야 할지 아시는 분 같았다. 학생주도 여행인 만큼 항상 뒤에서 따라오셨지만 위험한 상황이나 중요한 상황 속에서는 강단 있게 나서서 해결해주셨다.

여행 준비 모임

정연이의 여행 준비

• **2022-11-02 (수) 첫 번째 모임**

 7인 7색을 같이 가는 친구들과 12학년 선배 두 명과 같이 첫 모임을 했다. 같이 가는 인원을 잘 몰랐는데 이번 모임을 통해 정확히 알게 되어서 좋았다. 수능이 얼마 남지 않아서 모든 12학년 선배들이 참여하지는 못했지만 두 선배가 굉장히 똑부러지게 갈 지역들을 제시해 주어서 나름대로 좋은 시작이었다.

• **2022-11-09 (수) 두 번째 모임**

 본격적으로 세부 계획을 세우기 시작했는데, 지역에 도착해서 해야 할 것들보다는 입국에 필요한 것들을 조사하는 것이 더 힘들었다. 특히 부모여행동의서는 정보가 그다지 많지 않아서 더욱 그랬다. 그래도 여러 명이서 함께 조사하다 보니 어떻게 해야 할지 확실해진 것 같다.

 아직 계획 초기라 서로 의견을 맞추는 것에 에너지가 정말 많이 소모되었다. 지금도 이런데 중동에 가서는 어떨지 걱정이 되었다. 서로 싸운다는 선배들의 얘기가 이해가 안 되었는데 아마 이런 식으로 싸우게 되는 것이 아닐까 싶었다.

 마지막으로, 각자 조사할 지역을 정해서 더 조사할 것들이 명확해졌다. 그와 동시에 조사할 분량은 늘어나서 더 힘들 것 같다..

• **2022-11-16 (수) 세 번째 모임**

 내가 맡은 '페트라와 암만'의 조사를 오늘까지 해오는 것이었지만 생각보다 조사할 것이 많았다. 그래서 페트라만 끝내고 암만은 다음에 해야 했다.

 이번 모임에서는 각자 맡은 지역 조사, 그리고 이전에 조사했던 것을 다시 확실하게 정리하는 작업을 해서, 서로 소통하는 시간은 비교적 줄어들었다. 그래도 여전히 오래 걸리기는 했다. 개인적으로 조사하는 게 내 성향과 더 잘 맞는 것 같다.

- 2022-11-23 (수) 네 번째 모임

 이제부터 허주은이 모임에 참여하게 되었다! 고민하던 중에 어머니께서 신청해버리셨다고 하는데, 본인도 싫어하지는 않는 것 같다. 첫 모임이라 뭘 해야 할지 감이 안 잡혔을 텐데 잘 준비했으면 좋겠다.

 암만 조사를 절반 이상 끝내고, 이제 식사와 갈 곳들만 정리하면 된다. 그리고 공동 항목 중 준비물 조사를 맡게 되었다. 나 혼자서 하면 빼먹을 수 있으니까 친구나 부모님께 여쭤보면서 알아봐야겠다.

- 2022-11-30 (수) 다섯 번째 모임

 전체적으로 부족한 부분들을 분담해서 조사해 오기로 했었고, 이번 모임에서 그 부분을 나눴다. 나는 출발 전에 챙겨야 할 것들을 정리했는데, 공동 문서에 있는 리스트를 참고했다. 다른 친구들도 각자 맡은 부분을 잘 준비해 와 주었다.

 시험 기간 이후로 모임 할 수 있는 날이 몇 번 남지 않아서 이에 대해 먼저 11학년 친구들끼리 나누는 시간을 가졌다. "얼마 남지 않았고, 그것마저 부족할 수 있으니 모임 시간을 최대한 확보하자."라는 의견과 "모임을 오래 하면 집중력이 떨어져서 효율적이지 않고, 그것보다는 집에서 각자 조사하고 나중에 선생님께 검사받자."라는 의견이 약간 충돌하였다. 아마 집에서 조사해서 오자는 의견을 낸 친구들은 집이 멀기 때문에 그랬던 것 같다. 나는 둘 다 상관없었지만 웬만하면 모임 시간을 더 확보하는 것이 좋을 것 같다고 생각했다.

 한 가지 걱정되는 것은 아직 7인 7색을 시작하지도 않았는데 의견 차이로 인해서 이런 상황이 생기게 되면 중동에 가서는 얼마나 갈등이 깊어질지 상상이 되지 않는다. 아직 학생이기에 어쩔 수 없는 부분이겠지만 최대한 이성적이고 효율적으로 대처할 수 있도록 노력해야겠다.

• 2022-12-14 (수) 여섯 번째 모임

　개인적인 것과 공통적인 것들을 전체적으로 점검하는 시간을 가졌다. 각자 조사하고 계획하는 것은 항상 해왔지만, 앞으로 남은 모임에 요르단 패스 구매나 부모여행 동의서 신청처럼 다 같이 해야 하는 일이 남아있었다. 또 현지 상황을 정확히 알 수 없기 때문에 원래 계획에 차질이 생겼을 경우를 대비해야했다. 숙소나 이동 수단 등 여러 가지를 알아봐야 하기에 할 일이 많아졌다.

• 2022-12-26 (월) 일곱 번째 모임

　독감 확진으로 참여하지 못했다.

• 2023-01-02 (월) 여덟 번째 모임

　선교사님께 질문하는 시간을 가졌고, 오늘 새롭게 알게 된 것들이 있었다. 와디럼에서는 보름달이 뜰 때 별이 잘 보이지 않는다. (초승달일 때 가장 잘 보인다.) 페트라에서 말을 탄다면 올라가는 코스에서 타라.(내려올 때는 타기가 힘들다.) 이스라엘 공항은 검색이 오래 걸리기 때문에 최소 3시간 전에 도착해야 한다. 아직 가보지 않았기 때문에 여전히 잘 모르겠지만, 막상 가보면 도움이 될 유용한 정보였다.

• 2023-01-09 (월) 아홉 번째 모임

　가방과 신발, 그리고 침낭을 가져와서 점검하는 것으로 모임을 시작했다. 가방을 메는 방법으로 "어깨는 거들 뿐."이라는 여행 쌤의 말씀이 기억에 남는다. 신발은 등산화 중에서도 무겁거나 크지 않은 것을 가져갔다. 처음에는 이게 적당한 신발인지 잘 모르겠어서 고민을 했으나 다른 친구들도 비슷한 신발을 가져온 것을 보고 안심이 되었다. 침낭은 깜빡 잊어버리고 가져오지 못했다. 그래도 다른 친구들이 가져온 침낭을 보며 집에 있는 것과 대략 크기를 비교해보니 적당한 것 같았다.

　그다음에는 11, 12학년이 동행해야 하는 일정을 확인했다. 정확한 지역은 기억나지 않지만 다른 곳으로 이동해야 하는 날을 제외하고는 전부 따로 다니기로 한 것 같다. 아무래도 7인 7색이다 보니 가급적이면 원래 인원대로 진행하는 것이 맞는 것 같다.

　마지막에는 요르단 패스를 준비했다. 내가 한 것은 개인 정보 입력밖에 없기는 했지만 가장 복잡했던 시간이었다. 오늘 가방에 짐을 간단히 넣고 영훈이, 태준이와 걸어보기로 했다. 어느 정도의 끈 길이가 적당한지 감을 찾을 수 있으면 좋겠다.

• **2023-01-12 (목) 열 번째 모임**

　여행 쌤께서 선불이 아닌 숙소는 예약해도 된다고 하셔서 페트라(와디무사) 쪽 숙소를 예약했다. 선배와 상의해서 저렴한 숙소로 예약을 했는데 밤에 춥거나 침대 상태가 좋지 않을까봐 약간 걱정되었다. 그래도 7인 7색 예산이 한정적이기 때문에 최대한 아끼는 게 맞는 것 같다.

　그리고 (와디무사 -> 암만)까지의 제트 버스를 알아봤다. 오후 5~6시 쯤으로 예약할 수 있을 것 같기는 하나 현지에서 상황을 보고 판단해야 할 것 같다.

　지난 번 우편으로 받은 부모여행동의서 중 요르단 표지에만 금딱지가 없어서 오늘 카톡으로 문의해 보았다. 모임이 끝나갈 때 쯤 전화가 왔는데, 스티커를 따로 배송 할 테니 다른 동의서와 똑같이 붙이면 된다고 했다. 아마 실수였던 것 같다.

태준이의 여행 준비

• 2022-11-02 (수) 첫 번째 모임

　7인 7색의 첫 모임을 했다. 우리는 처음 모인 만큼 '왜 7인 7색에 지원하게 되었는지'라는 주제로 각자가 7인 7색을 신청한 이유, 7인 7색을 통해 배우고 싶은 것 등을 나눴다. 친구들의 이야기를 모두 들은 후 우리는 11학년의 팀장을 뽑았다. '자원'이었지만 아무도 손을 들지 않았다. 아마 우리가 가는 곳이 위험한 곳인 만큼 팀장이 되었을 때 부담감을 느껴서 신청하지 않은 것 같다. 나 또한 그런 이유로 손을 들지 않고 있었다. 하지만 계속 정적이 흐르고 나눔이 진행되지 않아서 내가 손을 들었다. 여행쌤이 칠판에 '11학년 팀장 : 태준'이라고 적으셨는데 그 때 부담감과 긴장감이 훅 다가왔다. 그 후 우리는 코스를 어떻게 갈지 나눴다. 첫 모임이라 그런지 준비가 잘 되지 않았는데 아마 어디서부터 어떻게 조사를 시작해야 할지 잘 몰랐기 때문이었을 것이다.

• 2022-11-09 (수) 두 번째 모임

　첫 모임 때 어떻게 조사해야 하는지 깨달았기 때문에 각자 열심히 조사를 해왔다. 우리는 임시 코스를 정했다. 가고 싶은 곳들을 포기하거나 선택해야 하는 순간이었고, 여러 고민 끝에 임시 코스를 완성했다. 임시 코스가 완성되자 7인 7색에 대한 기대가 깊어지는 순간이었다. 이후 우리가 갈 도시의 담당을 정했는데 나는 '이스라엘의 에루살렘'을 담당하게 되었다. 예전부터 관심이 있었기 때문에 에루살렘 담당이돼서 좋았다.

• 2022-11-16 (수) 세 번째 모임

　지난 주에 각자 조사할 도시를 정했고 이번 모임에서는 각 도시의 정보를 모았다. 분명 자료 조사를 잘 해왔다고 생각했는데 역시 어려웠다. 게다가 원래 가기로 했던 친구가 같이 못 가게 된다는 소식을 들었고, 같이 갈 친구 중에 누가 있을까 생각을 하다가 우리는 주은이를 떠올렸다. 아래층에서 수학 공부를 하고 있던 주은을 불러와 열심히 설득했다.

- 2022-11-23 (수) 네 번째 모임

  새로운 멤버로 주은이가 들어왔다. 이번 모임은 크게 두 가지를 했다. 첫 번째는 각 도시에 얼마나 머물지 정하는 시간이었다. 두 번째는 지난주에 받은 피드백을 바탕으로 각자 맡은 도시에 대한 조사가 얼마나 보완이 되었는지 나누었다. 나는 암만에서 이스라엘 국경으로 가는 방법 조사하기에 많은 시간을 들였다.

- 2022-11-30 (수) 다섯 번째 모임

  월요일 일찍 끝나는 날 남을지 말지로 소소한 다툼이 있었다. 나는 자료 조사가 부족하니 월요일에 남는 것에 동의했다. 결국 월요일에 남기로 정한 뒤 나눔이 시작되었다. 지난주에 내가 부모여행동의서에 대해 알아보기로 했고, 여행 쌤께서는 신청하는 절차에 대해 조사해 오라고 하셨는데 잘못 이해해서 선생님께 혼났다.

  룩소르, 후르가다, 다합으로 가는 루트를 짜는 것이 어려운 순간이었다. 이유는 가는 방법을 찾기 어려웠다. 이번 모임은 루트를 짜는데 많은 시간을 할애했다. 친구들이 운동을 안 하는 것 같아 불안해지기 시작했다.

- 2022-12-14 (수) 여섯 번째 모임

  원래 12월 12일 월요일에 남아 모임을 하기로 했는데 우리 모두가 잊어서 수요일에 모이게 되었다. 리더로서 남아야 하는 날을 까먹었다는 것이 매우 부끄러웠다. 이전 모임과 동일하게 우리는 각자 도시에 대해 자료 조사가 얼마나 추가되었는지, 얼마나 보완이 되었는지 나누었다.

- 2022-12-26 (월) 일곱 번째 모임

  여행 쌤이 부르셔서 또 한 친구가 못 가게 되었다고 말씀해주셨다. 아쉬웠다. 그래서 모임 전에 다예를 설득했고 다예가 처음 모임에 참석하는 날이었다. 게다가 12학년과 첫 모임을 하는 날이기도 했다. 도시의 담당끼리 모여서 같이 동행해야 할 때 어떻게 할 것인지 정하고 서로 조사한 것을 공유하는 시간을 가졌다. 든든했고, 나도 든든함을 주고 싶다는 생각이 들었다.

- **2023-01-02 (월) 여덟 번째 모임**

  요르단에서 사역하셨던 선교사님이 오셔서 중동의 상황, 관련 정보, 팁 등을 알려주셨는데 우리가 인터넷 조사로는 찾지 못했던 자료들을 얻을 수 있어서 감사했다. 여러 이야기 중 선교사님께서 우리에게 부탁하셨던 것은 중동에 대한 '기도'였고, 덕분에 7인 7색 가기 전 기도로 준비해야겠다는 생각을 할 수 있었다. 이후 미성년자인 우리는 부모여행동의서가 필요해서 신청을 하는 시간을 가졌다. 내가 담당이었는데 한 글자라도 틀리면 곤란한 경우가 생겨 매우 집중하며 신청을 완료했다.

- **2023-01-09 (월) 아홉 번째 모임**

  우리는 모두 배낭을 가져와 여행 쌤께 배낭에 관한 팁을 들었다. 그리고 신발, 무게가 어떻게 되는지 등 중간 점검을 하는 날이었다. 그리고 여행자 보험을 신청했다. 또한 나는 친구들의 서류에 문제가 없는지 확인을 했다. 각 도시의 자료 조사에 대해서는 모두 조사를 끝냈지만 불안한 마음이 계속 들었다.

- **2023-01-12 (목) 열 번째 모임**

  앞으로 4일 후면 7인 7색 여행의 시작이다. 다시 말해 다 같이 모여 준비 할 수 있는 마지막 시간이라는 것이다. 최종 준비를 하는 시간이었던 만큼 여행을 위해 점검하는 시간이었다. 그리고 필요한 서류에 별문제가 없는지 확인했다. 그 외의 것도 여행 전 모든 것들을 점검하는 시간이었다.

다예의 여행 준비

• **2022-12-26 (월) 일곱 번째 모임**

　7인 7색 배낭여행에 합류하게 됐다. 완전히 학생이 주도하는 여행이라는 것을 알게 되었다. 나는 '부다페스트'를 맡았고, 무엇을 해야 할지 감이 잡히지 않아 방황했다. 정말 꼼꼼히 조사하는 친구와 선배를 보며 자신감이 하락했다. 여럿이 있을 때 주도적인 편이 아닌데 여행을 하며 새로운 것을 배울 수 있을 것 같다. 모임이 끝난 후 날지 못하는데 둥지 밖으로 내쳐진 아기 새가 된 듯한 느낌을 받았고, 앞으로 여행이 끝날 때까지 계속 그럴 것 같다는 생각이 스쳤다. 그래도 연말의 공허함을 덮어 주는 여행에 대한 기대감을 가질 수 있어서 좋다.

• **2023-01-02 (월) 여덟 번째 모임**

　요르단 선교사님과의 만남이 있었다. 많은 정보들을 재미있게 알려주셔서 감사했다. 틈이 하나둘 메워지는 듯한 느낌이 들었다. 선교사님의 말씀을 들으면서 이 여행의 목적을 다시금 생각해 볼 수 있었다. 예수님께서 밟으셨던 땅, 복음이 사라진 그 땅이 회복되도록, 그 나라를 축복하며 걸음을 옮길 것. 정말 얼마 남지 않았는데 나도 내 몫을 잘 해낼 수 있었으면 좋겠다.

• **2023-01-09 (월) 아홉 번째 모임**

　침낭, 신발, 배낭을 가져와서 확인받고 메는 법을 배웠다. 친구들과 준비물에 대한 이야기도 나눴다. 어떤 것을 챙겨야 할지 감이 안 잡히는데 다들 그런 것 같았다. 일주일 후 이 시간이면 비행기를 타고 있을 거란 사실이 믿기지 않는다. 다가오고 있다… 모임을 할 때마다 멘탈을 지키기가 어려운 것 같다.

• **2023-01-12 (목) 열 번째 모임**

　다 같이 모여 최종 점검을 했다. 마지막 모임인 것치고는 간단하게 시간을 보냈다. 11학년은 따로 더 모임을 가졌다. 전체적인 계획을 듣고 나니 내 순서가 걱정이 되었지만 기대도 되었다. 친구들의 권유와 부모님을 설득했던 일, 그리고 혼란스러웠던 준비모임들. 지금까지의 길지 않았던 과정이 생각났다.

지원이의 여행 준비

• 2022-11-02 (수) 첫 번째 모임

왜 가려고 하는가? 학교 입학 전부터 언니가 그랜드 투어 등등 외국에 많이 나가는 것을 보고 나도 가고 싶어서 7인 7색을 신청하였다. 또한 여행으로 잘 가지 않는 이집트, 이스라엘, 요르단이라는 나라를 갈 수 있는 기회가 흔치 않을 것이라 생각했고, 학생 때 친구들과 시간을 보낼 수 있는, 또한 해외여행을 할 수 있는 마지막 기회라고 생각했다.

여행 쌤이 하신 말씀 중 멘탈과 체력이 매우매우매우 상상이상으로 힘들다고 하시는데, 힘들다는 말을 들으니 너무 두려워진 게 사실이다. 산티아고 순례길도 다녀왔는데 배낭여행이 두려워지는 내 자신을 보고 조금은 실망스러웠다!!!!! 그리고 영상을 어떤 식으로 찍을지 잘 계획해야겠다는 생각이 든다. 산티아고를 걸을 때에는 너무너무 힘들어서 찍는 것을 포기했었는데 이번에는 정말 잘 찍어볼 자신이 있다.

• 2022-11-09 (수) 두 번째 모임

조금 수월하게 진행된 오늘의 회의! 방문할 지역을 확정하고, 각자 조사할 지역을 배정했다. 나는 '이집트 다합과 이스라엘 사해'로 결정했다. 유독 바다를 좋아하기도 하고, 풍경이 너무 이뻐서 택했다. 열심히 조사해보자!! 그리고 오늘은 스마트폰에 관해서 이야기 나눈 게 기억에 남는다. 워낙 위험하기도 하고, 영상을 계속 찍을 것이기 때문에 필요하다는 생각을 하게 되었다. 또한 지도를 살펴보는 데도 유용하고, 학생들의 주도적인 계획 하에 가는 여행이기에, 돌발 상황에서 생기는 일들을 직접 조사해보고 해결해가며, 함께 숙소를 알아보는 과정에서 등 분명 얻어가는 게 있을 것이라는 생각이 든다. 직접 그 상황에서 어떻게 찾는 건지를 경험해본다면 나중에도 분명 이 경험이 도움이 될 것이라는 생각이 든다. 그럼에도 규칙이 필요하다는 생각이 든다. 모든 친구들이 그렇게 생각하는 듯하다. 그렇게 넓은 세상에 가서 많은 경험의 기회가 주어졌음에도, 스마트폰 속 작은 세상으로 다시 뛰어드는 것은 바람직하지 않다고 생각하기 때문이다. 가서 많은 경험과 대화와 나눔을 하고 오고 싶다!!!

- **2022-11-16 (수) 세 번째 모임**

 각자 맡은 도시를 조사하였다. 한 친구가 못 가게 되었다는 소식에 마음이 아팠다. 몸이 안 좋아서 못 가게 되었다고 하는데 함께 가지 못해서 아쉬웠다.

 아직 이 어려운 여정을 하는 이유를 찾지 못했다는 친구의 말에 나도 왜 이곳을 가는지 생각해보았다. 사실 정확한 이유는 없었다. 오직 '경험'을 해보기 위해서 가기로 결정했는데 그렇게 큰 기대는 없다! 산티아고를 갈 때에 큰 기대를 했다가 얻은 게 별로 없다는 실망을 가졌기 때문에… '나와 친구들이 계획을 짜는 여행'이라는 점에 초점을 두려고 한다. 그래도 많은 경험과 깨달음을 얻고 왔으면 좋겠다.!!!

- **2022-11-23 (수) 네 번째 모임**

 여행 촬영을 준비하기 위해 '잉여들의 히치하이킹'이라는 무전 여행기 다큐를 보려고 한다. 두 달이 남았다니 정말 믿겨지지 않는다. 부모여행동의서는 해야 하는지 안 해도 되는지 정말 모르겠다. 너무 원망스럽다. 왜 이에 대한 정확한 규칙을 아무도 모르는 것인가!!!!!!!

 오늘 모임에서는 각자 조사한 도시들을 브리핑하였다. 다들 열심히 준비한 것 같다.~

- **2022-11-30 (수) 다섯 번째 모임**

 열띤 토론을 하였다. 단축 수업 날 12시쯤 끝나지만 6시까지 남아서 모임을 할지, 아니면 다른 방법으로 모임을 진행할 지에 대해서 토론을 하였다. 살짝 다투는(?) 듯 했지만… 그래도 한쪽 의견을 무시하는 것보단 서로 설득하는 쪽으로 이야기가 진행됐던 것 같아서 나름 잘 해결했다고 본다! 결국 6시간 동안 남는 것으로 결정됐지만! 서로서로 상처 없이 진행됐던 다툼이었던 것 같아서 다행이었다!

- **2022-12-14 (수) 여섯 번째 모임**

 코로나 확진으로 참여하지 못했다.

- **2022-12-26 (월) 일곱 번째 모임**

　독감 확진으로 참여하지 못했다.

- **2023-01-02 (월) 여덟 번째 모임**

　오늘 모임에선 요르단 선교사님이 오셔서 여행지에 대한 팁을 받았다. 사실 조금 긴장된다. 계획 짠 것 중 잘못 알아본 것도 있었고, 바꿔야 하는 계획도 생겼다. 국경을 넘는 중요한 정보에 차질이 생겼다. 요르단에서 이스라엘로 넘어가는 국경에 대한 이야기를 꽤 했었고, 이스라엘 넘어갈 때가 제일 빡세다고 들어서 걱정도 했는데, 이렇게 차질이 생기니 더욱 불안한 마음이 들었다. 그래도 이제라도 알아서 얼마나 다행인지… '그때 가서 알았다면 얼마나 멘붕이었을까?'라는 생각이 들었다. 사실 직접 가보지 않으면 검색으론 아무것도 알 수 없고, 통하지 않는 대화법이라도 여행지에서 묻고 헤매다 보면 어떻게든 해결된다는 것을 어느 정도 알고 있기 때문에 계획에 차질이 생겼다는 불안한 마음에 그리 오래 사로잡혀 있진 않았다! 이렇게 뭔가 하나씩 해결되는 느낌이다.

- **2023-01-09 (월) 아홉 번째 모임**

　마지막 바로 전 모임! 가방도 가져오고, 침낭도 가져와서 모두 확인해 보았다. 내 가방이 다른 친구들에 비해 생각보다 너무 작았다. 그래서 큰 걸로 바꾸고 싶은 마음이 들었지만, 작으면 좋은 거 아니냐는 다연이의 말에 그냥 작은 걸로 가져가기로 했다. 전 모임에서 불안한 마음이 그리 오래 들지는 않았다고 했지만… 다음 주가 출발이라는 생각, 그리고 직접 침낭과 가방을 가져와 보니 좀 긴장됐던 건 사실이다. 가난한 푸어 여행이라 숙소에 대한 기대를 버리려고 노력했다… 사실 숙소가 제일 걱정이었다. 돈을 많이 안 들이려고 하다 보니까 안 좋은 숙소가 검색이 되고, 거기서 잔다고 생각하니까 좀 불안한 마음도 들고, 기대됐던 마음도 조금씩 사라지는 것을 느꼈다…ㅎ 다음 주면 진짜 출발이다…

- **2023-01-12 (목) 열 번째 모임**

    찐(진짜) 마지막 모임이다. 이제 진짜 다음 주면 출발이다. 부모여행동의서도, 요르단 패스도 준비 완료다. 이젠 진짜 출발하는 일밖에 남지 않았다. 여행에 가는 것보다 여행 준비가 더 중요하다는데, 된 게 없는 듯 하면서도 된 게 있어서 불안하면서도 안심이 됐다. 사실 다연이는 매우매우 불안하다지만, 나는 그닥 불안하지 않았다. 거기 가면 어떻게든 해결될 거라고 믿기 때문이다!!! 코앞으로 다가오니 긴장되는 건 어쩔 수 없구만.. 진짜 진짜 곧 출발이다! 일주일도 안 남았다. 하나님 안전하게 다녀올 수 있게 해주세요ㅠㅠ

다연이의 여행 준비

• **2022-11-02 (수) 첫 번째 모임**

　7인 7색에 지원한 이유에 대한 나눔의 시간을 가졌다. 나로선 7인 7색이 소명학교에 들어오게 된 가장 큰 동기였기에 공지를 듣자마자 그날 신청서를 받아 다음 날 바로 제출했다. 한 치의 고민도 없었다. 7인 7색을 신청하고 다양한 여행 브이로그를 찾아보며 여행의 현실은 그렇게 '완벽'하지 않다는 것을 알았고, 그래서 더 기대됐다. 7명의 친구들과 함께 머리를 맞대고, 고민하고, 다투고, 화해하는 모든 시간이 궁금하다. 꿈에만 그리던 시간이 생각보다 빨리 와서 당황했지만, 학기 말 모든 일정이 겹치지만 7인 7색을 준비할 때만큼은 (아직은!) 설레는 마음이다.

• **2022-11-09 (수) 두 번째 모임**

　루트 초안을 함께 정했다. 각자 이집트, 요르단, 이스라엘의 명소에 대해 찾아보고 배경지식을 쌓은 뒤 여행 계획을 세웠다. 루트 초안 작성을 시작으로 비자와 부모여행동의서, 예방 접종, 스마트폰 사용 여부에 관한 이야기를 나눴다. 학생회 일과 숙제, 개인 공부, 많은 고민 등 이런저런 일들이 겹쳤던 시기라 무엇보다 체력적으로 많이 지쳤지만, 하나님이 주신 선물과 같은 시간을 잘 살아낼 수 있기를…!

• **2022-11-16 (수) 세 번째 모임**

　지난 시간 정한 루트에 따라 담당 도시들을 정했는데 각자 맡은 도시에 대해 조사하고 간략하게 발표했다. 나는 이집트의 '카이로'를 담당했는데 카이로에 피라미드 말고도 다양한 볼거리가 있다는 것을 알게 되었다. 내 인생에서 처음이자 마지막 이집트 여행이라는 생각으로 최대한 많이, 깊게 조사하고 싶어졌다. 아는 것이 많아야 보이는 것도 많다는 진리를 믿기에ㅎㅎ 최대한 많은 내용을 보기 위해, 또 친구들에게 보여주기 위해 앞으로도 열심히 알아봐야겠다!

• 2022-11-23 (수) 네 번째 모임

　나는 카이로의 일정을 조사해서 발표했다. 유명한 관광지에 대한 정보는 차고 넘쳤지만, 숙소나 이동 수단과 같은 세부적인 내용을 찾기가 어려웠다. 어디든 마찬가지겠지만 특히 이집트는 많이 공부하고 가야만 보이는 게 있는 지역이라는 걸 더욱 느낀다. 중요한 역사를 지닌 유물들이 "나 유물이야!"라고 하지 않고 꼭꼭 숨어있기 때문이다.

• 2022-11-30 (수) 다섯 번째 모임

　처음으로 이견 조율에 문제가 생겼다..! 두두둥.. 7인 7색 모임 일정을 잡는 작은 안건이었음에도 토론이 오래 이어졌다. 그래도 어느 한 의견을 무시하거나 다수결로 선택하지 않고 서로의 의견을 끝까지 듣고 설득했다. 여행 가서도 지금처럼 대화로 풀어가는 7인 7색 팀이 되기를!

• 2022-12-14 (수) 여섯 번째 모임

　행복한(?) 지역 조사 이후 우리를 기다리고 있는 건 '이동'에 대한 문제였다. 다른 지역으로 넘어가는 방법이 자세히 나오지 않아 모두 머리를 쥐어뜯으며 조사해봤지만 그럼에도 찾지 못했다. 우리가 흔치 않은 경로로 여행을 가서 그럴 수도 있지만 어떻게 이렇게까지 없을까…? 계획부터 변수가 많은 7인 7색. 처음에는 기대 반 걱정 반이었는데 걱정의 비율이 점차 늘어나고 있다.

• 2022-12-26 (월) 일곱 번째 모임

　선배들과 함께 일정을 조율하는 첫 번째 시간이다! 여행까지 한 달도 안 남았는데 전체 첫 모임이라니 뭔가 잘못된 듯했지만 시간이 부족한 만큼 알차게, 신속하게, 계획하고 조사했다. 이제서야 진짜 7인 7색을 간다는 게 실감이 제대로 나기 시작했다.

• 2023-01-02 (월) 여덟 번째 모임

　요르단 선교사님과의 만남의 시간을 가졌다. 현지에서만 알 수 있는 내용들, 현지 사람들의 특성 등을 배웠다. 무엇보다 중요한 것은 여행지마다 우리가 밟는 땅을 위해 기도하는 마음이라고 알려주셨다. 우리의 여행에만 집중하고 있어서 놓치고 있던 부분을 딱 깨달은 기분이었다. 단순히 새로운 경험을 한다는 것에 의의를 두지 않고 이 여행을 통해 하나님께서 이루실 더 큰 뜻을 기대해야겠다.

• 2023-01-09 (월) 아홉 번째 모임

　3주 동안 나와 함께 할 배낭과 침낭, 신발을 가져와 점검했다. 이제는 생존을 위한 물품을 챙길 때가 왔다는 게 믿어지지 않았다. 배낭을 메고 있는 내 모습이 어색했다. 짐을 챙기지 않았는데도 배낭이 무겁다는 걸 느끼고 내가 그 무거운 짐을 들고 걸을 수 있을지 걱정이 되기 시작했다. 나의 작고 귀여운 체력이 잘 버텨낼 수 있기를 바랄 뿐이다.

• 2023-01-12 (목) 열 번째 모임

　드디어 7인 7색 떠나기 전 마지막 모임..! 모든 일정을 브리핑하고 준비물 확인 시간을 가졌다. 카이로 담당인 나는 박하원 선배와 함께 카이로 숙소 예약을 했는데 손이 벌벌 떨렸다ㅎㅎ 많이 준비했다고 생각했는데 막상 떠난다고 생각하니 너무 부족해 보인다. 아쉬움은 있지만 나름대로 최선을 다했다! 하지만 긴장되는 마음은 준비량과 비례하지 않는 것 같다. 너무 긴장되고 떨린다..!!

영훈이의 여행 준비

• **2022-11-02 (수) 첫 번째 모임**

　첫 7인 7색 모임을 진행한 날이다. 설레는 마음으로 첫 모임의 시작에서 각자 각오를 말했다. 나는 소명학교의 자랑!이기도 한 7인 7색을 가보고 싶기도 했고 코로나 이후에 많은 활동을 하지 못하여서 친구들과 좋은 추억을 쌓고 싶었다고 이야기했다. 여행 선생님이 건강, 체력관리 준비를 잘하라고 이야기하셨기에 나도 체력이 약한 편이니까 열심히 준비해야겠다고 생각했다. 그 이후 팀을 나누었는데 김정연, 이다연, 나 이렇게 팀이 선정되었다. (이다연의 잔소리를 안 듣게 잘해야겠다는 생각이 제일 먼저 들었다.) 팀 선정 이후 전체적인 루트를 계획하였다. 나는 MBTI 중 네 번째가 P형이라 계획하는 것을 너무너무 어려워하고 싫어해서 여행 계획하는 것이 어려웠다. 하지만 단체 여행이고, 계획을 짜고 가야지 조금이나마 편한 여행을 할 수 있기에 열심히 조사하고 계획을 해야겠다는 마음을 먹었다. 다음 모임까지 열심히 조사하고 많은 것을 알아 와야겠다.

• **2022-11-09 (수) 두 번째 모임**

　모이기 전부터 컨디션이 너무 안 좋았던 날이다. 다들 내게 야자 하지 말고 그냥 집에 가라고 했지만 약을 먹으니까 버틸만한 것 같다. 내가 조사해야 할 곳은 '요르단 아카바와 와디럼'이다. 다합에서 아카바 넘어가는 것도 확인해야 해서 조금 더 부담스러운 것도 없지 않아 있다. 조사를 열심히 해야겠다.

• **2022-11-16 (수) 세 번째 모임**

　이번에는 안타까운 이야기로 모임을 시작하였다. 함께 준비하던 친구가 편두통이 심해서 여행에 함께 가지 못한다는 것이었다. 이 점에서 마음이 아팠지만, 같이 가지 못하는 친구의 마음이 더 아플 것 같아 그 친구를 만나면 위로와 기도를 해야겠다고 생각했다.

　그래서 여행에 새롭게 합류할 친구를 잘 찾아봐야겠다. 우리는 다음 주까지 확실한 조사와 역사, 가야 할 곳 등을 조금 더 구체적으로 조사해서 발표하기로 하였다. 내가 맡은 곳은 열심히 공부하고 조사해서 친구들의 불편을 줄여야겠다.

• 2022-11-23 (수) 네 번째 모임

　오늘은 새로운 구성원 허주은이 모임에 참여한 날이다. 그래서 많이 감사한 날이다. 이 구성원은 건강해서 여행 마지막까지 같이 가보고 싶다. 오늘은 각자 조사한 도시를 발표했던 날이다. 내가 더 조사해야 할 부분은 요르단 패스 확인, 이동 수단 확실히 알아보기, 와디럼 보호구역 투어 상품 확인이었기 때문에 조사를 조금 더 철저하게 해야겠다는 생각을 하게 된 브리핑 시간이었다. 점점 다가오는 날짜만큼 더 확실하게 조사를 해야 한다는 부담감(?)이 생겼다.

• 2022-11-30 (수) 다섯 번째 모임

　의견이 갈리기 시작한 날이다. 26일 단축 수업을 하는 날인데 '단축 수업 끝나고 저녁까지 하자라는 의견과 굳이 그렇게까지 해야 하나?'라는 의견으로 나뉘고 이견 조율하는데 많은 시간이 사용되었지만 이견을 조율하여서 그날 오랜 모임 시간을 가지자고 하였다. 의견이 갈리는 일이 많이 있을 텐데 그때마다 잘 이겨내야 한다고 느끼게 된 날이다. 운동을 열심히 해야겠다.

• 2022-12-14 (수) 여섯 번째 모임

　개인 조사하다가 내가 조사한 부분이 많이 약하다고 생각했다. 룩소르에서 다합으로 가는 이동 수단에 대해서 알아보았지만 어려움이 있었던 날이다. 12일로 예정되어 있던 7인 7색 모임이 11학년 단체로 까먹어서 14일로 연기된 날이다. 여행 선생님께도 혼란을 드려서 죄송했고, 앞으로 날짜를 확실하게 기억하고 메모해야겠다고 생각했다. 개인 조사하면서 시간을 보내고 각자 준비한 것들을 브리핑하는 시간을 가졌다. 룩소르에 관해서 이야기가 끝나지 않아서 빼야 할지 말아야 할지 고민을 계속했던 날이다. 그리고 나는 와디럼 투어 가격 등을 조금 더 조사해야겠다고 생각했다.

• **2022-12-26 (월) 일곱 번째 모임**

　7인 7색 12학년과 11학년 첫 모임을 한 날이다. 무언가가 정해지는 기분이 들었고, 이제 가는 게 얼마 남지 않았다. 같은 부분을 맡은 선배들과 의견 나눠 보니 내가 준비를 많이 했다고 생각했었지만 놓치고 있는 부분이 많이 있다는 것을 알게 되었다. 친구들에게도 미안한 마음과 동시에 내가 해야할 부분이 생겼기에 집중해서 부족한 부분을 잘 채워야겠다.

• **2023-01-02 (월) 여덟 번째 모임**

　병원 일정으로 참여하지 못했다.

• **2023-01-09 (월) 아홉 번째 모임**

　드디어 7인 7색 D-7이다. 가방 검사하고, 신발 검사하는데 정말 너무 떨리고 내가 잘 할 수 있을지 걱정이 된다. 긴장도 많이 되고 '내가 부모님 없는 여행을 잘 할 수 있을까?'라는 의문이 생긴다. '많이 약하고 건강하지 못한 나를 내가 잘 챙길 수 있을까?'라는 많은 의심과 의문이 들지만 너무 긴장하지 말고, 즐기고, 많은 것을 묵상하고 깨닫는 여행이 되었으면 좋겠다. 이제는 여행 준비를 마무리하고 기도로 주님께 동행해주시고 도와주시라고 이야기해야겠다.

• **2023-01-12 (목) 열 번째 모임**

　여행 가기 전 마지막 모임이다. 너무 떨린다. 진짜 4일 남았다는 것이 믿기지가 않는다. 너무 떨리고 걱정된다. 근심 걱정이 항상 내 곁에 있는데 잘 이겨내고, 주님과 조금 더 친밀해지고, 주님 말씀을 알아 나갈 수 있는 여행이 되었으면 좋겠다.

　주님 없이는 많이 약한 존재이기에 말씀을 많이 생각할 수 있는 시간이 되기를 기도하고 원한다.

주은이의 여행 준비

• **2022-11-23 (수) 네 번째 모임**

　첫 번째 모임이다..! 일주일 만에 너무 급작스럽게 합류를 하게 되어 아는 게 많이 없었는데 다행히 친구들이 일정을 하나씩 브리핑 해주었다. 다들 엄청 체계적으로 얘기해주는데 이집트 가는 것밖에 몰랐던 나로썬 다른 여행지들은 엄청 새롭고 기대하게 되는 계기가 되었다. '나도 저렇게 완벽한 계획을 짜겠어!'라고 다짐을 하게 되는 설레는 첫 번째 모임이었다 :)

• **2022-11-30 (수) 다섯 번째 모임**

　오늘은 일정에 대해서 나눴는데 모임에 관한 일정을 나눌 때 의견이 엇갈리는 상황이 발생했다. 나는 어떻게 해야 할지 몰라서 잠자코 듣고만 있었고, 어찌저찌해서 잘 마무리가 됐다. 여행 쌤께서 여행 중 이런 상황이 많이 발생할 것이라고 하서서 조금 걱정이 됐다..!

• **2022-12-14 (수) 여섯 번째 모임**

　간단하게 일정 브리핑을 하고, 다합으로 가는 이동 수단에 대해서 함께 조사 하는데 아무것도 나오는 것이 없었다. 1시간 넘게 7명이서 계속 조사를 하는데 나오는 것이 없다는 말은 그냥 방법 자체가 없는 게 아닐까..? 결국 아무런 소득도 얻지 못했다. 내가 맡은 후르가다를 아무래도 포기해야 할 것 같다,,!

• **2022-12-26 (월) 일곱 번째 모임**

　선배들과 만나서 일정 조율을 했다. 그런데 선배가 못 와서 난 조율 할 것이 없었다.. 그래서 그 시간 내내 조사만 하는데 시간이 참 느리게 가는 걸 느꼈다. 여행 쌤 언제쯤 오실까..하는 생각이 들려는 찰나에 오셔서 함께 모임을 진행했다. 이제 여행 가기까지 3주가 남았다. 슬슬 준비물 목록을 작성해야겠다는 생각이 들었다.

• 2023-01-02 (월) 여덟 번째 모임

　요르단 선교사님과 함께 모임을 진행했다. 현지에 계셨던 분인 만큼 정보력이 우리와는 달랐다! 우리가 사전 조사했던 부분들 중 수정해야하는 부분들이 많이 생겼다. 선교사님을 만나지 않고 여행을 했으면 심장 졸여야 했던 상황도 많이 생겼을 것 같다. 이 자리가 참 감사했다.

• 2023-01-09 (월) 아홉 번째 모임

　배낭도 가져오고 침낭도 가져오고 신발도 가져왔다! 이제 여행 가기까지 일주일 남았는데 너무 실감이 안 난다. 지금까지의 모임은 그냥 프로젝트를 위한 두레 활동 같은 느낌이어서 음? 내가 진짜 간다고..? 잉..? 헉! 계속 이런다.. 하나두 실감이 안 난다. 내가 이집트..? 피라미드..?

• 2023-01-12 (목) 열 번째 모임

　마지막 최종 모임이다. 뭐,,? 내가 다음 주 월요일부터 3주 동안 이 한국에 없다고?? 이런 현실감이 조금씩 팍팍 들어서 점점 불안하고 초조해져 갔다. 준비는 계속계속 하는데 이제서야 현실감이 들다니ㅋㅋㅋㅋㅋ 너무 떨리고 떨리고 떨린다..

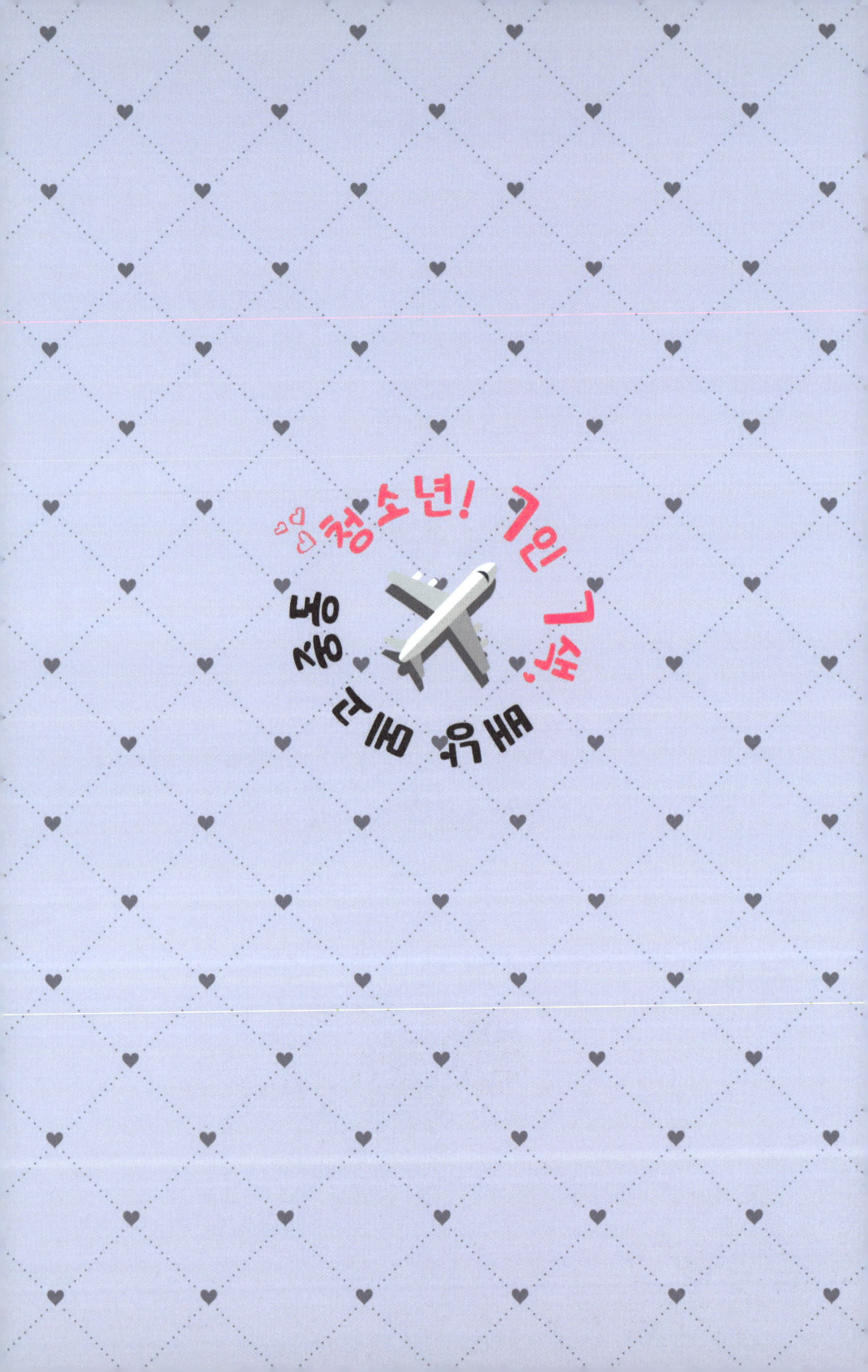

출애굽기
묵상하며
여행하기

2023-01-16 (월) / 출애굽기 1장
스탑오버로 부다페스트 여행

• **정연이의 묵상과 여행**

하나님을 알지 못하는 왕이 애굽을 다스렸던 것처럼 나도 하나님과 함께하지 않는 여행을 하게 될까봐 걱정이었다. 각자 나누는 내용은 달랐지만, 다 주님이 주신 말씀이라는 생각이 들었다. 내가 첫 묵상 인도였는데, 제대로 준비하지 못했다. 일정 중에 한 번 더 묵상 인도를 하게 될 것인데, 그때는 기도로 묵상을 준비해야겠다.

학교에서 오전 5시에 출발하는 버스를 타고 다 같이 인천공항으로 가기 위해서 4시 45분 정도까지 학교에 도착을 했다. 입국이나 관광에 필요한 서류들을 여행 쌤이 나눠주시고, 꿈 쌤께서 기도하신 후에 버스는 출발했다. 이른 시간이라 그런지 인천공항까지는 금방 갔다. 이렇게 큰 배낭을 메고 여행을 하는 것은 처음이라 어색했다. 다른 사람들은 대부분 캐리어를 가지고 다녔기 때문에 우리가 더 눈에 띄는 것 같았다. 8시 30분 비행기였기 때문에 공항에서 식사를 할 여유는 없었다. 게이트 앞에서 묵상을 마치고 비행기에 탑승했다.

LOT 폴란드 항공사의 비행기는 처음 타봤는데 좌석이 내 체형과 맞지 않았던 탓

인지, 12시간이 넘도록 앉아있으려니 허리가 아파오기 시작했다. 이날이 전체 일정의 고비 중 하나였다. 다행히 비행기에서 내린 후에는 멀쩡했다. 공항에 도착한 후에는 잘 곳을 먼저 탐색했다. 우리가 쓸 수 있는 공간은 그리 많지 않았다. 맨 위층 복도에 공간을 확인했다.

 공항 앞에서 대중교통 티켓을 구매하고 기대하는 마음으로 시내로 이동했다. 그러나 처음으로 간 젤라또 가게가 리모델링으로 인해서 문을 닫은 상태였다. 그리고 얼마 지나지 않아 비까지 왔다. 잠시 기다린 후에 다음 장소로 가기 위해서 태준이와 영훈이가 지나가는 외국인에게 가는 길을 물어봤는데 매우 친절하게 답해주어서 옆에서 바라보고 있던 나까지 감사했다. 알고 보니 루마니아에서 오신 분들이었다.

 가는 길에 크레페 가게에 들렀는데, 이제는 음식이 풍족하지 않으니 정말 살기 위해서 먹어야 한다는 생각이 들었다. 이때 마신 콜라는 평소보다 더 달게 느껴졌다. 간식을 먹고 나니 해가 완전히 졌다. 우리는 '국회의사당, 부다 성, 그리고 어부의 요새'까지 둘러보았다. 국회의사당도 대단했지만 특히 부다 성은 13세기에 지어졌음에도 불구하고 규모가 어마어마했다. 늦은 시간까지 멋진 조명들이 켜져 있는 '부다페스트'의 야경은 평생 잊지 못할 것 같다. 저녁으로 먹은 치킨롤까지 만족스러웠다. 오늘은 아까 공항에 자리 잡았던 곳에서 자야했지만 공항 내부가 따뜻하기도 했고, 침낭이 아늑해서 만족했.

 내일도 비행기를 타기 때문에 잘 쉬어야 한다. 첫 날부터 일정이 빠듯해서 몸은 피곤했지만 오늘 하루 동안 경험한 것들에 대해 하나님께 감사할 수 있었다.

• **태준이의 묵상과 여행**

　이스라엘 백성들이 번성하고 강해질수록 이집트는 그들에게 더욱 많은 짐을 지게 하였다. 여행 중에도 우리가 견고해지고 능숙해질 때 사탄은 우리를 무너지게 할 것이다. 이때 사탄의 뜻대로 무너지지 말고 이스라엘 백성을 지켜주시고 은혜를 주신 하나님을 신뢰하며 인격적으로 신앙적으로 성장할 수 있는 기회로 여기자.

　7인 7색의 시작이다. 왼쪽에는 영훈이, 오른쪽에는 기대 쌤과 같이 비행을 하게 되었다. 최소 11시간 비행이었다. 불행히도 내 좌석 화면의 소리는 들리지 않았다. 그래서 무작정 잤다. 충분히 자고 일어났는데 시간은 줄지 않았다… 또 허리도 아파오기 시작했다. 착륙 3시간을 남기고 우리는 테트리스를 하며 남은 시간을 보냈다. 기내에 안전벨트를 매라는 신호가 뜨고 '부다페스트'에 도착했는데 비가 내리고 있었다. 부다페스트에 입국한 우리는 먼저 공항에서 우리가 잘 장소를 찾아다녔다. 공항 밖으로 나와 도심으로 가는 버스 티켓을 사고 도심으로 출발했다. 버스 밖에서 보이는 광경을 보면서 이제 실감이 나기 시작했다.

　부다페스트의 도심은 유럽이었다. 게다가 비까지 내려서 그런지 낭만이 있었다. 우리는 다예의 인도 하에 장미 맛 젤라또를 먹으러 이동했지만 가게의 문이 닫혀 있어 아쉬웠다. 비를 맞으며 우리는 '성 이슈트반 대성당'으로 가서 사진을 찍었다. 사진 찍은 이후 우리는 기념품 가게에 들렀다. (사실은 비를 좀 피하려는 목적도 있었다) 헝가리 '국회의사당'을 보기 위해 나와 영훈이가 사람들에게 말을 걸어보기로 했다. 물어본 사람들도 현지인이 아니었지만 친절하게 알려주셨다. 감사했다.

　국회의사당의 맞은편에 도착해 간단하게 배를 채우고 나갈 때 해가 지고 있었다. 헝가리 국회의사당은 핸드폰을 안 꺼낼 수 없을 정도로 아름다운 풍경을 보여주었다. 사진을 찍은 후 '어부의 요새'라는 곳으로 가기 위해 트램을 탔다. 하지만 한 정류장을 더 가게 된 것이다! 하지만 감사하게도 우리가 내린 곳에 '부다 성'이 있었다. 한 정류장을 더 간 것으로 인해 부다 성을 먼저 갈 수 있게 되었다. 부다 성 또한 한국에서 볼 수 없는 건축물로 무척 느낌 있었다. 지친 상태고, 계획하지 않았던 것으로 우연치 않게 부다 성을 먼저 온 것으로 나는 기운을 차릴 수 있었다. 감사했다. 부다 성을 지나 우리는 '어부의 요새'에 갔다. 그런데 저녁이며 비가 왔던 탓에 박지원이 추워해서 패딩조끼를 빌려주었다. (이 이후로 내 패딩조끼는 내 것이 아니게 되었다…)

　공항으로 와서 구석에 짐과 침낭을 펴고 노숙했다. 공항에서 노숙하는 경험은 이곳에서 밖에 할 수 없을 것이다. 잘 준비를 마치고 불침번을 정했다. 2인 1조로 불침번을 서기로 했고, 나는 기대 쌤과 같이 3시에 불침번 당번이 되었다. 이후 침낭에 누웠는데 바로 잠들었다.

• **다예의 묵상과 여행**

산파들은 하나님을 두려워하여 애굽 왕의 명령을 어긴다. 나는 하나님을 얼마나 두려워하고, 행동할 때 무엇을 우선시하는가?

떠나는 날이라는 것이 실감 나지 않는 상태로, 학교에 모여 인천공항을 향했다. 비행기를 타서도 별생각이 없었는데, 착륙 두 시간 정도 남았을 즈음에 '부다페스트'에 간다는 사실이 확 와 닿으면서 갑자기 긴장되었다. 기내식이 나오지 않을 경우를 대비해서 음식점을 찾아 다시 코스를 짜고 마지막으로 계획을 점검했다.

내려서는 날씨가 맑지 않다는 것에 당황했지만 여행 쌤께서 "내가 여행할 때의 날씨가 가장 좋은 날씨다."라는 말씀을 해 주셨다. 우산을 사는 것이 비효율적인 것 같아 그냥 비를 맞고 다니는 편을 선택했는데 나름 괜찮았다. 티켓 끊는 곳에서 잠깐 헤맸지만, 버스는 잘 탔다. 전혀 다른 풍경이 펼쳐지는 것이 신기해서 사진을 많이 찍었다. 친구들이 사람들에게 적극적으로 길을 묻는 것을 보고 나도 외부와의 교류를 꺼리지 않아야겠다고 생각했다.

처음 일정은 '성 이슈트반 성당'을 보는 것이었는데 그 크기와 웅장함에 놀랐다. 비 오는 날의 흐린 하늘과 묘하게 잘 어울리는 듯했다. 장미꽃 젤라또를 먹지 못한 것은 아쉬웠지만, 대신 시간이 비어 기념품 가게에 들어갔다. 내가 맡은 곳이니 엽서를 두 장 샀다.

사실 모든 일정은 개와 늑대의 시간(블루아워)이라는 말에 꽂혀 그 시간의 '국회의사당'을 보는 것에 맞추어져 있었다. 그런데 날씨의 영향으로 흐지부지되면서 가까운

곳에서 파는 크레페로 배를 간단히 채웠다. 다시 밖으로 나왔을 때는 달맞이꽃 색 불빛이 도시를 덮은 상태였다.

국회의사당은 사진이 담아낼 수 없는 색감이었다. 정중앙을 찾아 이리저리 사진을 찍고 트램을 탔다. 강가를 달리는 트램이라고 했는데 정신이 없어서 뷰를 즐기지는 못했다. 그런데 한 정거장을 더 가는 바람에 '부다 성'부터 보게 되었다. 길을 잘 몰랐지만 올라가다 보니까 부다페스트의 야경이 한눈에 보이는 곳이 있었다. 세체니 다리도 운영했다면 정말 예뻤을 것 같아서 아쉬웠다. 조금 더 가니 고급스러운 금빛이 돌았다. '어부의 요새'로 가는 길은 비가 내려서 더 분위기가 있었다. '마차슈 성당'을 보았는데 생각한 것과는 다르게 "예쁘다"라는 말이 나왔다. 그리고 어부의 요새는 부다페스트에서 가장 마음에 드는 곳이었다. 작게 보이는 국회의사당과 그를 중심으로 한 야경, 공주 성 같은 분위기가 너무 동화 같았다.

굴라시를 먹어 보고 싶었는데 가게가 문을 닫아서 돌아가는 길에 보이는 곳에서 치킨 케밥을 먹었다. 그곳에서 마무리 모임을 했는데 친구들로부터 고맙다는 이야기를 들어서 당황스럽지만 뿌듯했다. 계획대로 흘러가지는 않았지만 그래서 좋기도 했다. 또 가이드처럼 내가 모든 것을 안내해야 한다고 해서 부담이 됐었는데 다들 길 찾는 것을 적극적으로 도와주어서 고마웠다.

• **지원이의 묵상과 여행**

　보이지 않는 하나님을 경외하는 것이 얼마나 힘든지 새삼스레 느끼게 되는 요즘. 이산파들이 더 대단하고, 한편으론 너무나도 부럽게 느껴졌다.

　하루가 마치 일주일 같았다. 한국시간으로 새벽 4시에 하루가 시작돼서 헝가리 시간으로 저녁 9시까지 돌아다녔다. 우리의 하루는 32시간이다… 일단 비행기에서 10시간 넘게 보냈는데, 엉덩이가 너무너무 아팠다. 그런데 다합 갈 때 10시간 버스는 어떻게 타지.. 막막해졌다..ㅜㅜ 도착해서 '부다페스트'를 구경했다. 다예가 처음이어서 막막했을 텐데 너무 잘 해줘서 고마웠다. 비도 오고 날씨도 쌀쌀해서 너무 추웠고, 다들 일찍 지쳤다. 돌아갈 때쯤엔 애들 눈이 다 풀려있었다. ㅋㅋㅋㅋㅋ

　사실 마지막 나눔을 저녁 먹은 케밥 식당에서 했는데, 나눔을 하다가 내 눈물샘이 주체하지 못하고 터져버렸다. ㅋㅋㅋㅋㅋㅋㅋㅋㅋㅋ 애들 다 내가 신나게 놀고 있는 줄 알았는데 갑자기 울어버려서 엄청 당황했을 것이다. ㅋㅋㅋㅠㅠㅠ 에세이에서라도 끄적여 보자면.. 개인적으론 많이 힘든 하루였다. 그래서 남은 19일이 너무나도

무서웠다. 가정사로 심적으로 많이 불안하고 힘들어서 그게 몸으로 나타나는 상황이 생겨버렸다. 먹을 때마다 속이 울렁거리고, 비행기에선 속이 많이 안 좋아서 첫 끼도 굶게 되었다. 불안한 마음에 몸까지 아프니 불안한 마음이 두 배가 돼서 나에게 다시 돌아왔다..

솔직히 마음이 되게 힘들었는데 그럴수록 이 여행에서 평소보단 더 하나님을 찾게 되었다. 마음은 많이 힘들지만 이 여행을 계기로 하나님을 더 찾고, 의지하고 하나님이 주시는 평안의 마음을 누릴 수 있는 내가 됐으면 좋겠다고 생각했다.

사실 오늘 묵상한 말씀이 보이지 않는 하나님을 경외하는 산파들에 대한 이야기였는데, 보이지 않는 하나님을 의지하는 내가 되길 절실하게 바라게 됐다. 제발 평안한 마음을 가질 수 있었으면 좋겠다.. 제발 주세요..ㅜㅜ 가족을 위해, 남은 여행을 위해 기도해야겠다..ㅜㅜ 너무 슬프다ㅠㅠㅠ

• **다연이의 묵상과 여행**

출애굽기 1장에서 산파들은 하나님을 두려워하여 애굽 왕의 명령을 어기고 남자 아기들을 살렸다. 눈에 보이는 애굽 왕이 아니라 눈에 보이지 않는 하나님을 두려워하고 경외하는 산파들은 나와 너무 대조됐다. 세상의 기준과 계획을 두려워하는 마음을 내려놓고, 그 무엇보다 하나님을 우선순위로 삼는 삶을 살기를!

드디어 7인 7색을 떠나다!!!! 가기 전에는 걱정만 가득했는데 막상 출발하니 설렘과 기대가 부풀어 올랐다. 아무리 자고 영화를 보고 게임을 해도 시간이 줄지 않았던 장시간 비행 끝에 '헝가리 부다페스트'에 도착했다. 사실 그때까지도 여행이 시작되었다는 사실이 믿어지지 않았다.

공항에서 어떻게 나가야 하는지도 몰라 헤매고 있었는데 선생님께서는 우리를 '따라만' 오셨다. 그제서야 '아.. 7인 7색이 이런 거구나!'를 실감했다. 힘겹게

교통수단 표를 사고 드디어 헝가리 시내로 출발! 버스, 지하철, 트램까지 여러 교통수단을 이용해 돌아다닌 덕분에 현지 사람들의 삶을 엿볼 수 있었다. 유명하다는 장미꽃 젤라또 집으로 갔지만 아쉽게도 문을 닫아서 먹지는 못했다. 그래도 얼떨결에 성당도 보고 아기자기한 기념품 가게에서 엽서도 하나 구입했다. 젤라또를 뒤로하고 버스와 트램을 타고 '국회의사당'을 보러갔다! 내리자마자 감탄밖

에 안 나왔다. 비가 내려 탁 트인 풍경은 아니었지만 이 날씨 나름의 아름다움이 있었다. 국회의사당 뷰 크레페 가게에서 당 보충하고 나와 온전히 야경을 감상했다. 조명이 얼마나 강한지 안개에 비쳐 하늘이 노란색이었다.

이제 '어부의 요새'로 출발! 트램을 타고 갔는데 한 정거장 뒤에 내렸다. 두둥. 일정을 빨리 변경해 '부다 성'부터 보고, 어부의 요새로 가기로 했다. 교통수단이 없어서 걸어갔는데 그 길마저 예뻤다. 어부의 요새에서 바라보는 부다페스트 야경은 또 달랐다. 비가 추적추적 내리는 날이라 꽤나 추웠지만 부다페스트의 야경은 그 비를 뚫고 아름다웠다. 어디로 고개를 돌려도 건물들이 모두 웅장해서 감탄할 수밖에 없었다.

공항으로 가기 전 마지막 식당일 것 같은 느낌적인 느낌으로 살기위해 케밥 집으로 들어갔다. 살기위해 먹어야하는 맛이었다. 너무 짰지만 그래도 싸게 잘 먹은 듯! 그냥 만사에 감사했다. 한국에 있었더라면 책상에서 인터넷 강의 필기만 받아 적고 있었을 텐데… 이렇게 아름다운 풍경을 내 눈으로 담을 수 있다는 것, 그 자체가 너무 행복하고 감사했다. 언제 다시 올지 모르는 이곳을 내 두 눈에 어떻게든 담으려고 했다. 야경을 보면서도 언젠가는 이 기억들이 잊혀질 것이 아쉬웠다.

공항에 도착했다. 내가 공항에서 노숙을 해볼 줄이야! 여행 전에는 공항에서 잘 수 있을지 의아해했는데 다들 너무 잘 잤다. 내일 드디어 내가 담당한 지역인 '카이로'로 가게 된다. 불침번 시간에 카이로에 대해 추가적으로 조사했다. 사실 큰 성과는 없었다. 너무 떨린다!!

• **영훈이의 묵상과 여행**

　주님을 경외하기에 눈앞에 있는 왕의 말을 어긴 산파를 보고, 나 자신을 돌아보게 되었다. 날 사랑해주시는 주님을 생각하면서 여행하자!

　드디어 7인 7색 떠나는 날이 되었다. 떠나기 전부터 너무 긴장되고 두렵고 무서웠다. 사실 적고 있는 지금도 떨고 있다. 내일부터는 조금은 덜 해지길…. 오늘 15시간 만에 먹는 첫 끼 너무 맛있었다. 부모님 없는 첫 여행과 장시간 여행에 긴장해서 아침에는 음식 냄새만 맡아도 토할 것 같았지만 그래도 두 번째 끼니는 나아져서 다행이다.

　컨디션 난조가 조금 이어지고 근심 걱정이 늘어났다. 컨디션도 내일은 좋아지길 기대하고 있다. 내일은 근심 걱정 없이 컨디션이 괜찮은 하루를 살아가고 싶다. 오늘 하루만 32시간. 상당히 피곤하고 하루가 너무 많이 긴 날이었다. 공항에서 자는데 불침번 서는 것이 너무 힘들었지만 그 이후에 나는 기절하듯 잠들었다. 첫날 시작이 컨디션 말고는 잘 풀린 것 같아서 나름 다행이라고 생각했다. 지나가다가 어떤 사람이 리무진에서 인사를 하길래 '뭐지?' 생각했지만 이후에 촬영 현장에서 그가 연예인이라는 것을 알 수 있었다.

• **주은이의 묵상과 여행**

　이집트라는 외지에서 이스라엘 민족들이 억압을 받으면서도 장성하고 번성하는 모습을 보며 우리가 비록 세상이라는 외지에 살고 있지만 하나님나라의 백성으로서 강하고 담대하게 나아간다면 끝내 승리하게 될 것이라는 것을 다시 한 번 느끼게 되었다.

　정말 갑작스럽게 7인 7색에 참여하게 되었고, 눈 깜짝할 사이에 이렇게 첫째 날이 되었다.. 선생님께서는 잠을 충분히 자고 공항으로 오라고 당부하셨지만 준비할 것도 있고, 너무 떨리고, 실감을 못한 탓에 3시에 잠들어 4시에 일어났다. 심지어 그 한 시간 조차 떨려서 제대로 자지 못했다. 다행히 공항 가는 길에 자고 비행기에서 11시간 정도의 시간이 있었기 때문에 잠을 충분히 잘 수 있었다. 비행기 자리는 창가 자리로 배정을 받았는데 내 자리 옆에는 커플 분들이 앉으셨다. 솔직히 외로울법(?) 했지만 바로 옆옆옆이 우리 일행이기도 했고 잠을 계속 자야했기에 그렇게 느끼진 않았다..

　중간 중간 기내식이 나왔는데 첫 번째 기내식은 정말 맛이 없었다. 치킨과 미트 중에 선택하라 해서 치킨을 시켰으나 콜팝 크기의 닭이 딱 두 점 있었다. 그나마 치즈케이크가 먹을만 했다... 치즈케이크 하나 더 달라하고 싶은 마음이 굴뚝같았다 ㅋㅋㅋㅋ 두 번째 기내식은 파스타였고 상당히 배고픈 상태였기에 맛있게 먹을 수 있었다! 그런데 11시간 비행기다보니까 계속 앉아있는 그 시간이 상당히 견디기가 힘들었다. 꼬리뼈에 멍이 들 것 같았다. 여덟 시간정도 지나자 화장실이 가고 싶었지만 옆에 두 분이 코까지 고시면서 주무서서 깨우기가 죄송했다. 여러모로 힘겨웠던 비행이었다.

　우리는 카이로가 최종 목적지였으나 약 두 번의 경유를 거쳤어야 했다. 일단 오늘은 '부다페스트'에서 하룻밤 경유를 위해 보내야 했다. 그래서 우리는 약 8시간 정도 부다페스트를 둘러 볼 수 있었다. 비가 왔는데 유럽 분들은 거의 다 모자만 쓰고 우산을 안 쓰셔서 우산도 없는 겸 유럽 분들의 문화를 체험 아닌 체험을 해보기로 했다.

우선 젤라또 집에서 장미꽃 젤라또를 먹기로 했기에 버스까지 타고 갔지만 젤라또 집이 문을 닫았다. 리모델링을 한다나. 아쉬운 마음이 들었다ㅠ.ㅠ 젤라또가 있었던 광장은 매우 아름다운 성당이 있던 곳이었는데 유럽의 고풍스러움을 확 와 닿게 했던 건물이었다. 아쉬운 대로 대사관 근처 팬케이크 집에 들러서 팬케이크를 먹었는데 나름 먹을만 했다. 코코아 팬케이크라고 해서 코코아가 나오나 했는데 그냥 코코아 가루가 뿌려진 팬케이크여서 조금 실망했다. 그래도 배가 고픈 상태였기에 뭐든 맛있었다!!!.

팬케이크를 먹은 후 밖에 나가서 '국회의사당'으로 향했다. 세계에서 두 번째로 큰 국회의사당. 내 눈 앞에 펼쳐진 광경은 너무도 아름다웠다!!! 너무너무 그 광경을 보고 있다는 게 행복했다. 밤이 되자 국회의사당 건물의 불빛이 탁!하고 켜졌는데 정말 절경이다. 계속 감탄하고 사진을 찍었다. 이제야 내 마음속에 '정말 시작이구나!'하는 실감이 조금씩 피어오르기 시작했다. 몇 십 분을 그 앞에서 감탄하고 사진을 찍었을까, 우리는 트램을 타고 '어부의 요새'로 향했다. 처음 타는 트램에 정신 팔려 있는 도중 우리가 가기로 했던 어부의 요새를 지나쳐버렸다. 한 정거장 정도. 급히 내린 우리는 어부의 요새와 이어져 있는 '부다 성'에 먼저 들르기로 했고 비는 거세지는 와중에 부다 성을 탐방하기 시작했다. 그런데 워낙 광경이 이뻐서 홀린 듯이 돌아다니고 사진을 찍다보니 비가 오는 줄 의식도 못했다. 나중에 보니까 10키로 정도 걸었던데 모든 게 너무 이쁘고 기분이 좋아서 그런지 하나도 안 힘들었다! 그렇게 계단을 오르고 오르고 걷고 하다 보니 어부의 요새가 나왔는데 여기서 잠깐 어부의 요새가 뭔지 설명을 하자면 어부의 요새는 배 같은 유물이 아니라 일종의 장소이다. 부다 성을 걷다 보면 이어져 보인다. 성벽 사이로 의사당이 보이는 구조인데 굉장히 아름다웠다. 거기서도 사진을 엄청 찍었는데 밥도 못 먹고 비를 맞은 탓에 다들 많이 지쳐있었던 것 같다ㅠㅠ

   돌아가기 위해 지하철을 탔다. 우선 버스 타는 곳 주변에서 먹을 곳을 탐색했는데 케밥 집을 발견했다. 처음엔 안 들어가려고 했는데 먹을 곳이 마땅치 않아서 그냥 다시 들어갔다. 배가 고파서 어떤 음식이든 막 들어가긴 했지만 조금 짰다. 그래도 만족스러웠다. 다시 돌아오는 버스를 타고 공항으로 왔다. 공항에서 노숙을 하기로 했기 때문에 공항 화장실에서 세안을 하고 양치도 했다. 불침번 담당을 정하고 다들 바로 잤다. 나는 의자에서 자려다가 너무 불편해서 그냥 바닥에 침낭을 깔고 잤다. 너무 피곤했다.

2023-01-17 (화) / 출애굽기 2장
환승에 환승으로 카이로 도착

• **정연이의 묵상과 여행**

  이스라엘 백성의 부르짖는 소리가 하나님께 상달되었다는 표현이 기억에 남았다. 하나님께 부르짖고 구하지 않으면 하나님께서는 응답해주시지 않는다는 것을 다시 생각하게 되었다. 일정 중에 힘든 일이 많이 생길 것이다. 그럴 때마다 상황을 맡겨드리며 하나님께 여쭤봐야겠다.

  어제 자기 전에 불침번 순서를 정하고 잤다. 나와 영훈이는 순서가 빨라서 그런지 불침번 이후에는 푹 잘 수 있었다. 일어나고 보니 조용했던 공항에는 사람들이 돌아다니고 있었고, 친구들도 대부분 깨어있었다. 이곳이 한국이 아니라는 것이 아직 잘 실감되지 않았다. 내가 살면서 꼭 가보고 싶었던 '이집트'에 가는 날이라 기분이 들떴다.

  이집트로 가기 위해 먼저 폴란드 바르샤바를 경유해야 했다. 아침식사를 할 시간이 없었기 때문에 비행기에서 주는 빵으로 대신했다. 먹을 수 있다는 것 자체가 감사했다. 바르샤바 행 비행은 3시간 내외로 짧았기 때문에 점심시간에 딱 맞춰서 도착할 수 있었다. 바르샤바 공항에서는 밖에 나가지 않았다. 밖이 춥기도 했고, 연이은 비행으로 인해 피로했기 때문이다. 외부 활동을 계획 해놓은 친구들에게는 미안했지만, 동시에 이를 결정하는 과정에서

서로 배려하려고 하다 보니 소통이 원활하지 않았다. 의견을 확실히 할 필요가 있음을 느낀 시간이었다.

  우리는 공항 안에 있는 'Johnny Rockets'이라는 햄버거 가게로 갔다. 햄버거 자체는 맛있었지만 이날 7인 7색 일정을 통틀어서 가장 비싼 식사비를 기록했다. 선생님 두 분을 포함한 9명이 햄버거와 콜라를 주문하니 15만원이 나온 것이다. 비쌀 것이라고 예상은 했지만 아직 여행 초반이었기에 망정이지 예산이 충분하지 않았다면 큰일 날 뻔했다.

  다시 바르샤바로부터 5시간을 비행한 후, 드디어 이집트에 도착했다. 이때는 현지 시간으로 밤 10시쯤 되었다. 숙소로 가려면 네 팀으로 나뉘어서 택시를 타고 가야 하는데, 이때 문제의 택시 기사들을 만났다. 외국인에게는 기본적으로 바가지를 씌우면서 시작하기는 하지만, 너무 늦은 시간이라 계속 터무니없이 높은 가격만 부르는 것이었다. 게다가 택시 기사들은 이미 서로 말을 맞춘 듯 했다. 이곳에서 거의 1시간 가까이 택시를 구하다가 결국 적당히 협상하고 숙소로 출발했다. 다음 일정을 위해서는 휴식이 더 중요하다고 여행 쌤께서 말씀해주셨기 때문이다. 더 깎지 못한 아쉬움이 남았지만 우선순위를 확실히 하는 것이 중요하다는 것을 배우게 됐다. 택시를 탈 때 기사 아저씨의 과속에 놀랐다.

  숙소가 있는 동네에 도착하니 이미 새벽 1시를 넘겼다. 예약한 시간을 넘겨서 다른 건물을 쓰게 되었지만 그래도 짐을 풀고 나니 나쁘지 않았다. 다들 목이 말랐기 때문에 밖에서 얼른 물을 사왔고, 마무리 모임 시간을 가졌다. 이집트에 오니까 이전과는 다른 분위기에 잔뜩 긴장을 해서 체력소모가 더 컸던 하루였다.

• 태준이의 묵상과 여행

　내가 모세의 엄마였다면 모세의 탄생이 선물로 다가오지 않았을 것 같다. 하지만 그럼에도 요게벳은 모세를 짐이 아닌 축복으로 받아들이고 끝까지 지켰다. 주님께서는 내게 '앞으로의 일정에서 갑작스러운 일이 일어날 때 그 상황을 또 다른 선물로 보면 좋겠다.'라는 마음을 주셨다.

　새벽 2시 50분쯤에 일어났다. 사실 나는 불침번 시간 동안 기대 쌤과 다양한 이야기를 할 생각에 기대했었다. 중구난방으로 이야기를 하다 보니 불침번할 시간이 끝났다. 그런데 나는 잠이 오지 않아 계속 깨어 있기로 했다. 지원과 영훈이는 분명 기내에서도 제일 많이 잔 것 같은데 여기서도 가장 오래 잤다. 시끄럽고 불편한 자리일 텐데 기절한 것 마냥 잘 잤다.
　9시 20분 피곤한 몸을 이끌고 비행기를 타러 이동했다. 부다페스트에서 바르샤바로 출국하는 과정에서 짐을 심사 받는데 내 가방이 심사대에서 울려 심사를 받았다. 내가 걸린 이유는 칫솔, 치약에 물기가 있어 지퍼백으로 포장을 해야 한다는 이유였다. 나는 그냥 해프닝으로 비닐봉지를 하나 더 '얻었다'라고 긍정적으로 받아들였다.

　아침을 안 먹고 비행기를 탔기 때문에 나는 배고픈 상태였는데 기내에서 빵 한 개를 주었다. 승무원분이 한 개를 더 주려고 하시길래 두 손으로 빵을 받았다. 아침부터 비닐봉지와 빵을 받아서 기분이 좋았다. 힘든 여행 중에도 작은 것에 감사가 계속 나오면 좋겠다.
　바르샤바에 도착하고 6시간 대기를 해야 했기 때문에 바르샤바 도심에서 점심을 먹고 간단하게 구경할 계획을 갖고 있었지만 찬바람으로 계획을 중단했다. 지친 마음

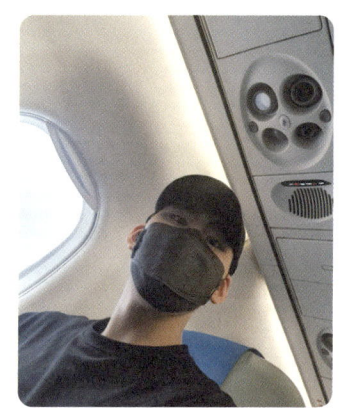

을 이끌고 햄버거 집으로 갔다. 비싼걸 알지만 일단 먹기로 했다. (한…한 끼에 15만원…)

'카이로'에 도착해 먼저 큰 배낭을 찾은 후 나와 다연이는 돈을 인출하러 갔다. 돈을 인출하고 우리는 숙소로 가기 위해 택시를 잡으러 갔다. 밖으로 나가기 전에 돈을 불러서 말한다는 것을 알고 최대한 깎겠다는 마음으로 밖으로 나갔다. 그런데 우리가 밖으로 나오니 기다렸다는 듯이 버스건 택시건 모든 운전기사들이 몰려들었다.

긴 대기시간과 비행, 게다가 처음 하는 흥정이었기 때문에 금방 기가 빨렸다. 시간도 많이 지나고 기도 빨려서 가장 적은 돈을 요구하는 택시를 타기로 했다. (이때로 다시 돌아가면 더 깎을 수 있겠다 싶다.) 택시를 타고 가는데 한국에서는 절대 볼 수 없는 것을 봤다. 분명 2차선인데 3대의 차가, 많게는 4대의 차가 가고 있었다. 또 신호등과 횡단보도라는 것은 존재하지 않았다. 그렇기 때문에 사람들이 고라니와 비슷하게 여기저기서 튀어나왔지만 사고가 안 난 것에 매우 놀랐다.

택시에서 내리고 걸어가는 길에 쥐를 봤다. 숙소로 갔는데 직원이 우리가 예약한 방을 다른 사람에게 주었다고 한다. 황당했다. 우리는 다른 건물에 있는 숙소로 이동했다. 육체적으로 지친 것도 있지만 정신적으로 지쳤다. 방을 배정받고 이틀 만에 씻고 누워 바로 기절했다.

• **다예의 묵상과 여행**

하나님께서는 언약을 기억하시고 약속을 지키시는 분이시다. 그런데 나는 하나님께 약속드렸던 것을 지키는가?

7시가 넘었다고 생각했던 시간에 주은이가 5시라고 깨웠는데 3시였다. 잠이 별로 오지 않아서 4시 30분에 일어나 스트레칭을 하고 돌아다니면서 셀카를 찍었다. 이상하게 컨디션이 좋았다. 검색을 하다가 바르샤바도 둘러보고 싶어서 의견을 냈다. 비행기 타기까지 배가 너무 고팠다. 에너지가 공급되

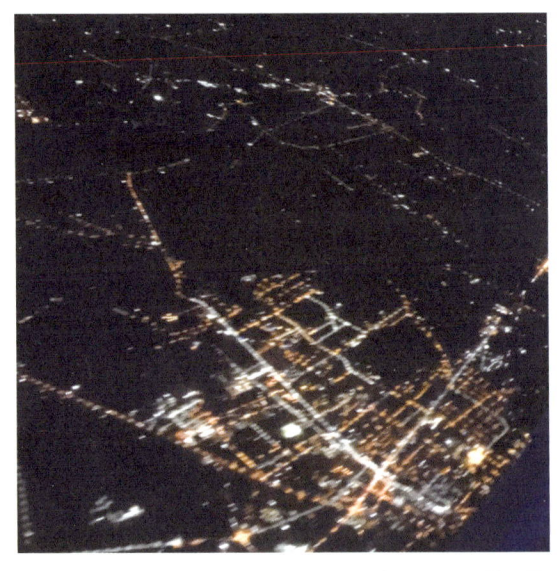

지 않아서 졸렸다. 비행기에서 블루베리 시나몬 아보카도 파이를 나눠줘서 하나 더 받았다. 아침밥의 중요성에 대해서 다시 한 번 느낄 수 있었.

내렸을 때의 추위 때문에 건강을 위해서 바르샤바는 포기를 했다. 나는 춥지

않았지만 주장을 강하게 할 수 없었다. 햄버거 가게에 들어갔는데 어떻게든 같이 앉게 해 주려 하셨다. 기대 쌤께서 영수증을 꼼꼼히 확인하시는 것을 보면서 나의 안일한 생각들을 돌아보게 되었다. 비행기를 기다리면서는 이야기도 나누고 카톡, 마피아를 했는데 재미있었다. 유럽은 해가 빨리 졌다. 비행기에서라도 보는 촘촘한 야경이 예뻤다. 와디럼에서 별을 볼 때 이런 느낌일까? 비행기가 흔들려서 신났다.

10시쯤 '카이로'에 도착했다. 공항에서 정말 집요하게 새치기를 해내고야 마는 사

람을 보고 충격을 받았다. 어제는 잘 와 닿지 않았는데 너무 담당 친구에게만 의존하지 말자고 했던 것이 생각났다. 이곳에 대해서는 아는 것이 없어 어떻게 도와야 할지 감이 잡히지 않았다. 경찰이 와서 "왜 여기에 서 있냐?" 물어보아서 밖으로 나왔다. 뭔가가 나를 누르는 듯한 압력과 동시에 보호막이 사라진 듯한 느낌이 들었다. 택시랑 흥정을 했는데 막상 타니까 말을 바꿔서 몇 번을 내리고 타길 반복했다. 운전할 때는 너무 차 바로 가까이 붙는데 사고 나는 건 아닌가 싶었고, 신호가 없어서 빠르긴 했지만 사람을 칠 것 같았다. 정말 신기했다. 여기가 바로 이집트! 기사님은 택시 요금을 받고는 굉장히 만족스러운 표정으로 돌아가셨다.

숙소로 갔는데 예약된 방에 다른 사람들을 받았다고 했다. 여행 쌤께서 첫 숙소부터 문제가 생긴 건 우리가 처음이라고 하셨다. 어떻게 해결된 것인지는 모르겠지만 어쩌다 보니 다른 숙소에 짐을 놓을 수 있게 됐다. 선배들과 같이 생활하게 됐는데 씻는 것이 오래 걸리는 것 빼고는 괜찮았다. 외관에 비하면 내부는 그렇게 나쁘지 않았다. 바퀴벌레가 무서워서 불을 켜고 자야 하나 고민이 되긴 했다. 나는 체력은 괜찮은 편이라는 생각이 들었다. 내가 힘들다고 느낀 건 사람과 함께 있는 것이었는데 정확히 표현하지는 못하겠다.

• 지원이의 묵상과 여행

　모세를 불쌍히 여기는 마음을 하나님께서 주셨다. 갈대상자부터 시작해서 불쌍히 여기는 마음을 준 것까지 모두 하나님의 일하심이었다. 답이 없는 것 같은 상황 속에서 하나님의 일하심을 믿는 내가 되고 싶다.

　적용 점은, 오늘 하루는 답이 없는 것 같은 상황 속에서도 하나님을 붙잡고 평안하기! 마음이 힘들고 답이 없는 것 같은 상황에서도 하나님을 의지하고 믿기. 자꾸 부정적인 상상이 되는 부분은 하나님이 해결해 주실 것이니, 어떤 방법으로든! 뜻대로 하실 것이니 너무 걱정 말기!

　오늘은 이동으로 시간을 다 썼다. 부다페스트에서 바르샤바, 바르샤바에서 '이집트 카이로'. 그래도 쉬는 시간을 가진 거라고 생각한다. 하지만 공항 간 이동, 카이로 도착해서 신경 쓸 게 많아서 마냥 쉬었다고 할 순 없다. 사실 이집트에 도착해서부턴 이제 진짜 시작이다ㅜㅜ. 아직 시작도 안했다는 사실이 너무나도 절망적이지만, 초반에만 이렇지 이제부턴 시간이 잘 갈 것이라는 생각으로 버텨보려고 한다..라고 생각했지만… 카이로 공항에 도착하자마자 곤경에 처했다.. 택시 흥정을 해야 하는데 다 너무 높게 부르고 고집도 세서 한참 사투를 벌였다.. 단체로 와서 더 그런 것 같다. 처음에 2천 파운드를 부르길래 엄청 놀랐다.. 이런 곳이구나 싶기도 하고… 택시와 실랑이만 거의 한 시간 한 것 같다.

　17명에서 800으로 맞추고 출발! 우리 팀은 여행 쌤까지 다섯 명이었다. 짐을 차에 싣고 차에 탔는데 웬걸.. 자기네 차는 크고 니네는 다섯 명이기 때문에 자기한테는 300을 줘야 한다고.. ㅋㅋㅋ 각 차당 200에 하기로 약속했는데 이렇게 되면 약속한 금액보다 비싼 값인 900이 되는 것이다. 그래서 우린 내렸다.. 그렇게 2번 정도 타고 내리기를 반복하다가 250에 합의를 보고 택시를 타고 숙소로 향했다. 진짜 거짓말쟁이들같이 눈 하나 깜짝 않고 말을 바꾸는 게 너무 어이도 없고 충격이었다. 헛웃음이 날 지경…

　숙소로 향했는데 우리가 도착한 시간은 새벽 한 시 정도! 사실 선결제 예약을 한지라 설마 늦게 왔다고 다른 사람을 받을까 걱정했는데 웬걸ㅋㅋㅋㅋㅋ 우리 방4개를 예약했는데 방이 1개밖에 안 남았댄다…. ㅋㅋㅋㅋ 아ㅠㅠㅠ 뭐 5분 거리 다른 숙소 주겠다길래 따라갔는데 한 십분은 걸렸다. 사실 이때가 거의 새벽 두 시.. 그렇게 폐가같이 생긴 건물에 있는 방을 배정받았다. 우리 방은 한 침대에 두 명씩 자게 되었다. 진짜 지친 상태라 예민하고 짜증나고 상태가 꽤 안 좋았다. 하지만 옆에서 들려오는 다연이의 행복하다는 소리ㅠㅠ 어쩜 행복할 수 있지? 싶었다. 예민해진 내 상태와 내 맘대로 되지 않는 기분 때문에 첫날부터 막막함을 느꼈다. 그래도 씻고 누워서 가만히 생각해보니까 노숙할 수도 있었던 상황 속에서 숙소에 지금 누워 있다는 것 자체가 감사한 일일 수도 있겠다는 생각이 들었다. 그렇게 새벽 3-4시는 돼서 잠에 들었다.. 생각해 보니 오늘 묵상이 소름 돋게 우리 상황과 일치했다! 하나님 감사합니다..! (원래 감사가 나오지 않는 상황일수록 감사 하랬으니…)

• 다연이의 묵상과 여행

하나님께서는 우리의 목소리를 언제나 들으시며 약속을 지키시는 분임을 묵상했다. 이제 시작하는 7인 7색 모든 여정 가운데 우리의 계획보다 더 완전한 하나님의 인도하심을 믿어야겠다. 하나님의 섭리를 발견하고 고백할 수 있는 시간이 되기를 바란다!

정들었던 우리의 숙소(?) 부다페스트 공항을 떠날 날이 되었다. 하루 경유했을 뿐인데도 작정하고 여행을 온 것처럼 알찬 일정이었다. 공항에서 다음 일정을 짜고 함께 묵상을 한 뒤 폴란드 바르샤바 공항으로 향했다. 공항에서 제대로 못 자서 그런지 비행기에서 푹 잘 수 있었다. 아침은 기내에서 준 빵으로 해결했다. 빵을 별로 좋아하지 않던 내가 그 작은 빵 하나에 그렇게 큰 행복과 감사를 느낄 수 있을 줄 몰랐다ㅎㅎ. 원래 바르샤바 공항에서 나와 짧게라도 폴란드 시내 구경을 할 계획이었지만 너무 추워서 다음 일정을 위해 무리하지 않기로 합의했다. 오늘의 소비는 햄버거와 콜라! 안전하고 따뜻한 공항에서 6시간 정도 머물렀다. 친구들과 수다도 떨고 마피아 게임도 했다. 적어도 일주일 정도는 함께한 것 같은데 아직 시작도 안 했다는 게 믿어지지 않는다..

이제 드디어 '카이로'로 향했다. 내가 그토록 고대하던 카이로의 첫 이미지는 '담배 냄새'. 내리자마자 이 냄새가 내 코를 찌르기 시작했다. 공항 밖으로 나가자마자 택시를 채우기 위해 기다리는 사람들을 많이 마주할 수 있었다. 적정가보다 높은 값을 부르는 사람들을 제치고 열심히 흥정을 했다. 이집트의 높은 악명을 듣긴 했지만 블로

그가 전부 사실이었음에 놀랐다. 사전 조사가 없었다면 엄청 당혹스러웠을 것 같다.

정신없이 흥정을 끝내고 네 택시로 나누어 숙소로 가기로 했다. 선생님이 세 분이 서서 어쩔 수 없이 우리 조는 친구들끼리만 택시에 탑승해야했다. 장소를 제대로 조사하고 아는 사람이 나밖에 없으니 정신을 똑바로 차려야했다! 한밤중 택시는 엄청나게 빨랐다. 웬만한 놀이기구보다도 스릴 넘치는 택시. 우리가 탄 택시 기사님만 그러시는 줄 알았는데 그냥 이집트 자체가 도로에 차가 있든 없든 상관없이 일단 밟고 본다. 신호등이나 횡단보도가 거의 없는 것은 물론 도로에 차선도 없었다.

다행히 목적지에 잘 도착해서 다 같이 무거운 배낭을 메고 숙소로 향했다. 숙소를 찾아 힘겹게 올라갔는데 들리는 청천벽력 같은 말.. 방이 없다는 것이다! 이미 인터넷으로 숙소 예약을 해놓은 상태였지만 예약 따위 가볍게 무시해버리는 숙소라니! 당혹스러우면서도 그냥 웃겼다. 직원은 우리를 어떤 아파트로 데려갔고 원래 예약한 숙소보다 훨씬 좁은 곳에서 알아서 자라고 했다. 대안은 없었기에 빨리 수긍하고 잠이라도 자기로 했다. 계획과 달리 숙소에 너무 늦게 도착해서 급히 다음날 계획을 수정했다. 카이로 이틀 여행 루트를 짜기 위해 고생한 시간이 조금 아깝긴 했지만 내 계획과 달리 이루어지더라도 더 선한 길로 이끄시는 주님을 묵상하기로 했으니, 마음에 어려움이 있진 않았다. 카이로… 생각보다 혼란스럽구나?

• **영훈이의 묵상과 여행**

　강가에 버려진 아이를 주워서 키우는 것 자체가 크나큰 배려와 도움을 주었다고 생각한다. 사실 그냥 상자가 강가에 떠다닌다고 관심을 두는 사람들을 몇 없을 것이다. 하지만 이 모든 것이 주님의 계획이시기에 아이를 구하고 키운 것이 아닌가 생각이 든다. 우리의 여행도 주님이 계획하시고 인도하시는 길로 안전하게 따라가고 싶다.

　공항에서 잠든 것이 불편하지는 않았다. 자고 일어나고 씻고 하는 데 문제가 없어서 좋았다. 어제는 컨디션도 별로기도 하고 도움을 많이 못 주었다고 생각했기에 오늘 하루는 내가 조금 힘들더라도 한발 먼저 가보고 도움을 주어야겠다고 생각했다..

　폴란드에서 많은 시간을 보내고 시작지인 '카이로'를 향해 떠나려고 한다. D-19 지금은 시작도 안 했지만 며칠 한 것 같고, 집에 가고 싶다. 하지만 시간이 지나더라도 후회 없는 여행 보내기! 카이로에 잘 도착하였다. 비자 발급 종이도 적어보고 (영어, 아랍어 뭔지도 잘 몰랐지만) 입국심사 때 질문을 받으면 대답까지 생각해두었는데 부모여행동의서에 대해 언급조차 하지 않아서 다행이었다. (5만 원…. 빠이빠이. 부모여행동의서 가격)

이제 시작이라는 것이 믿기지 않는다. 숙소로 가는 줄 알았는데. 남은 일정도 화이팅! 이라고 외치자마자 택시 일정이 꼬일 때로 꼬였다. 돈은 말도 안 되게 부르고, 택시를 잡는 데만 1시간 이상 들인 것 같아서 힘들었다. 택시를 타고 가는데 선생님도 안 계시고, 위치도 모르다 보니까 많은 생각이 들고, 정말 많이 무서웠다. 하지만 주님의 인도하심으로 숙소 앞까지 잘 도착 할 수 있었다.

  숙소에 갔는데 예약한 숙소에서도 우리 예약을 무시하고 다른 사람을 받은 모습을 보고 문화충격을 먹었다. 다른 숙소로 안내해주어 이동했다. 엘리베이터 문을 열었는데 엘리베이터가 내려가서 무서웠다. 이 엘리베이터는 혼자 못 타겠다. 오늘 하루도 많이 무섭고 두려웠지만 안전하게 이끌어주신 주님! 감사합니다.

• 주은이의 묵상과 여행

　모세 어머니께서 모세를 강물에 흘려보내기까지 절망 또 절망을 하다가 수많은 고민 끝에 한 결정일 것이다. 하지만 주님께서는 이집트 공주를 사용해서 모세를 건져내시고 또 모세의 어머니께서 모세의 유모가 되어 모세를 키울 수 있도록 하셨다. 그리고 모세를 통해 계획을 이루셨다. 나에게도 크고 놀라운 계획을 갖고 계시다는 생각이 강하게 들었다.

　새벽 5시에 일어났다. 불침번을 서야하기 때문이다. 오늘은 부다페스트에서 바르샤바로 가서 경유를 한 후 또다시 '카이로'로 향하는 날이다. 지금까지의 모든 시간들이 불과 1일밖에 되지 않았다는 사실에 놀라고 또 1일이나 됐다는 사실에 한 번 더 놀랐다. 아침에 또 공항 화장실에서 세안을 했다. 다예가 "폴란드 바르샤바에 경유할 때 주변을 둘러보면 어떨까?"하는 제안을 했고, 나포함 다수의 친구들이 동의를 했다. 바르샤바에 5시간 정도에 경유를 한다고 들어서 그에 맞춰서 유명한 곳 한 군데를 보고 밥을 먹기로 결정했다. 8시 20분이 되자 이제 탑승 수속을 하기 위해 다시 게이트로 향했고, 9시쯤 비행기에 탔다. 찾아보니 아침은 빵을 준다 길래 아무것도 안 먹고 탔는데 배가 미친 듯이 고팠다. 진짜 너무 웃겼다. 빵 다 먹고 부족해서 어떡하지 하던 도중 여행 쌤이 빵을 하나 더 받으시는 것을 보고 우리 모두 이때다 싶어서 모두 승무원 분께 빵을 달라 하니 빵을 더 주셨다. 나는 꽤 쌩쌩하다고 생각했는데 빵을 먹자마자 자버렸다. 눈 깜짝할 새에 바르샤바에 도착했다.

그런데 바깥 날씨가 좀 쌀쌀했다. 그러다가 몇몇 친구들이 "바르샤바를 둘러보기로 했던 계획을 취소시키는 건 어떨까?"하고 제안을 했다. 나는 안에 있나 밖에 있나 상관없어서 가만히 있었다. 어찌저찌 하다가 안가기로 결정이 났고 우리는 공항 안에서 밥을 해결하기로 했다. 한 바퀴 정도 둘러보다가 무난한 햄버거 집을 골랐다. 햄버거는 맛있었다. 감튀를 먹고 싶은 마음이 조금 있었으나 햄버거로 충분해 보여서 시키지는

않았다. 햄버거를 다 먹고 게이트 의자 쪽에 앉아서 비행기를 기다렸다. 5시간 정도 자유시간이 생겨서 의자에 앉아있는데 다연이가 자꾸 밸런스 게임을 했다. 사진을 완전 잘 찍는데 발로 찍는 남친vs엄청 구린데 손으로 찍는 남친. 이런 얘기를 계속 해서 킹(열)받았다. 진짜 신박했다.

 카이로로 향했다. 너무 떨렸다. 가는 도중 음료수를 쏟았다. 핸드폰을 앞에 올려놓으려다가 주스 있는 곳에 쏟았는데 바로 옆에 승무원 분께 휴지를 받아서 다행히 닦을 수 있었다. 5시간 정도 비행기를 타면서 잤고, 눈을 떠보니 이집트 카이로에 도착을 했다. 나와서 입국신고서를 작성하고 짐을 찾으러갔다. 짐이 바로 나와 있었다. 그런데 짐이 없어져 옆에 낙심하는 분들을 보자 이집트가 원래 이런 곳인가 싶었다. 그리고 ATM에 돈을 뽑으러 간 우리 무리들은 빈손으로 돌아왔는데 기계에 돈이 없었기 때문이라고 한다. 너무 충격적이었다.

 또 무서운 사람들이 우리한테 달라붙기 시작했다. 택시를 권유하는 사람들이었는데 우리는 아무것도 몰랐기에 너무 무서웠다. 8명의 사람들이 달라붙어서는 계속 우리를 괴롭게 했다. 큰 차를 불러줄까? 택시를 태워줄까? 두 차를 불러줄까? 이러는데 진짜 말도 안 되는 가격을 불러서 조금 화가 났다. 12시가 훌쩍 넘은 시간이었고 위험

했기에 17명을 4개 차로 나눠서 각 차당 200파운드씩 내고 겨우 타게 됐다. 두레 당 택시를 타기로 했는데 우리 두레 먼저 출발하여서 숙소에 가기로 했다. 바깥 풍경이 한국과는 많이 달라서 갑자기 실감이 확 나고 두려워졌다. 이집트가 어떤 곳인지 악명만 들었으며 새벽인 시점에 온지 몇 시간 되지 않은 이집트를 좋게 보기에는 어려웠다.

택시에서 내린 후 다른 일행들이 줄지어 도착했다. 다연이의 지도에 따라 카이로 숙소에 갔다. 그런데 숙소에 가는 길이 너무 충격적이었는데 일단 차도엔 신호등이 없고, 차도 걍 우릴 무시하고 간다는 것이다.

숙소에 도착을 했는데 더 충격적인 소리를 들었다. 우리가 예약한 방들을 다른 사람들한테 줘서 방이 하나밖에 없다는 거였다. 멘붕에 빠져있던 찰나 옆에 건물엔 방이 있으니 안내해주겠다고 했다. 그래서 옆 건물로 갔는데 엄청 폐아파트 같은 느낌이었고, 너무 충격적이었다. 계단도, 들어간 방도 너무 충격적이었다. 그냥 폐가를 준 줄 알았다. 숙소에 들어간 시간은 새벽 두 시가 넘어갔고 다들 너무 지쳐있었다. 대충 모임을 끝내고 공항에서부터 안 씻은지 꽤 됐기에 얼른 씻고, 침대에 누웠다. 이때가 한 세 시쯤이었다. 너무 졸려서 잤다. 기절했다. 다들 이집트에 온 후 엄청 지쳐했다. 하지만 나는 내가 드디어 이집트에 왔다는 것이 너무 자랑스러웠다. 그리고 숙소가 폐가 같고 방도 좀 충격적이긴 했는데 생각보다 와이파이도 되고, 뜨거운 물도 나와서 좋았다. 내일이 기대가 된다.

2023-01-18 (수) / 출애굽기 3장

피라미드를 보러 가자

• **정연이의 묵상과 여행**

하나님이 모세를 부르셔서 기적을 보여주시고, 앞으로의 계획까지 자세히 알려주셨다. 그 이유는 모세의 마음에 확신이 없음을 하나님이 아셨기 때문일 것이다. 하나님께서는 항상 부족한 자들을 통해서도 역사하셨고, 이를 통해 그만큼 우리를 사랑하신다는 것을 알 수 있었다. 이를 생각하면서 주님에 대한 믿음을 굳세게 해야겠다. 또한 모든 상황 속에서 말씀을 적용시켜봐야겠다.

오늘은 '피라미드'를 보러가는 날이다. 숙소에서 제공하는 조식은 없었기 때문에 아침 묵상을 마친 후 10시에 밥을 먹으러 가기로 했다. 이번에는 이집트 준비 담당인 다연이가 알아본 식당으로 갔다. '코사리'라고 하는 이집트 전통음식인데, 이집트에서 먹는 첫 끼라 기대됐다. 이 요리에는 스파게티, 마카로니, 쌀, 병아리 콩, 조, 튀긴 마늘에 토마토소스를 얹어서 먹는 음식이다. 우선, 한국인에게 익숙한 마늘이 들어가 있는 것부터 마음에 들었다. 토마토소스는 매콤하고 쌉싸름했다.. 미디엄 사이즈로 주문했음에도 불구하고 양이 많아서 끝까지 먹기가 쉽지 않았다. 사실 음식 자체는 맛있었으나 계속 먹다 보면 쉽게 물리는 맛이었다.

내일 '다합'으로 갈 때 탈 나이트버스를 예약하는 팀은 식사를 마치고 바로 이동했고, 나머지는 숙소에서 휴식했다. 이때 나는 조금 있으면 가게 될 피라미드에 대한 영상을 찾아봤다. 피라미드가 있는 기자로 가기 위해서 우리는 지하철과 미니버스를 타야 했다. 본격적으로 출발하기 전에 망고 주스를 처음 사먹었다. 이렇게 맛있는 망고 주스는 처음이었다. 우리는 기분 좋은 상태로 이동할 수 있었다.

기자 역에서 내린 후 피라미드 방향으로 가는 미니버스를 찾아야 했는데, 아들을 데리고 있는 한 아저씨가 도움을 준다고 해서 따라갔다. 처음에는 현지인으로서 어떻게 더 싸게 갈 수 있는지 알려주겠다고 해서 듣고 있었는데, 우리가 알아봤던 것과 달랐다. 자기가 낙타를 태워줄 수 있다고 하길래 이 때부터 뭔가 잘못되었음을 느꼈고, 필요 없다고 했다. 낙타를 태우기 위해서 이렇게까지 장황하게 유도할 줄은 몰랐다. 영훈이는 아이와 유명한 이집트인 축구선수 '살라'에 대해 얘기하며 벌써 친해진 듯 했다. 이 제안을 거절한 채 우리끼리 탄 미니버스에서는 비용 지불 문제로 또 기사 아저씨에게 압박을 받았다. 이때 우리 앞자리에 탄 현지 여성 3명은 기사 아저씨와 대화하며 화폐를 주고받기도 하고, 면전에서 우리를 희롱했다. 이 경험을 통해서 이집트가 어떤 나라인지 현실적으로 알 수 있었다. "이곳 사람들이 알고 있는 지혜는 성경에서 말하는 지혜가 아니고, 오로지 어떻게 하면 돈을 더 벌 수 있는지에만 초점이 맞추어져있는 것 같다."는 기대 쌤의 말씀이 기억에 남는다. 모든 사람이 그런 것은 아니겠지만 이 사건으로 받은 충격이 꽤 컸다. 이집트에서 이유 없는 호의는 없다는 것을 명심해야겠다. 그래도 지나간 일에는 너무 신경 쓸 필요가 없었다. 덕분에 이집트를 위해서 기도할 이유가 생겼다.

우리는 피라미드로 가서 구경도 하고 역사 공부도 하면서 의미 있는 시간을 보냈다. 세계에서 가장 큰 피라미드이자 고대 세계 7대 불가사의 중 하나인 기자 피라미드는 생각보다 작았다. 너무 기대가 컸던 탓인 것 같다. 그래도 예수님이 태어나시기도 한참 전 사람들이 이런 건축물을 만들 수 있었다는 것 자체가 신기하고 대단했다. 어릴 때부터 스핑크스와 피라미드를 실제로 보고 싶었는데 이번에 볼 수 있어서 정말 좋았다. 나가는 길에는 기념품을 파는 노점상들이 있었고, 각자 한 두개씩 구매했다. 아까 미니버스를 같이 탔던 그 현지 여성들을 다시 마주쳤다. 처음에는 놀리려고 일부러 따라오는 것인지 의심스럽기도 했지만 그러려니 하고 우리 갈 길을 갔다.

  바로 앞에 피자헛이 있길래 이곳에서 저녁 식사를 했다. 타국에 온 이상 그 나라의 음식을 최대한 경험하기 위해서 다음부터 패스트 푸드 음식점은 자제하기로 했다. 숙소로 가는 길에 카이로 타워까지 들르려고 했으나 시간이 늦어서 여행 쌤이 들어오라고 하셨다. 이집트에 온 이상 원래 일정대로 전부 다니고 싶었지만 오늘도 꽤 많이 이동해서 힘들었다. 그러나 별 탈 없이 안전히 하루를 마무리할 수 있어서 감사했다.

• **태준이의 묵상과 여행**

  모세가 이스라엘 백성들을 이끌 수 있도록 하기 위해 하나님께서는 모세의 40년을 목자로 생활하게 하신 게 아닐까? 수많은 양을 이끌고, 지키는 훈련을 통해 이스라엘 백성들도 이끌고 지키도록 하신 게 아닐까? 그렇다면 7인 7색 또한 하나님께서 나를 쓰실 때 좋은 경험이 될 것이기 때문에 잘 배우고, 많은 생각을 해야겠다.

  이집트 전통 음식을 먹으러 갔다. 먹을 음식은 '코사리' 다. 양이 많아서 먹을수록 물렸다. 결국 콜라를 시키기로 했고 코사리가 더 이상 들어가지 않은 상황에서 콜라는 생명줄이었다. 밥을 먹은 후 나, 지원, 기대 쌤은 Go Bus 센터로 향했다. 센터로 가는 길에 큰 차도가 보였다. 이집트는 보행자를 딱히 생각하지 않았지만 나는 5년간 중국에서 갈고 닦은 무단횡단 경험을 바탕으로 편안하게 지났다. 센터에 버스 예약을 마치고 숙소로 돌아가려고 하는데 우리의 목적지와 다른 지역이 적혀 있는 것을 발견했다! 다시 직원 분께 찾아가 목적지를 다시 알려주었다.

  숙소에 도착해 나갈 준비를 했다. 역으로 향했다. 이집트의 햇빛은 강했기 때문에 조금만 걸어도 바로 지치는 환경이었지만 망고주스를 마심으로써 회복할 수 있었다. 주스를 마시며 역으로 마저 이동했다. 목적지에 내리고 입구로 나갔는데 공항 때처럼 기사님들이 몰려들기 시작했다. 우리가 어찌저찌하고 있을 때 아들 손을 잡고 어떤 아저씨가 우리에게 다가왔다. 그 아저씨는 여러 정보를 알려주며 우리에게 오는 사람들까지 막아주면서 도와줬다. 아저씨와 헤어진 후 버스를 잡을 만한 곳으로 갔는데 방금 만났던 아저씨가 나타나서 우리에게 피라미드를 보러 가는 루트 중 한 곳을 집요하게 추천하기 시작했다. 그 루트는 낙타를 타고 이동하는 루트인데 우리에게는 필요하지 않은 루트였다. 알고 보니 그도 사기꾼이었다! 그렇게 30분 정도 실랑이를 벌이고 그 아저씨는 버스를 잡을 수 있도록 인도해줬다. 일인당 10파운드에 타기로 하고 버스에 탔다. 우리는 지친 상태였기 때문에 흥정을 할 기운이 남아있지 않았다.

그렇게 버스가 출발했다. 그런데 갑자기 우리 앞에 탄 세 분의 여성이 우리에게 말을 걸기 시작했다. 처음에는 친근하게 대해주는 줄 알았지만 괜한 생각이었다. 운전기사는 그들에게 돈을 주면서 10파운드라고 말을 맞췄다. 우리가 보는 앞에서… 그냥 10파운드 내고 갈 생각이었는데 그들이 계속 돈이 있는지, 언제 낼 건지 물어보고 깔깔거리며 웃으니 기분이 불쾌해졌다. 우리가 불쾌해져 있을 때 기대 쌤께서 장난으로 "이들은 파라오의 후손들이야!"라고 말씀해주셨다. 웃기면서 한편으로는 '이집트에 대해 기도해야겠다.'는 생각을 하게 된 순간이었다.

'피라미드'에 도착했다. 입장을 위해 티켓을 구매하려고 봤는데 줄이 없었다. 그냥 앞에 있는 사람을 밀치고 판매원 앞에 가는 강인하고 인내심 있는 사람만이 티켓을 구매할 수 있는 정글이었다. 그래서 먼저 내가 대표로 어느 정도 티켓 판매원에게 가까워 졌을 때 도저히 혼자서 할 수 없다는 것을 깨달았다. 그래서 남학생들과 기대 쌤이 다연이가 티켓을 살 수 있도록 벽을 치며 판매원 앞에 도착해 티켓을 사고, 구경할 수 있는 곳으로 들어갔다. 온라인상으로만 보던 피라미드와 스핑크스를 보니 너무 놀라웠다.

• 다예의 묵상과 여행

출애굽기 3장에는 하나님께서 이렇게 하셨고, 하나님께서 이렇게 하실 것이라는 말씀이 많이 나온다. 나는 여행에 와서도 나의 의미를 찾으려고 했고, 묵상 시간에도 집중하지 못했고, 나에게 계속 본질적인 질문을 던졌다. 진짜 중요한 건 이게 아니라는 생각이 계속 들었는데 묵상을 통해 내가 지금 우선으로 두어야 할 것이 무엇인지를 느꼈다. 성지순례 같은 여행에 왔는데 하나님을 찾지 않았던 나를 되돌아보며, 의미가 나에게서 나오는 것이 아니라는 것을 기억해야겠다.

모르고 있었는데 내가 묵상 인도를 할 차례였다. 오늘 나눔은 와 닿는 것이 많았다. 기대 쌤께서 "이 사람들은 바로의 후예다."라고 말씀하신 게 두고두고 기억에 남았다. 묵상 후에는 '코사리'를 먹으러 갔다. 생각보다 맛있었는데 많이 먹지는 못했다.

담당 친구들이 Go Bus를 예약하러 간 동안 잠시 쉬었다가 다시 밖으로 나왔다. '카이로'의 풍경은 마음에 들었다. 딸기 망고 요거트를 먹으면서 지하철을 타러 갔다. 도로를 건널 때 차에 치일까 봐 너무 무서웠다. 바로 앞에 오기까지 멈출 생각을 하지 않는 것으로 보였다.

기자 역에서는 사기꾼 낙타 아저씨를 만났다. 미니버스에서는 여자 분들이 우리를 놀렸다고 친구들은 기분 나빠했는데 나는 상황 파악이 잘 되지 않았다. 나중에 설명을 듣고서야 이해했다. 저 멀리 '피라미드' 실루엣이 보이는데 너무 신기했다. 버스에서 내리자 사람들이 말을 많이 걸었는데 그것을 무시해야 하는 게 마음이 좋지 않았다.

티켓을 끊을 때는 질서 없이 사람들을 비집고 들어가 돈을 들이밀어야 했다. 양심을 지키다가는 아무것도 할 수 없을 것 같았다. 낙타 아저씨들이 입구가 다른 쪽에 있다고 하는데 무시하고 벽을 넘었다. 길을 건너는 것부터 해서 정해진 틀을 깨는 것이 정말 파격적인 경험이었다. 내가 피라미드를 보고 있다는 게 믿기지 않았다. 맨눈으로 보고 싶어서 선글라스를 벗었다. 모래를 담고 있었는데 이왕이면 피라미드 벽면에서 긁어가는 게 어떻겠냐고 했다. 좋은 제안이었지만 기회가 되지 않았다.

다연이의 설명을 들으면서 보니 더 신기했다. 내려올 때 뒤에서는 해가 지고 있는 그 풍경이 정말 예뻤다. 마지막으로 스핑크스도 보고 사진을 찍었다. 기념품도 샀다. 피자헛에서 저녁을 먹고 또 흥정해서 미니버스를 탔다. 맑은 공기가 절실했다. 야경 보러 카이로 타워에 가고 있었는데 여행 쌤께서 돌아오라고 하셔서 숙소로 왔다.

나눔 시간에 나는 정말 흥정을 못 하겠다고 얘기했다. 적당한 가격을 부르면 뻔뻔함을 넘어 무례한 사람이 되는 것 같은 느낌이었다. 한국 시장 같은 따뜻한 흥정 분위기가 아닌 데다 사람들이 차갑고 단호했다.

기대 쌤께서 하셨던 말씀이 기억에 남는다. "사람을 속여서 어떻게든 많은 돈을 버는 것이 이 사람들의 지혜다."라고. 처음부터 이 사람들을 이해하지 못하는 건 아니었지만 '지혜'라는 표현이 충격이었다. 전제를 알게 되는 순간 많은 깨달음이 찾아오는 듯하다.

• **지원이의 묵상과 여행**

　하나님께서 나를 사용하신다는 말은, 나를 보내는 것이 아니라 함께 가는 것이라고 기억하자. 확고하지 않은 모세를 설득하시는 하나님을 볼 수 있다. "너 그냥 가!"가 아니라 모세를 안정시키면서 계속 설득하시는 모습에서 '사랑의 하나님'이 보인다.

　'피라미드'를 본 날!! 피라미드 가기 전 Go Bus를 예약하러 길을 나섰다. 차선이 없는 도로를 처음 보고 충격 먹었는데, 심지어 횡단보도까지 없어서 더 충격이었다.. 어떻게 이렇게 무단횡단이 자연스러울 수 있는지, 옆에선 빵빵 경적소리가 효과음처럼 들려왔다. 큰 고속도로를 몇 번 무단횡단 해보니 그 뒤로는 무단횡단이 익숙해졌다. "한국 가서도 무단횡단을 하면 어떡하지?" 장난식으로 이렇게 이야기 했지만, 진짜 사람은 적응을 되게 잘하는 것 같다. 또한 충격 먹었던 처음과 달리 색다른 문화가 자리 잡고 있다는 게 뭔가 게임 같고 흥미롭게 느껴졌다.

　이젠 피라미드로 출발! 다연이의 인도를 받아 함께 지하철로 갔다! 이땐 지하철이 젤로 안전하고 평온한 곳이라는 것을 알지 못했다… 지하철에서 내리고부터가 진짜 이야기 시작이다.. 지하철에서 내리면 출구 쪽에 택시 기사들이 막 서서 우리를 데려가려고 영업한다. 거기서 갑자기 어떤 애를 데리고 있는 아저씨가 우리를 구해주더니, "저 사람들 믿지 마, 원래 가격은 5파운드인데 10파운드로 불러." 이러면서 우리에게 말을 걸었고, 그 친절로 우리에게 신뢰를

얼었다. 이 사람을 믿었던 이유는 옆에 있던 12살 정도 돼 보이는 작은 아들 때문인데, 이 사람은 "작은 아들이 피라미드를 보고 싶어 해서 왔고, 이번이 두 번째야. 싸게 가는 법 알려줄게." 이렇게 해서 우리 모두 "어떻게 이렇게 착한분이!!" 이러면서 감동받으며 열심히 따라갔다. 좀 뒤 쪽으로 가야 싸게 탈 수 있다 길래 막 갔는데 갑자기 길을 건넜다. 위에 말했던 것처럼 길 건너는 게 위험한데, 능수능란하게 우릴 지켜주면서 건너게 해주길래 뭔가 더욱 든든하게 느껴졌다. 길을 건너더니 길에 있는 차에 쌓여있는 먼지를 이용해 그림을 그리면서 우리에게 피라미드에 입구가 두개가 있다는 것을 알려줬다. 되게 고맙고 미안했는데 그 순간 그 아저씨의 입에서 들리는 소리 "Camel"……. 갑자기 아래 길로 가서 낙타를 타야 한다 길래 우리 모두가 띠용! 하고 놀랐다. 순간 들리는 주은이의 목소리.. "이거 100퍼 사기야!" 우리 모두 무언가 싸한 느낌을 받았다. 자기 친구가 낙타를 하니까 싸게 해준다는 말을 들으니 더 확실해졌다…ㅋㅋㅋㅋㅋ 이거 사기구나..!

우린 낙타 탈 마음 없다고 딱 잘라 이야기 한 뒤 미니버스를 탔다. 거의 20분가량을 지체했기 때문에 그분이 연결해준 미니버스를 탔다. 10파운드에서 값을 절대 안 내리길래 그냥 몇 마디하고 버스를 탔다. 우린 너무 오랫동안 낙타아저씨와 대화하고 돌아다녔기에 지친 상태여서 더 이상 흥정을 시도하지 않았고, 버스에 올라탔다.

아랍여자 세 분 정도가 앞에 탔는데 우리에게 웃으면서 어디서 왔는지 물어보고 "I love Korea!!" 이래서 우리도 웃으면서 감사표시를 했다. 그런데 차가 출발하고 좀 지나서, 갑자기 그 여자들이 "텐 파운드, 텐 파운드!"하면서 돈을 흔들어댔다. 여기서 직감했다. '아 우리를 놀리는구나.' 대놓고 기사에게 돈을 받더니, 우리에게 돈이 어디 있냐고 물어봤다. 기분이 너무 상해서 대꾸하지 않았는데, 기사가 차를 세우더니 돈을 주지 않으면 출발하지 않겠다고 난리를… 진짜 너무 짜증나고 기분이 팍 상했다!! 그런데 거기서 기대 쌤이 해주신 말씀. "이들은 돈을 많이 버는 것이 지혜라고 생각한다. 하나님이 없는 사람들의 모습이다." 이 말을 들으니 화가 안타까움으로 바뀌게 되었고, 내가 여기 온 이유는 이들의 문화를 체험하는 것을 넘어서 이들을 위해 기도하는 것이라는 생각이 다시금 내 속에 자리 잡았다. 안전하게 다시 숙소로 도착함에 감사하고, 화보다는 안타까워하는 마음을 주신 하나님께 감사하다!

• **다연이의 묵상과 여행**

　모세가 자신의 고통과 죄의식에 빠져있을 때 하나님은 민족의 고통을 보시고 모세를 부르셨다. 모세의 입장에서는 왜 나를 부르셨을지 의아하고 겁났을 것이다. 하나님께서는 불안한 모세를 안정시키셨고 함께할 것을 약속하셨다. 하나님께서 나를 사용하실 때, 나를 홀로 다른 곳으로 보내지 않으신다. 나와 언제나 함께 하신다. 카이로 일정을 인도하게 되었는데 하나님께서 나를 이 자리에 세우셨다고 생각하고 임하자.

　'카이로'의 해가 밝았다. 이곳은 변함없이 시끄러웠다. 이집트에서의 첫 끼는 이집트에서 유명한 음식인 '코사리!' 유명한 코사리 전문점이 숙소와 완전 가까웠다. 맛은 딱 세 입까지 맛있는 맛..? 나쁘지는 않은데 금방 물렸다. 다시 숙소로 돌아와 숙소 담당자와의 만남을 기다렸다. 어젯밤 숙소 담당자가 찾아오겠다고 했지만 역시나 약속 시간이 지나도 그들은 오지 않았다. 예약비용의 반이라도 환불받기 위해 직접 원래 숙소로 찾아갔다. 하지만 숙소 직원이 영어를 전혀 못했다! 숙소 비용 환불 문제로 약 한 시간 정도 실랑이를 했지만 얻는 것은 전혀 없었다. 돈보다는 시간이 더 중요했

기에 깔끔히 포기하고 '피라미드'로 향했다. 가는 길에 과일주스 파는 곳을 발견해 망고주스로 상큼하게 출발할 수 있었다. 그러나 달달한 순간은 금방 지나갔다.

피라미드로 가는 길은 험난했다. 지하철을 타고 기자(Giza) 역까지 갔을 때는 마냥 행복하고 신났지만 지하철에서 내려 미니버스를 타러 나오는 순간 '이게 진짜 이집트구나.'를 깨달았다. 모두 긴장하고 있었는데 한 현지인 분께서 우리에게 말을 걸어왔다. 다른 사람들은 다 믿으면 안 된다며 우리를 도와준다고 하셨다. 옆에 아이도 함께 있어 큰 의심 없이 그 분을 따라갔다. 처음에는 이런 저런 조언을 해줬는데 말을 계속 듣고 있으니 이상한 점이 한둘이 아니었다. 내가 조사한 것과 아예 다른 방향의 입구를 추천했고 그 곳에서 자신의 낙타를 타라고 했다. 처음에는 긴가민가했지만 여러 다큐멘터리와 책, 블로그를 섭렵한 사람으로서 그의 말이 다 거짓임을 알 수 있었다. 그렇게 자료조사를 열심히 했는데도 당하다니.. 역시 책으로 보는 것과 직접 경험하는 것은 달랐다. 우리가 낙타를 안 타고 걸어가겠다고 하니 포기하며 어떤 미니버스 기사를 소개해줬다. 돌아보면 그 버스 기사와도 한 통속이었다. 버스 기사는 우리와 가격 흥정을 하다가 이집트 여성분들을 먼저 버스에 태우고선 손님들이 기다리니 빨리 타라며 부추겼고 우리는 결국 그 미니버스에 타게 되었다. 함께 탑승한 젊은 이집트 여성분들은 우리에게 친근하게 말을 걸다가 갑자기 돈이 있냐며 지금 버스기사에게 돈을 내야 한다고 했다. 우리가 도착해서 돈을 주겠다고 하자 갑자기 버스기사가 화를 내더니 차를 멈추고 내리라고 했다. 이집트 여자들은 당황하는 우리를 핸드폰으로 찍으며 비웃고 있었다. 우리가 돈을 지불하자 미니버스는 출발했고, 버스 기사는 우리가 보는 앞에서 대놓고 여자들에게 뒷돈을 줬다! 전략적 사기단이다.. 우리가 지불한 가격이 한국 돈으로는 겨우 몇 백 원이었지만 대놓고 놀림을 당한 것이 화가 나고 속상했다.

그렇게 다들 속으로 분노를 삭히던 중 기대 쌤께서 "그들은 돈 한 푼 더 벌기 위해 사람을 속이고 거짓말 하는 것을 지혜라고 생각하고 있다. 우리는 하나님께서 주시는 지혜를 따르는 자들로서 지혜의 기준이 다른 그들을 긍휼하게 바라보고 기도하자."고 나누어주셨다. 그 나눔은 나에게 큰 위로와 도전을 주었다. 기대 쌤의 나눔처럼 그들이 생각하는 지혜와 성경에서 말하는 지혜가 정말 다르다는 것을 크게 느꼈다. 단순히 몇 원을 비싸게 파느냐, 싸게 사느냐하는 숫자가 지혜를 판단하는 기준이라고 생각하는 사람들을 보면서 갈수록 긍휼함이 생겼다.

우여곡절 끝에 피라미드에 도착했다. 매표소에 사람이 너무 많은데 줄을 서는 개념이 없어서 사람들을 비집고 들어가 표를 구매했다. 드디어 입장! 오는 길이 너무 힘들었지만 막상 들어오니 설레고 웅장했다. 피라미드에 대한 영상과 다큐를 너무 많이 찾아봐서 그런지 내 두 눈으로 이 광경을 보고 있다는 게 믿어지지 않았다. 말 그대로 '꿈'같았다. 낙타로 호객행위를 하는 사람들도 있었지만 우린 이미 오는 길에 이집트식 호객행위에 적응해버린 상태였다. 덕분에 생각보다 괜찮았다! 낙타와 눈도 마주치지 않고 관심 없음을 티내는 게 포인트! 피라미드를 두 눈으로 직접 보니 생각보다 훨씬 컸다. 피라미드를 만든 방법에 대해 알아봤음에도 막상 마주하니 '이걸 그 시대에 어떻게 만들었지?'하는 질문이 절로 나왔다. 친구들에게 공부해온 내용들을

알려주며 구경하고 사진도 찍었다. 스핑크스와도 사이좋게 사진 찍고 영업시간 딱 맞춰서 나왔다.

　피라미드가 보이는 피자헛에서 저녁을 먹고 미니버스를 잡아 돌아갔다. 매연과 먼지가 가득해서 눈도 맵고 목도 아팠다. 가는 길에 카이로 타워를 들러 구경하려 했지만 시간이 늦어 숙소로 향했다. 저녁 나눔 시간에 '긍휼'에 대해 나눴다. 며칠 뒤면 이곳을 떠날 여행객 신분인 내가 해야 할 일은 이 땅을 긍휼히 여기며 기도하는 것이다. 내일은 나의 경험에만 초점을 맞추지 말고, 이 나라 사람들의 삶을 관찰해봐야겠다.

• **영훈이의 묵상과 여행**

　출애굽기3장 12절, 이 말씀이 나에게 다가왔다. 어젯밤에 이다연이 "여기까지 온 것만으로도 참 다행."이라고 말했는데 듣고 보니 맞는 것 같았다. 지금 말씀을 보며 생각하니 '주님이 우리와 함께 안 계셨다면? 지금 여기서 묵상을 할 수 있었을까?'하는 생각을 하게 되었다. 어떠한 상황에도 주님은 우리와 함께 계신다는 것을 잊지 않는다면 여행하는 가운데에서도 두려움 없이 갈 수 있을 것이다. '주님은 항상 우리 곁에 계셔'라는 생각을 항상 마음 속에 갖고 살아가는 내가 되길 바란다.

　'피라미드'에 가기 전에 좋은 분이랑 만남을 가졌는데 이렇게 해라, 저렇게 해라고 알려줘서 고마운 분이었지만, 마지막에 낙타를 타라고 하시는 거 보면 낙타하는 분 이었지만 (하지만 살라와 축구를 좋아하는 그 아이 아버지는 사기가 아니라고 나는 믿고 있다.) 그전까지 다 알려주셔서 너무 감사하다고 생각했다. 그런데 버스에서도 현지인들끼리 짜고 치는 기이한 현상을 봤다. 돈 어디 있냐고 계속

물어보고 기분 나빴다. 제일 앞자리에 외국 손님도 같은 생각을 하고 있겠지만 나는 피라미드 도착 전에도 살짝 기분이 안 좋았다. 실제로 눈앞에서 사기와 인종차별을 경험해본 것이 처음이어서 놀랍고 당황스러웠다. 피라미드 매표를 하는데 질서가 없고, 힘으로 밀고 하다 보니까 '이집트는 이런 곳이구나!'를 몸으로 경험할 수가 있었다.

　피라미드를 실제로 보니 진짜 크고 꿈만 같았다. 피라미드가 상당히 크고 생각보다 말똥이 많아서 놀랐다. 모르는 사람이 없을 정도로 유명한 이집트 피라미드를 내가 봐서 너무 꿈만 같았고, 사진까지 너무 이쁘게 찍어서 좋았다. 피자를 먹으러 온 것이 3일 만이라 먹는 게 살짝 설렜지만, 최대한 안 먹으려고 했는데 눈앞에 보이니 흥분했다. 가는 길에도 어딜 들린다고 했는데 눈앞에서 못 보고 간 것이 아쉽지만, 시간이 늦어지면 더욱더 위험해지기에 시간을 조금 더 빨리 당겨서 와야겠다고 느끼게 되었다. 이제 내가 가는 와디럼, 국가 이동이 너무 걱정된다.

• **주은이의 묵상과 여행**

　7절과 9절에서 백성의 고통을 분명히 보시고 또 부르짖음을 듣는다고 하셨다. 주님께서는 우리가 곤란에 처한 상황, 마음속으로 주님께 도와달라고 한 기도 등등 우리의 모든 것을 보고 들으셨을 것이다. 우리의 곤란함을 보신 주님께서는 어떤 예상치 못한 방법일지라도 우리의 힘듦을 해결해주실 것임을 다시 한 번 되새겨보는 시간이었다.

　오늘은 9시 정도에 일어나서 묵상을 하고 밥을 먹으러 갔다. '코사리'를 먹었는데 다연이 말로는 이집트 전통 음식이라고 한다. 현지 입맛에 안 맞으면 어쩌나 걱정했는데 토마토스파게티 같은 느낌이었다. 그렇게 비벼서 먹으니 맛있었는데 여자애들끼리 양을 좀 많이 시켜서 남겼다. 아 이 얘기를 안했는데 여행 와서 콜라를 진짜 많이 먹었다. 한국에선 거들떠도 안볼 것들이 이집트에서는 너무 소중하다. 아무튼 밥을 먹고 '다합'에 가는 버스를 예약하러 가고, 나머지는 숙소에 있었다. 그러다가 또 어제 그 숙소 관계자가 오셔서 또 몇 명이서 알아보러 갔다. 남은 몇몇은 숙소에서 있었다. 모두가 돌아온 후 숙소를 나섰다.

　우리는 오늘 '피라미드'에 가기로 하고 여정을 떠났다. 우선 망고주스를 하나씩 들고 나서 지하철을 타고 기자 역에 갔는데 여기서 미니버스를 타야했다. 그런데 나가자마자 우릴 붙잡는 미니버스 기사들이 많았는데 어떤 아저씨와 꼬마가 우리에게 다가와서는 쟤네 다 사기꾼이라고 자기네가 이집트에 여행 왔는데 피라미드가 이번이 두 번째라고 꿀팁을 주겠다고 했다. 처음엔 엄청 감사했다. 그런데 막 우릴 여기저기 데려가더니 먼지가 쌓인 자동차 유리에 그림을 그려가면서까지 우리에게 낙타를 타야하는 이유를 내밀었다. 무슨 정부의 관할로 낙타나 말을 타야 한다고 하면서 걸어가면 어려울 거라고 했다. 자꾸 사기꾼의 냄새가..!! 아이를 데리고 있어서 쉽게 경계가 풀렸지만 정말 하는 모든 말이 사기꾼 같았고 애들은 막 흔들리고 있었다. 그 와중에 지영훈은 그 꼬마랑 친해지고 있었다. 자꾸 옆에서 얘는 살라를 좋아하고 몇 살이라는 등 TMI(과한 정보 제공)를 말하는데 걍 웃겼다. 아무튼 그냥 걷겠다고 하니까 막 우리를 다시 미니버스 무리에 데려가더니 거기 가서 다른 미니버스 사장님과 얘기하더니 우리를 맡기곤 가버렸다. 당황한 우리는 미니버스 사장님과 일단 얘기를 시작했고, 이집트 사장님이 인당 10파운드를 얘기했다. 난 엄청 깎고 싶었는데 애들

이 그냥 가자고 했다. 어차피 한국 돈으로 450원이니까 타자는 마음으로 탔는데 갑자기 이집트 여자가 세 명 정도 미니버스에 타려고 하면서 기사아저씨랑 얘기를 했다. 뭔가 내 낌새로는 작당모의를 하는 느낌이었는데 갑자기 기사아저씨가 여자 무리한테 돈을 줬다. 자꾸 자기네들도 10파운드 내고 탄다 이런 느낌으로 돈을 흔들고 돈 있냐고 보여 달라고 이러면서 자기들끼리 엄청 비웃는데 기분이 좀 나빴다. 그런데 좀 상황이 웃기고 재밌었다. 심지어 그 여자들이 다른 이집트 손님한테 우리를 속이라고 돈도 줬다. 우리가 모르는 줄 아나보다. 그 여자 분들이 카메라로 막 우리를 찍기도 하고 했다. 나랑 지원이는 진작에 찍고 있긴 했는데 좀 웃겼다. ㅋㅋㅋㅋ 상황자체는 기분 나빴지만 그래도 심각하진 않아서 잘 넘겼던 것 같다. 막 중간에 돈 보여 달라고, 안 보여주면 안 간다고 기사님이 차도 멈추긴 했지만 말이다 :) 아무튼 우여곡절 끝에 피라미드에 도착했다.

표도 사투 끝에 사서 들어갔다. 내가 7인 7색에 온 가장 큰 이유 중 하나인 피라미드. 그 광경에 내 눈 앞에 펼쳐졌다. 오는 과정이 그리 순탄치는 않았지만 그래도 너무 감격스러운 순간이었고 너무 감사하고 행복했다. 다연이한테 설명을 들으면서 피라미드를 이것저것 관찰하고 관람했다. 사진도 찍고 다 했다. 낙타 삐끼들이 자꾸 여기 막혔다고 저기로 가라고 했는데 거긴 낙타삐끼 천지인 길이었기에 우린 그냥 담 넘어서 갔다. 솔직히 좀 웃겼다. 여기저기 돌아다니다가 시간이 다 되서 스핑크스에서 사진 몇 장만 찍고 나갔다. 기념품 자석도 사고 피라미드 모형도 샀다. 흥정을 엄청 해서 기분 좋게 샀다. 나가서 피라미드 앞에 있는 피자헛에서 피자를 먹은 후 카이로 탑을 보려고 역 하나 뒤에 내려서 돌아다녔는데 기대 쌤이 여행 쌤께서 이집트의 밤은 위험하다고 빨리 돌아오라고 하셨다고 해서 돌아왔다. 생각해보니 경계했어야했던 것 같다. 돌아와서 숙소 방을 하나 더 얻었다고 해서 방을 나누고, 씻고 모임을 했다. 오늘도 너무 지치지 않고 행복했던 날이었다. 얼른 자야겠다. 그런데 미니버스에서 폐가 썩을 것 같은 공기를 들이마셔서 그런지 기침이 조금씩 나온다. 나 괜찮겠지?

2023-01-19 (목) / 출애굽기 4장
카이로 시내 & 다합으로

• **정연이의 묵상과 여행**

　모세가 하나님과 대화할 때 1절에서는 이스라엘 백성이 자신을 따르지 않으면 어떡하냐고, 10절에서는 자신이 말을 잘 하는 사람이 아니라서 못하겠다고, 그리고 13절에서는 하나님께서 함께하시는 것 뿐 만 아니라 곁에 사람을 보내달라고 했다. 이처럼 자신이 준비가 안 되었기 때문에 못하겠다고 하는 모습이 이집트에서 나의 상황과 비슷하게 느껴졌다. 충분히 감사할 수 있는 상황인데 불평불만 했던 것이 하나님께 죄송했다. 앞으로의 일정에서 오늘 묵상한 것을 잘 적용시켜야겠다.

　오늘은 '이집트 국립 고고학 박물관'부터 가기로 했다. 가는 길에 식당을 하나 발견해서 그곳에서 첫 끼를 먹기로 했다. 그런데 음식이 매우 짰다. 식전 피클부터 요리에 들어가는 모든 고기들이 소금에 절여진 듯 했다. 그래도 나름 고기라고 생각하며 먹으니까 괜찮았다. 그런데 대부분의 친구들은 잘 먹지 못했다. 짠 맛이 너무 강렬했나 보다. 나도 하루 종일 혀가 얼얼했다. 이를 핑계로 가는 길에 망고 주스를 한 번 더 사마셨다. 역시 믿고 살 수 있는 것은 주스뿐이다.

　우리는 이집트 국립 고고학 박물관에 도착했다. 역시 규모가 엄청났다. 그런데 꽤 많은 유물들이 손으로 만질 수 있게 전시되어있기도 했고, 포장된 유물들이 구석에 많이 쌓여있었다. 어제 방문한 피라미드도 관리가 잘 되지 않는 것을 볼 수 있었다. 게다가 중요한 이집트 유물 상당수가 프랑스와 영국의 박물관에 있는 것으로 알고 있다. 유물 자체는 넘쳐나지만 이를 제대로 관리하지 못하는 이집트가 안타까웠다. 그렇지만 볼 게 많은 것은 사실이다. 관리는 완벽하지 못하더라도 이정도 규모의 박물관은 한국에서 찾아보기 어렵다. 개인적으로는 실제 미라와 투탕카멘의 관까지 볼 수 있어서 신기하고 만족스러웠다.

다음으로는 택시를 타고 '무함마드 알리 모스크'로 갔다. 카이로를 한눈에 내려다 볼 수 있었고, 사람도 붐비지 않아서 시내와는 사뭇 다른 분위기였다. 그런데 생각보다 모스크 내부는 텅 비어있었다. 나중에 찾아보니 우상숭배를 철저히 금지하는 이슬람의 교리 때문이었다.

기념품 구매 및 저녁식사를 위해 '시장'으로 갔다. 미리 알아보고 갔던 기념품점은  한국인들도 많이 찾는 곳이라고 한다. 지인들에게 줄 기념품을 하나씩 구매했다. 저녁은 팬케이크로 해결했다. 어제부터 여러 가지 일을 겪다보니 오늘 하루는 비교적 순탄하게 느껴졌다.

오늘 자정을 넘겨서 '다합'으로 가는 나이트 버스  를 타야했기 때문에 짐을 전부 챙겨서 Go Bus 터미널로 갔다. 큰 길을 두 번 건너야하는데 일행이 많다보니 불안하기는 했다. 무사히 도착한 후, 1시간 넘게 대기해야 해서 근처에 있는 쇼핑몰 입구에서 다 같이 쉬었다. 이때 약간 기운이 없었는데 태준이 가 가져온 꿀스틱을 하나씩 나눠주어서 도움이 됐다. 그리고 탑승시간이 거의 다 되어 터미널에서 기다릴 때는 다른 한국인 배낭 여행자를 만났다. 배낭여행을 시작한 지 벌써 몇 달이나 됐다고 하셨다. 여행 쌤도 이 분처럼 20대에 여행을 하셨기 때문에 혼자 배낭여행하는 것이 얼마나 힘든지 잘 아시고 그 분의 이야기에 공감하셨다.

· **태준이의 묵상과 여행**

　모세가 잡았던 지팡이는 곧 하나님께서 함께 하신다는 증표이다. 하나님과 함께한다는 것을 알고 있는 모세는 어땠을까? 모세가 지팡이를 붙잡았듯이 나도 주님을 붙잡는 사람이 되고 싶다.

　오늘 아침은 이집트식 양식집이다. 음식을 기다리고 있을 때 종업원이 우리에게 소박한 접시에 야채 절인 것을 주었다. 무료로 주는 것인 줄 알았지만 시켜야 주는 것이었다. 우리는 이것을 다 먹고 계산할 때 깨닫게 되었다. 이런 경험 덕분에 이후에는 당하지 않을 수 있었다.

'이집트 박물관'으로 향했다. 이집트 박물관으로 가는 길에 어제 들렀던 주스 가게에 들렀다. 어제 망고 주스를 먹어봤기 때문에 이번에는 사탕수수 주스를 마시기로 했다. 사탕수수 주스는 단 배를 간 맛이었다.

　이집트 박물관에 도착했다. 내부에 들어가니 유물들이 잘 정돈되어 있었다. 우리는 유명한 투탕카멘의 유물을 찾아다녔다. 그렇게 찾은 투탕카멘은 전용 전시실이 있을 정도다. 유물을 보면서 당시 이집트 사람들이 사후에 대해 많은 관심을 갖고 있었다는 것을 볼 수 있었다.

　박물관을 둘러본 후 다른 식당의 코사리를 먹으러 갔다. 가장 작은 사이즈로 주문했지만 이집트 사람들은 코사리에는 정이 후한지 가장 작은 사이즈에도 양이 상당했다. 결국 콜라를 시켜 먹었다ㅎㅎ

점심을 먹고 '무함마드 알리 모스크'에 도착했다. 천장을 봤는데 신기했다. 하지만 내 눈에 먼저 들어왔던 것은 그곳에서 기도하는 사람들이었다. 그동안 이집트 길거리에서 기도하는 모습을 많이 봐왔지만 막상 모스크에 와서 기도하는 모습을 보니 그들이 기도해야 하는 방향이 다른 곳에 있음이 안타까웠다.

미니버스를 타고 '카이로 시장'으로 갔다. 내린 곳부터 시장까지는 좀 걸어가야 했다. 시장까지 걸어가는 시간이 가장 힘든 시간이었다. 이유는 길거리에 앉아 다양한 사람들이 돈을 구걸했기 때문이다. 그들이 우리에게 돈을 구걸할 때 그들을 모른척해야 하는 것이 너무 힘들었다. 오늘은 이집트를 향해 많은 기도를 해야겠다고 느낀 날이다.

아픈 마음을 안고 카이로 시장에 도착하게 되었다. 방금 지나온 거리와는 다르게 화려하고 시끌벅적했다. 우리는 한국인들이 많이 간다는 기념품점에 가기로 했는데 우리가 물어보지 않아도 현지인분들이 손가락을 가리키며 방향을 알려주셨다.

좀 쉬고 우리는 '다합'으로 가기 위해 Go Bus 근처로 갔다. 출발까지 시간이 많이 남아있어서 앉아서 기다리는 곳을 찾아야 했다. 그때 우리 애들의 상태가 안 좋아져서 얼른 쉴만한 곳을 찾아야겠다는 생각에 마음이 급해졌다. 정연이와 뛰어다니면서 찾아다녔는데 감사하게도 근처에서 찾았다. 찾은 장소로 데려 오고 당이 떨어지지 않게 꿀스틱을 나눠주었다.

버스 타는 곳으로 다시 이동해서 버스를 기다리고 있을 때 똑같은 목적지로 가는 한국 분을 만나 반가웠다. 그분의 이야기를 들으며 버스를 기다리다가 드디어 버스를 탈 수 있게 되었다. 큰 배낭을 화물칸에 맡겨 놓고 버스가 출발하기 전까지 감시하다가 버스에 탔다. 푸우욱 잤다.

• 다예의 묵상과 여행

말 못하는 자나 못 듣는 자나 눈 밝은 자나 맹인이 되게 하신 분은 하나님이시다. '나는 왜 이렇지?'라는 생각이 들 때 나를 지으신 분이 하나님이라는 사실을 기억해야겠다.

아침에 치즈 치킨 버거를 먹었다. 망고 주스도 마셨는데 정말 시원하고 맛있었다. 그리고 '고고학 박물관'에 걸어갔다. 미라나 이것저것 신기한 유물들을 많이 봤다. 직접 만져볼 수 있다는 게 인상적이었다. 악어 미라가 궁금했는데 보지 못한 것이 아쉬웠다. 가장 기억에 남았

던 건 전시되어 있던 씨앗이었다. 점심은 보이는 아무 식당이나 들어갔는데 코사리 집이었다. 맵게 먹고 싶어 소스를 많이 넣었더니 생각보다 많이 매웠다. 마그넷 선물이 어떤 의미를 가지는지에 대해 의문이 들어 이야기해 보았다.

택시를 잡아 '카이로 성채'에 갔다. 햇빛이 너무 강해서 어지러웠지만 사진 찍기 예쁜 곳이었다. 그리고 '칼릴리 시장'으로 갔다. 처음엔 숨쉬기가 힘들어서 빨리 돌아가고 싶었는데 조르디에 도착하고 물건들을 구경하다 보니까 괜찮아졌다. 바다와 어울릴 듯한 팔찌와 선물할 작은 피라미드 모형을 샀다. 파피루스도 하나 샀는데 그냥 주셨다. 시장에서 흥정할 생각에 막막했었는데 정찰제라는 것이 너무 편했다.

시장을 더 둘러보다가 팬케이크를 먹었다. 극단적으로 달고 짰지만 허니 앤 크림은 맛있었다. 물건을 팔려는 아이들이 많

이 보였고, 어떤 아이는 울면서 우리를 불렀다. 여행 쌤께서 돈을 주면 이런 아이들이 늘어날 뿐이라고 하셨다. 친구들은 이 상황에 마음 아파했는데 나는 그렇게까지 동요하지는 않았던 것 같다. 말을 무시해야 할 때와 비슷한 감정만 느꼈다. 그 이유에 대해서 곰곰이 생각해 보았다.

   Go Bus를 기다리는데 머리가 좀 아팠다. 뇌에 산소 공급이 되지 않는 느낌이었는데 나무가 있는 곳으로 가니 좀 괜찮아졌다. 나무 심기 운동을 벌여야 하는 것 아닌가 생각이 들었다. 카이로의 환경을 보면서 이곳 사람들의 건강이 염려됐다. Go Bus에는 다행히도 화장실이 있었다.

• **지원이의 묵상과 여행**

　사랑의 하나님! 고집을 끝없이 부리는 모세를 계속해서 도와주시고 설득하고 표징을 보여주셨다. 무섭다는 모세에게, "내가 있으니까 괜찮아."라고 이야기 해주시는 하나님인 것 같았다.

　오늘은 '박물관'에 다녀왔다. 다연이가 준비도 조사도 많이 해 와줘서 되게 고마웠다. 박물관의 조각상들을 직접 만질 수 있다는 사실이 너무 놀라웠고, 널린 게 조각상들인데 이 조각상들이 다 신을 지칭한다는 사실이 놀라우면서도 안타깝게 느껴졌다. 또한 투탕카멘 신이 제일 유명한 신이라는데, 미라를 7겹이나 해놓고, 엄청난 장신구들과 엄청난 정교한 기술들을 들여서 무덤을 만들어놓은 것을 보니, 이 사람들이 얼마나 신에게 진심이었는지를 알 수 있었다. 그 모습을 보니 그들이 더욱 안타깝게 느껴졌다.

　박물관에서 나와 '성채'에 갔다. 거긴 웅장하고 너무 이뻤다. 하지만 그 안에서 예배드리는 사람을 발견했다. 그게 진리라고 생각하고 예배드리고, 삶을 바치는 모습이 안쓰러웠고, 솔직히 말해서 잠깐 의문이 들었다. 저 사람들도 어쩌면 이유와 근거

에 따라서 그 종교를 믿을 텐데, 기독교가 진리가 맞을까? 어떻게 해야 진리가 전해질까? 그렇다치곤 기독교가 너무 적은 게 아닐까? 그럼에도 내 대답은 기독교가 진리다! 완벽히 해결되

지 않은 질문이지만 이 질문이 의문에서 더더욱 확신하는 계기로 바뀌었으면 좋겠다!

　사실 숙소에 가서 쉬고 싶었는데,, '시장'에서 기념품을 사고 싶은 마음도 있었다. 그렇게 갈등하던 중, 시간이 남기에 결국 시장에 가게 되었다. 사실 여행 중에 자꾸만 숙소로 가고 싶다는 생각이 드는 내 자신에게 너무 짜증이 났다. 다신 돌아오지 못하는 순간이라는 걸 너무 잘 알기에, 체력도 마음도 따라주지 않는 내 자신이 너무 짜증났고, 오히려 그런 마음들 때문에 혼자 심기가 불편했던 것 같다. 그렇게 오늘 하루를 마무리 하고 자정 버스를 타러 Go Bus 정류장으로 향했다.

• 다연이의 묵상과 여행

모세는 자기가 사람들을 이끌 자격이 있을지 불안해했다. 하지만 하나님께서는 모세가 이미 가지고 있는 '지팡이'를 통해 역사하셨다. 나의 자격을 의심하지 말고 하나님의 권세를 신뢰하자.

오늘이 카이로 마지막 날인 만큼 오늘은 전부 현지식으로 먹어보기로 하고 아침을 먹으러 갔다. 음식점을 못 정해서 그냥 보이는 곳으로 들어가기로 했다. 이집트 사람들이 많이 있는 식당으로 들어가 무슨 음식인지도 모르는 채 주문을 했다. 와우…혀가 소금으로 절여진 기분이랄까? 역시 중간이 없다..! 먹고 나오자마자 어제 갔던 과일주스 집으로 가서 내 혀를 위로해줬다. 망고 주스를 먹으며 '이집트 박물관'으로 향했다. 이틀 차라고 벌써 신호등 없이 길 건너는 것에 익숙해졌다.

이집트 박물관은 유물에 대해 공부하고 가지 않으면 얻는 게 없다는 후기가 많아 미리 다양한 유물과 역사에 대해 공부하고 갔다. 이집트 유물과 관련된 영상과 다큐를 몇 개나 찾아봤는지 모른다. 그런데 생각보다 박물관이 훨씬 넓어서 내가 공부한 유물이 어디에 있는지 찾기도 바빴다. 동선을 미리 공부하지 못한 게 아쉬웠지만 이 정도면 최선을 다했다! 박물관에서는 미라를 볼 수 있었다. 그 시대에 미라를 만들고 보관한 것도 신기한데 그게 지금까지 보존되어 있다는 게 믿기지 않았다. 유물이 너무 많아서 미라 관을 쌓아놓은 것을 보고 크게 놀랐다.

　어제와 다른 코샤리 식당에서 점심을 먹고 택시를 잡으러 갔다. 이집트의 택시는 기사가 부르는 게 값이다. 기사님이 부르는 가격의 반을 깎는다고 생각하고 협상을 해야 제값에 탈 수 있다. 길거리에서 열심히 가격을 흥정해서 택시를 타고 '카이로 성채'로 향했다. 카이로 성채는 사진에서 본 것보다 훨씬 아름다웠다. 그 전에 본 이집트가 기억나지 않을 정도로 건물이 화려했다. 성채가 위에 있어서 카이로 시내가 한눈에 다 들어왔다. 내가 이집트에 있다는 게 실감이 나는 관경이었다. 폭풍 사진을 찍고 성채 내부로 들어갔다. 천장이 매우 화려하고 쾌적했다. 사람들이 사는 곳은 허름하고 비위생적인데 그에 너무 비교돼서 씁쓸했다. 한 구석에서 기도하는 사람들을 볼 수 있었다. 그 사람들을 보니 이 공간을 단순 관광지로만 생각하고 있던 나를 돌아보게 되었다. 그들에게는 신에게 예배하는 삶의 공간이었다. 하지만 내가 따르는 진리와 그들이 따르는 진리는 다르다는 게 기분이 이상했다.

　다시 택시를 타고 '칼릴리 시장'으로 향했다. 파는 것은 달랐지만 익숙한 한국 시장 느낌이 났다. 여기는 시장조차도 가격표가 붙어있지 않아 흥정을 해야 하는데 유일하게 가격표가 붙어있는 가게로 가서 기념품을 구입했다. 한국인들이 워낙 많이 가는 곳이라 주변 사람들이 위치까지 친절하게 알려주셨다. 기념품을 구입하고 시장을 구경하다가 저녁을 먹었다. 정체를 알 수 없는 음식이었는데 달고 짜지만 맛있었다. 숙소로 돌아가 짐 정리를 하고 '다합'으로 향하는 Go Bus를 타기 위해 정류장으로 갔다. Go Bus를 기다리며 졸음과의 사투를 했지만 패배했다. 사람이 서있는 상태로 잘 수 있다는 걸 깨달았다.

　고3 겨울방학에 중동으로 배낭여행을 가는 일은 정말 흔하지 않기에 후회 없이 행복하게 누리고 오자는 마음이 7인 7색의 시작이었다. 그런데 꿈에만 그리던 피라미드를 보는 것을 넘어 이집트 사람들의 삶을 보고 경험하게 하시고, 무엇을 위해 기도해야하는지 알게 하셨다. 성채에서 그들의 신에게 간절히 기도하는 사람들, 돈을 구걸하는 어린 아이들, 집 없이 길바닥에서 살아가는 사람들을 마주했다. 하나님께서는 막연한 미래에 대한 불안감이 많은 나를, 예상을 뛰어넘어 이끄셨다. 단순히 한국의 입시, 성적만을 걱정하고 고민할 때가 아니라고 말씀하시는 것 같다. 열방을 위한 기도가 절실히 필요하다는 것을 처음으로, 마음 깊숙이 깨달았다.

• **영훈이의 묵상과 여행**

　준비 안 된 것이 아니라 사랑이 부족하다고 생각하고 거절한 것이 불평불만과 의심이고, 귀를 닫는 것이 아닌가? 이것이 내 모습과 비슷하다고 생각했다. 주님이 나에게도 계속 말씀하시고 계시는데 '주님의 사랑의 음성에 나 또한 귀를 닫고 있는 건 아닌가?'라고 생각하게 되었다. 작은 것에 감사하는 연습이 주님의 사랑을 누리는 것이다.

　오늘은 '박물관'에서 컨디션이 너무 안 좋아서 '오늘은 정말 힘들겠다.'라고 생각했는데 점점 갈수록 괜찮아졌다. 오늘은 생각을 많이 하게 된 것 같은데 아이들이 슬픈 표정으로 돈을 달라고 하는데 마음이 많이 아팠다. 그런데 숙소 와서 이야기해보는데 아이들도 안 줘야지 잘 큰다고 했고, 이야기를 듣고 나니 그 아이들을 위해서 기도해야겠다고 생각했다. 시장을 가서 선물도 이것저것 사서 짐은 늘었지만 기분 좋은 무거움이다. 카이로 일정도 잘 마치게 해주신 주님께 감사하다!

　와디럼 물가가 너무 비싸서 힘들다고 생각했다. 고민이 한 가득이다. 그런데 버스를 타기 위해서 정류장에 갔는데 한국 분을 만나서 너무 좋았다! 지금 너무 행복하고 감사하다. 이분 말씀 중에 "조급해하지 말라." 이 말을 듣고 나도 조급해하지 말고 침착해질 수 있도록 마인드 컨트롤을 잘 해봐야겠다. 정말 나에게 큰 도움이 된 말이다.

• **주은이의 묵상과 여행**

 11절에서 내가 너와 함께 있다고 하는 하나님을 보며 모세는 정말 두려웠을 것이다. 7인 7색 여행을 하면서 또는 살면서 도저히 하고 싶지 않은 일이 생길 수도 있지만 그것이 무엇이든 주님께서 함께 있을 것을 알게 되니 든든했다.

 오늘은 시내투어를 하는 날이다. 아침에 어느 식당에 갔는데 피클이랑 물이 나왔다. 기대 쌤이 가위바위보에 지셔서 동그란 이상하게 생긴 피클을 먹었는데 표정이 안 좋아지셨다. 음식을 시켰는데 다 너무 짰다. 내 만두 전병같이 생긴 음식이 그나마 안 짰다. 아무튼 밥을 먹고 계산을 하려는데 피클 값이랑 물 값이 들어가 있었다. 이게 이집트다.

 과일주스를 들고 이집트 '국립 박물관'으로 출발했다. 시내의 차도를 건너야했는데 이집트의 차도는 신호등이 없어서 항상 아찔하다. 국립 박물관에서 표를 산 후 다연이의 안내를 받으며 관람을 시작했다. 투탕카멘의 보물, 관이나 미라를 실제로 보니까 너무 흥미로웠다. 다연이가 우리를 이끌고 이곳저곳 보여주면서 설명하는데 진짜 준비를 열심히 했구나 느꼈다. 그런데 다른 친구들은 어제 무리해서인지 힘들어보였다.

 '모스크'로 향했다. 택시를 나눠 타고 가던 도중 '카이로 성채' 내에 모스크가 있음을 알았다. 모스크에 도착해서 바깥쪽에 풍경이 이쁜 곳이 있어서 모델에 빙의해서 사진을 찍었는데 너무 이쁘게 나왔다. 그래서 다연이랑 다른 친구들 모두 열심히 찍어줬다. 모스크에 들어갔는데 엄청 웅장했다. 모스크는 신발을 벗고 들어가야 했다. 아까 밖에서부터 예배하는 노랫소리가 매우 크게 들렸었는데 안에 들어가니 더 크게 들렸다. 천장도 높고 웅장해서 사진을 계속 찍는데 왼쪽 한편에서 예배를 드리고 있는 사람들이 보였다. 정말 진중하게 그리고 온 마음을 다해서 알라신께 기도를 드리는 그 모습을 보니 가슴이 참 무거워졌다. 이집트 자체가 대부분이 무슬림이다 보니까 이 나라 자체에 이질감이 느껴졌다. 열방을 위한 기도의 필요성에 대해서 다시금 깨닫게 됐다.

　모스크를 다 둘러본 후 택시를 잡아 또 흥정했다. 그런데 도저히 안 깎아줘서 어쩌지 하고 있는 찰나 미니버스 기사분이 좋은 가격을 제시했다. 오히려 미니버스를 타는 게 우리에게 좋았기에 미니버스를 타고 '시장'으로 향했다. 시장에 도착 한 후 한국인들이 많이 간다는 죠르디 상점을 찾아 길을 떠났는데 길바닥에 그냥 죽은 듯이 누워있는 어린아이나 할머니, 할아버지 분들이 유독 많았다. 가슴이 너무 아팠다. 너무 안타까웠다. 슬펐다. 그렇게 슬픈 마음을 가지고 시장으로 들어가서 죠르디 상점을 물어봐서 찾은 후 기념품 몇 개를 산 뒤에 나왔다.

　저녁을 먹으려던 참에 어떤 분이 메뉴판을 내밀었다. 피자랑 팬케이크 가게였는데 되게 맛있었다. 우리 두레에서 시켰던 과일 팬케이크가 제일 맛있었다. 그렇게 저녁을 먹고 택시를 타려는데 또 아이와 엄마가 "플리즈!"이러면서 우리를 쳐다보는데 안타까웠다. 애써 외면하고 집으로 향했다. 그들과 나의 너무도 다른 상황에 큰 이질감을 느꼈다.

　오늘은 이집트 카이로의 마지막 날이었다. 익숙치 않은 생활을 살았지만 나름대로 행복하게 지냈다. 아니 생각보다 더 행복하게 지냈다. 숙소에 와서 짐을 챙긴 후 Go Bus 정류장에 갔다. 역시 제 시간에 맞춰 오지 않았지만 그래도 무사히 탈 수 있음에 감사했다.

2023-01-20 (금) / 출애굽기 5장
다합에서 처음으로 숙소 구하기

• 정연이의 묵상과 여행

  이스라엘 백성들이 애굽에서 몇 백 년 동안 종살이를 하면서 하나님의 자녀라는 사실은 잊어버리고 사실상 애굽 사람들과 다를 바가 없었을 것이라고 생각한다. 하나님께서는 이들이 하나님께 돌아오기를 바라셨기 때문에 애굽에서 나가는 과정 중에 고난을 주셨을 것이라는 생각이 들었다. 그렇기 때문에 내가 어려움에 처했을 때마다 나의 시선이 하나님께 맞추어져 있는지를 점검해야겠다.

  중간에 짐 검사를 한 번 했는데 엄청 추웠다. 자다가 방금 일어난 친구들은 더 추웠을 것이다. 우리가 마지막 줄이라서 오래 기다렸는데, 그래도 일행이라 그런지 우리 순서에서는 간단하게 하고 빨리 끝내주었다. 버스 자리가 앞, 뒤로 좁아서 뒤로 딱 붙어 앉지 않으면 무릎이 계속 닿았다. 잘 수는 있었지만 여러 번 깼다. 그리고 버스가 휴게소에 멈출 때마다 문을 여는데, 모래 먼지가 들어와서 숨쉬기가 힘들었다. 그래서 마스크 안쪽에 물티슈를 필터처럼 넣어서 숨쉬기를 세 번 정도 반복했다. 10시간 넘게 이동한 후, 버스에서 내렸다.

도착하니 낮 12시일 때라 해가 쨍쨍해서 더웠다. 나는 박지원, 허주은과 함께 숙소를 알아보러 갔다. 처음에 인당 200파운드를 부르길래 비싸다고 생각했다. 더 싼 곳을 찾을 수 있을 것이라고 생각하고 돌아다녀 봤는데 대부분 비슷했다. 사실 200파운드면 1만원도 안하는데 최대한 돈을 아껴야 하다 보니 200도 비싸게 느껴졌다. 우리는 조금 더 안쪽으로 들어가서 똑같이 200파운드인 숙소를 찾았다. 화장실은 공용이었지만 깨끗했다. 관리가 잘 된 숙소라 마음에 들었다. 숙소 가운데 있는 마당에 모임할 만한 장소도 있어서 좋았다.

숙소까지 체크인하고 나니 배가 엄청 고팠다. 시계를 보니 점심 먹을 시간이 좀 지난 3시였다. 식당가 쪽에서 식사를 하러 한 치킨 집에 들어갔는데 기대 쌤은 비둘기 요리를 주문하였다. 나도 날개 쪽을 조금 먹어봤는데 생각보다 나쁘지 않았다. 하지만 다들 또 시키지는 않을 것 같다고 했다. 그래도 식당이 마음에 들었기 때문에 'King Chicken'이라는 이름을 기억해 두었다. 다음에 또 올 것 같다. 그리고 시내산 투어와 스쿠버 다이빙을 위해서 여행사를 찾아간 일행을 제외한 나머지 11학년은 바닷가로 갔다. 카이로와 다합은 같은 이집트임에도 불구하고 분위기가 정말 달랐다.

다합이 외국인이 휴양지로 많이 오는 곳이라서 그런가보다. 산책을 하면서 노을을 보니 좋았다. 여행사 팀이 숙소로 돌아오고 마무리 모임을 한 후에는 한국에서 가져온 컵라면을 처음으로 먹었다. 원래는 정말 힘든 날에 하나씩 꺼내려고 했었지만 이번에는 여유가 있을 때 먹기로 했다. 아직 한국 음식이 그립지는 않았지만 역시 컵라면은 맛있었다. 내일은 시내산을 가기 때문에 잘 자둬야 한다.

• 태준이의 묵상과 여행

　내가 있는 이곳은 2절의 바로처럼 '하나님이 누군데?'라고 생각하는 곳이다. 이런 환경에서 그리스도인으로서 나는 어떻게 하루를 보내야 할까? 오늘 말씀에서 그에 대한 답을 주었다. 모세가 주님께 뜻을 구한 것 같이 행동하기 전에 하나님께 뜻을 구해야겠다.

　새벽에 큰 배낭을 검사해야 한다는 이유로 일어났다. 큰 배낭을 다시 꺼낸 후 검문을 받았다. 한 사람의 배낭을 검사하는데 오래 걸렸다. 방금 깬 상태이고 새벽이기 때문에 검사를 받는 동안 모두 추워했다. 특히 이다연은 몸을 떨며 추위 하길래 앞으로 보내 빨리 검문을 받고 버스로 갈 수 있도록 했다. 검문이 끝나고 다시 버스를 탔다.

　7시쯤에 일어났다. 더 자려고 시도해 봤지만 잠이 오지 않아 에세이를 쓰던 중 커튼 사이로 빛이 들어오는 것을 보고 밖의 풍경을 바라보았다. 아무것도 없는 그냥 사막이었다. 정리할 수 없는 이런저런 생각을 하고 있을 때 여행 쌤께서 내게 "이 광야가 이스라엘 백성들이 걸었던 광야 일 수도 있어"라고 말씀

해 주셨다. 덕분에 광야를 걸었던 이스라엘 백성들을 생각해볼 수 있었다.

　도착한 우리는 세 팀으로 흩어졌다. 짐을 지키는 팀, ATM에 돈을 인출해오는 팀, 숙소를 찾는 팀으로 이루어졌다. 다예, 여행 쌤과 나는 짐을 지키기로 했다. 우리가 다 모여 있을 때 여행 쌤께서 갈증에 지친 우리를 위해 콜라와 사이다를 사주셨다. 우리에게 콜라와 사이다를 사주신 여행 쌤이 멋있게 보였다. 콜라와 사이다를 마시면서 우리는 숙소 팀이 찾은 정보를 바탕으로 어떤 숙소에 갈지 정했다.

　외부에서 본 다합은 그저 사막 가운데 있는 시골 정도로 보였지만 내부로 들어가니 예쁜 곳이었다. 숙소에 도착했는데 숙소는 깨끗했다. 바다가 보이고, 건물은 파랑과 흰색으로 분위기가 이루진 곳이었다. 게다가 가운데 같이 모일 수 있는 곳이 있어서 좋았다. 숙소의 시설이 너무 좋아 피로가 사라지고 행복해졌다.

　식당에서 메뉴판을 보고 있을 때 비둘기로 된 음식에 눈길이 갔다. 기대 쌤과 나는

호기심이 생겨 비둘기를 먹기로 했다. 궁금했다. 음식이 나왔다..! 비둘기는 삼계탕처럼 요염한 모습이었고 안에는 밥이 있었다. 비둘기 고기는 양이 적고, 조금 질긴 치킨의 맛이었다. 나쁘지 않았다. 비둘기를 먹고 있을 때 나눠준 치킨을 먹었는데 치킨이 훨씬 맛있었다.

다에, 지원, 영훈, 여행 쌤은 스쿠버 다이빙을 예약하기 위해 간 동안 정연, 다연, 주은, 기대 쌤과 나는 근처를 돌아보러 나갔다. 걷던 중 바닷가를 가보고 싶다는 주은과 다연의 말에 바닷가를 걷기로 했다. 한국에 있었다면 책상에 앉아 공부를 하고 있겠지만 바닷가를 걷고 있으니 자유로웠다. 미세먼지 덕분에 그라데이션이 된 하늘도 낭만 있었다. 숙소에 도착했는데 예약하러 간 친구들이 변수 때문에 시간이 더 걸릴 것 같다는 연락을 받았다. 고생하고 있을 애들 생각에 편하지 못했다.

예약하고 온 친구들의 설명을 들었는데 많이 고생했겠다는 생각이 들었다. 설명을 들으면서 사놨던 오렌지를 꺼냈다. 고생한 애들한테 오렌지라도 까주고 싶어서 오렌지를 깠다. 이후 우리는 사장님께 전기포트를 빌려 라면을 먹었다. 준비하는 과정도 행복했다. 여행 와서 한국의 맛이 보고 싶었는데 라면을 통해 잠깐 한국의 맛을 느낄 수 있었다.

• **다예의 묵상과 여행**

모세는 하나님의 말씀대로 했더니 상황이 더 악화되었다며 원망한다. 나는 왜 하나님의 뜻을 구하는 걸까? 그 마음에 세상적인 기대와 나의 목적이 내포되어 있지는 않을까?

아침으로 걸레 빵을 처음 먹어 봤다. 정말 아무 맛도 나지 않았다. 12시가 넘어 '다합'에 도착했다. 조금만 들어가면 휴양지 느낌이 난다고 했는데 정말 그랬다. 숙소는 분위기가 예뻤고 깔끔했다. 그네가 있는 것과 스피커에 연결해 찬양을 틀어놓을 수 있는 것이 좋았다.

4시쯤 점심을 먹으러 '킹치킨'에 갔다. 치킨 파스타를 먹었는데 뭔가 코사리 맛이 났다. 그리고 숙소로 돌아와 늦은 묵상을 했다. 묵상을 마무리하는 여행 쌤의 말씀으로, 우리가 정말 위험한 지역을 지나왔음을 알게 되었다. 계속되었던 여권 검사와 가방 검사가 왜 필요했는지 이해가 되었다.

몇몇 친구들과 스쿠버 다이빙과 시내산 투어를 예약하러 갔다. 대화를 나누는데 훨씬 화목한 분위기였고 간단한 한국말을 할 줄 아셨다. 17명이라고 하니까 "진짜??"라고 하며 좋아하시는 귀여운 분도 만나서 기분이 좋아졌다. 시내산과 스쿠버 다이빙 둘 중 하나를 포기해야 할 뻔했지만, 다행히도 조율되었다. 나는 따라가기만 했지만 일이 잘 풀린 것 같아서 좋았다.

숙소에 돌아와서는 씻고 라면을 먹었다. 캠프파이어를 하면 느낌 있을 듯한 분위기였다. 카이로에서는 혼자 있고 싶다는 생각이 계속 들었는데 다합에서는 함께 있는 그림이 마음에 들었다.

• **지원이의 묵상과 여행**

　고난을 받은 모세. 우리는 뒤에 결말을 알기에 이 고난을 결국 이겨낼 것이라는 사실을 알지만, 모르는 이스라엘 사람들과 모세의 입장에선 정말 절망적인 일이었을 것이다. 모세 탓을 하는 이스라엘 사람들이 못돼 보일 수 있겠지만, 내가 그 사람들이었더라도 그렇게 행동할 것 같다는 생각이 들었다. 그렇게 하기 싫다는 사람 붙잡고 와서 설득하고 설득해서 용기내서 딱! 도전했는데 첫발 내딛자마자 고난이 찾아온 모세.. '얼마나 절망적일까?'라는 생각이 든다. '고난은 하나님이 치유해 주셔!'라는 합리화로 편하게 살아가려 했던 나의 지난날들이 보였다. 하나님께서 항상 함께하던 모세조차도 이런 힘든 고난이 몇 번이고 찾아왔다. 이 묵상은 내가 가진 고난에 대한 적대감을 완화시켜줬다.

　야간 Go Bus 6시간이라면서!!!! 12시간은 걸렸다……. 진짜 새벽에 짐 검사 하러 나갔는데 이런 추위는 처음 느껴본다고 해도 과언이 아닐 정도로 추웠다. 덜덜 떨며 짐 검사를 했는데, 내가 알아봤을 때에는 짐 검사를 되게 자주 한다고 그랬는데, 한 번만 해서 다행이었다. 하나님께 감사!! :)

　그렇게 도착해서 숙소를 찾으러 다녔다. 여러 군데를 돌아다니다가 제

일 싸고 괜찮아 보이는 숙소를 발견했다. 숙소 사장님도 너무 친절하고 깔끔하셔서 너무너무 좋았다. 다합 담당이라 엄청 걱정했는데 '하나님의 도우심이 이런 건가?'하고 느꼈던 순간이었다… 하나님 넘나 감사해요ㅠ

   시내산과 스쿠버 다이빙을 예약하러 돌아다녔다. 30분이면 끝날 줄 알았으나 2시간이나 걸렸다.. 사실 생리를 시작해서 컨디션이 확 안 좋아진 상태여서 그런지 더욱 힘든 시간으로 다가왔다. 시내산, 스쿠버 다이빙 예약하면서 두 일정이 24시간은 떨어져 있어야 귀에 무리가 안 간다는 이야기를 듣고 일정을 바꾸게 되었고, 그렇게 한 여행사에서 시내산, 스쿠버 다이빙, 누웨이바로 가는 버스까지 모두 예약하게 되었다. 그분이 한국어도 되게 잘하시고, 되게 귀여우시고, 유쾌하셔서 힘들었지만 그래도 재밌게 이야기를 마무리 할 수 있었다. 그렇게 하루를 마무리 했다! 뿌듯하고 힘들었던 하루였다.

• 다연이의 묵상과 여행

　모세의 말을 듣고 바로는 '하나님께 예배드릴 생각을 하다니 너네가 여유롭구나!'라고 생각하며 이스라엘 백성들에게 할 일을 더 부과했다. 어쩌면 바로의 말은 세상이 우리에게 외치는 말일 것이다. 고3 때, 성인이 되었을 때 내가 하나님께 드리는 시간을 인정해주지 않고 무시하는 목소리들이 들려올 것이다. 그럼에도 이에 굴복하지 않는 마음이 중요하다. 시간이 남아서 하나님을 예배하는 것이 아니라 시간을 내서 하나님을 예배드리는 사람이 되어야 한다.

　다합으로 향하는 Go Bus를 탔다. 10시간 버스라 걱정이 많았는데 자면서 오니 시간은 금방 지나갔다. 가는 도중 짐 검사와 여권 검사 등 검문이 있었지만 생각보다 금방 끝나서 다행이었다. 밤에는 몰랐는데 해가 밝으니 눈앞에 펼쳐진 건 다름 아닌 먼지. 움직일 때마다 바람에 흩날리는 먼지들을 보며 '이것들이 다 나의 기관지에 쌓여있겠지.'라는 슬픈 상상을 했다. 버스 안에서 어제 사온 빵을 먹었다. 창밖은 전부 사막이었다. 밤에는 너무 추웠는데 해가 뜨니 다시 더워졌다. 이게 겨울 일교차라는 게 믿기지 않았다. 여름에는 얼마나 심할지 감히 상상도 안 된다. 드디어 다합에 도착! Go Bus에서 내리기는 했지만 우리에겐 돈도, 예약한 숙소도, 남은 음식도 없는 상황. 최대한 빨리 숙소를 찾아야 했다. 짐을 지키는 팀, ATM에서 돈을 뽑아오는 팀, 숙소를 구하는 팀으로 나뉘어 움직였다. 나는 ATM팀이었다. 근처에 있는 ATM을 찾아 돈

을 뽑았는데 최종적으로 수수료만 6만원이 나왔다. 피 같은 우리의 돈,, 너무 아까웠지만 이미 물은 엎질러졌고 이집트에서 기대할 수 있는 건 없다. 후회한다고 돈이 돌아오는 것도 아니니 후회는 오래 하지 않았다. 숙소 팀이 돌아와 우리는 숙소로 향했다. 우리가 묵는 숙소의 방은 도미토리 식으로 침대 밖에 없었지만 공용 마당이 낭만적인 곳이었다.

어찌되었건 카이로 숙소보다는 훨씬 낫기에 감사가 절로 나왔다. 배고픈 우리는 치킨을 먹었다. 이후 다합 일정 예약을 위해 담당 친구들이 여행사로 찾아갔고, 나는 나머지 친구들과 숙소에 남아 쉼의 시간을 가졌다. 숙소에만 있기에는 아까워서 잠시 산책을 나갔는데 딱 노을이 바다에 비치는 시간이었다. 너무 아름다웠다. 7인 7색에서 고생할 생각만 했지 이렇게 완벽한 '힐링'의 시간이 있을 것이라고는 상상도 못한 상황에서 마주한 풍경이라 감동이 두 배였다. 예약을 마친 친구들이 돌아오고, 오전에 산 오렌지와 자두를 먹으며 나눔 시간을 가졌다. 그네 타고, 찬양 부르면서 휴식하고, 야식으로 한국에서 가져온 컵라면을 먹었다. 이집트에서 먹는 라면은 한강 라

면보다 열 배는 맛있었다. 행복 그 자체! 이렇게 행복을 누리다가도 불쑥불쑥 마음 속 두려움들이 튀어나왔다. 카이로에서는 정신이 없어서 당장 눈앞의 상황만 고민했다면 다합에서는 여유가 생기니 돌아간 후의 삶을 생각하게 되었다. 돌아가자마자 대입이라는 산을 눈앞에 두고 있는데 잘 헤쳐 나갈 수 있을지 걱정이 되고, 소명학교라는 안전한 공동체를 떠나 사회로 나가는 것도 두려워졌다. 이런 이유 없는 불안에 대한 답을 이번 여행에서 찾을 수 있기를 바란다.

• 영훈이의 묵상과 여행

　주님의 부르심이 평탄하고 잘되고 나의 뜻대로 풀어주는 것이 아닌 힘들고 뜻대로 안 되더라도 주님의 큰 계획이심을 믿고 살아가면 그 뜻을 깨닫게 될 것이다. 모든 일에는 주님의 뜻이 있다고 생각을 하게 되었다. 이런 깨달음을 통해서 나에게 주신 크나큰 계획과 고통을 통해서 주시는 깨달음이 무엇인지 다시 한 번 생각해보게 되었다. 힘들 때만 찾고, 원하는 것을 해달라고 하는 것이 주님을 나의 구원자로 믿는 것이 아닌 램프의 요정 지니와 같은 존재로 여기는 것은 아닐까? 그렇기에 주님의 나를 향한 크나큰 계획은 무엇이고 나를 통하여서 하시는 말씀은 무엇일지 생각해보아야겠다.

　버스가 시간을 맞춰서 올 건 기대도 하지 않았다. 역시는 역시였다. 짐 검사할 때는 정말 너무 추웠다. 힘들고 지쳤지만 나름 뿌듯했다! 의도치 않게 계속해서 돈 관리(?)를 하게 되는데 엄청 큰돈이 왔다 갔다 해서 정신적으로 힘들었다.

　버스를 타고 쉬지 못하기도 하고, ATM기에서 수수료 17.5%(4000을 뽑았지만 700 이집트 파운드는 어디에?)라는 어마무시한 수수료를 내고, 그 돈을 다 받지도 못해서 마음이 착잡했다. 이럴 때 일수록 멘탈을 잡고 흔들리지 않으며 주님 말씀을 조금 더 붙잡고 나아가야겠다는 생각이 들었다. 내가 실수했지만 아무도 뭐라고 하지 않은 친구들과 기대 쌤께 감사하다. 이렇게 또 주님이 이번 여행 정신 줄을 언제 어디서든 잡고 살아가며 조금 더 신경 쓰고 집중하라고 하시는 것 같다.

　오늘 마지막 나눔을 통해서 힐링과 휴식으로 체력을 채울 수 있어서 좋았다. 남은 여행도 ATM, 돈 관련 문제는 더더욱 집중하고 모든 상황 속에서도 주님을 찾고 안전하게 집중하면서 여행을 해야겠다.

• 주은이의 묵상과 여행

  모세가 주님의 부르심을 받아 백성들을 내보내고자 바로에게 갔으나 바로는 백성들을 내보내주기는 커녕 더욱 더 힘들게 하기 시작했다. 하나님의 부르심이라고 해서 마냥 순탄한 것이 아닐 수도 있다. 그 부르심 속에 고난이 동반할지라도 주님을 원망만 하지 말고 주님께서 내 부르심 가운데 계획하고 계신 일을, 기대하는 마음을 가져야겠다.

  Go Bus에서 잠을 자고 있는데 갑자기 새벽에 여권을 꺼내서 밖에 나가야 한다고 했다. 버스 안에서 너무 추워서 잠도 못자고 있었는데 밖에 나간다니! 정신도 못 차리고 밖으로 나갔는데 정말 추웠다. 기절하고 싶을 만큼 추웠는데 갑자기 짐 검사를 한다고 했다. 이게 뭔 날벼락인가 했지만 어쩔 수 없으니 짐 검사를 기다렸다. 살면서 이렇게 추웠던 적이 있나 싶었다. 옷을 제대로 안 입은 게 매우 후회스러웠다. 아무튼 짐 검사와 여권 검사를 받은 후에 다예랑 자리를 바꿔서 창가 자리가 아닌 안쪽 자리로 앉았다. 안쪽에 앉으니 그나마 괜찮아져서 잠을 잘 수 있..나 싶었는데 여권 검사를 계속해서 푹 자지는 못했다.

  우여곡절 끝에 다합에 도착했다. 퀭한 상태로 다들 짐을 꺼냈다. 내리자마자 코끝에 바다냄새가 물씬 풍겼고 갑자기 가슴이 두근두근 했다. 바다라니! 여행 와서 보는 첫 번째 바다였다. 설레는 마음을 애써 감춘 채 지원이랑 정연이랑 기대쌤이랑 숙소를 알아보러 떠났다. 몇 군데를 둘러보다가 되게 좋은 숙소를 발견했는데 산토리니 컨셉의 이쁜 숙소를 발견했다. 특히 야외에 모임을 할 수 있는 이쁜 장소가 있는 것이 진짜 마음에 들었다. 숙소에 짐을 갔다 놓은 후 '킹치킨'에서 밥을 먹었는

데 기대 쌤이 비둘기 고기를 먹었다. 너무 신기했다. 여기는 고양이가 진짜 많은데 밥 먹을 때 고양이가 의자에 올라타는 건 어디 식당이든 기본으로 깔고 들어갔다. 참 새로운 문화였다.

　점심을 먹고 과일을 산 후에 늦은 큐티를 하고 좀 쉬다가 시내산 투어랑 다이빙을 알아볼 팀과 숙소에 남아있을 팀을 나누어 일을 진행했다. 나는 다연이랑 정연이랑 태준이랑 기대 쌤이랑 남아있었는데 우리끼리 너무 심심해서 주위도 둘러볼 겸 바다로 향했다. 난 다합 숙소가 너무 마음에 들어서 기분이 엄청 좋은 상태였는데 바다로 산책간다는 사실에 너무 행복해졌다. 둘러본 다합이 너무 이뻤고, 바다도 한국에서는 볼 수 없는 투명한 바다였다. 다연이랑 막 "너무 행복하잖아!!" 이러면서 가는데 노을에 비친 윤슬이 참 예뻤다. 생소한 '행복하다'라는 말이 여행에서는 줄곧 나온다. 돌로 물수제비도 하고 놀다가 숙소로 돌아왔는데 야외에 있는 티비에서 유튜브를 볼 수가 있다는 사실을 알아냈고 WELOVE 찬양을 찾아서 들었다. 이 좋은 날에 찬양이라니! 너무 감사했다. 그렇게 친구들과 기대 쌤과 얘기도 나누고 하는데 알아보러 나간 팀이 너무 안 왔다. 걱정하던 찰나에 들어왔는데 엄청 고생을 했다고 한다. 우리끼리 바다를 갔다 온 게 미안해졌다. 그래도 얘길 들어보니 잘 해결 된 것 같아서 다행이라고 생각했다.

　오늘은 마무리 모임을 하고 씻고 자려고 하는데 지원이가 가져온 라면 스프를 먹으려고 같이 뜨거운 물을 빌리러 갔는데 전기 포트를 주셨다! 이게 웬걸! 갑자기 라면 파티를 하게 되었다. 너무 너무 행복했다. '이게 고향의 맛인가?' 이런 유난스러운 생각도 들긴 했는데 아무튼 막 오두방정 떨면서 먹었다. 그리고 행복하게 잠에 들었다.

2023-01-21 (토) / 출애굽기 6장
다음 일정을 위해 쉬어가기

- **정연이의 묵상과 여행**

　하나님께서 마음이 약해진 모세를 다시 설득하셨다. 이전부터 계속 동일한 말씀을 하셨지만, 이번에는 이스라엘 자손에게 하셨던 언약을 언급하셨던 말씀에서는 더욱 확고하심이 보였다. 이집트에 도착하고 눈으로 봤을 때는 희망이 없어보였지만 이 말씀을 읽고 나서 열방에 복음을 전파하실 하나님의 계획에 소망을 가져야겠다고 생각했다.

　오늘은 쉬어가는 날이다. 밤 10시에 '시내산'을 가야하기 때문에 그 전에 힘을 다 쓰면 안됐다. 조금 늦게 일어나서 나갈 준비를 마치고 'Yum yum'이라는 식당으로 갔다. 그곳은 팔라펠 샌드위치가 메인메뉴인 것 같았다. 이 식당이 원래 그런 건지, 아니면 팔라펠이라는 음식이 원래 짠 것인지는 모르겠지만 오늘 첫 끼는 실패인 것 같다. 다행히 다합에도 주스 가게가 있어서 망고 주스로 정화시킬 수 있었다. 다시 숙소로 돌아온 후에는 간식을 먹으면서 쉬었다. 숙소에 고양이 두 마리가 있는데 사람에게 먼저 다가올 만큼 순했다. 고양이를 무서워하는 친구들도 있었지만 다른 친구들과는 꼭 붙어있으면서 시간을 보냈다.

　어제 만난 한국분과 저녁식사를 함께 하기로 했다. 해안 식당가를 따라서 쭉 들어가다 보면 있는 식당이었다. 가는 길에 호객을 하는 사람들도 많았지만 카이로와는 다르게 나름 친절했고, 우리를 붙잡고 늘어지는 사람들은 없었다. 우리가 간 식당은 피자와 파스타를 주로 파는 곳이었다. 여행 쌤께서 우리가 가는 나라마다 한 번씩은 제대로 된, 모양을 갖춘 식사를 하라고 하셨다. 지금까지 갔던 식당에 비해 비용이 많이 들었지만 그래도 한국과 비교하면 엄청 저렴했다. 각자 가격제한 없이 원하는 메뉴를 주문했고, 서로 나눠먹었다. 중동 지역의 전통음식 보다는 훨씬 덜 짰다. 음식이 한국인으로서 기대하는 맛과는 달랐지만 그래도 맛

있었다. 함께한 한국분의 식사까지 같이 결제하기로 했다. 나는 그분과 멀리 떨어진 테이블에 있었고, 직접 대화해본 적은 한 번도 없었다. 건너서 들은 바로는 그분은 크리스천은 아니지만 우리가 말씀을 묵상하며 여행한다고 말하고 기독교적인 얘기를 했을 때 나름 괜찮은 반응을 보이셨다고 한다. 그분에게 전도를 하자는 말도 나왔던 것 같은데 어떻게 되었는지는 잘 모르겠다. 저녁 식사를 마친 후 그분과 인사를 하고 헤어졌다. 우리가 여행하는 것이 어쩌면 선교가 될 수도 있겠다고 생각했다. 이따가 시내산으로 출발해야하기 때문에 숙소로 왔다. 이때 남는 시간에 충분히 자두거나 에세이를 써놨어야 했는데, 나는 조금 있으면 시내산을 간다는 생각에 들떠서 계속 딴 짓만 했던 것이 후회되었다.

이제 출발한 시간이 되었다. 올라갈 때 춥기 때문에 두꺼운 옷을 입고, 물과 여권을 챙겼다. 여권은 중간에 검사를 하기 때문에 숙소에 두지 않고 본인이 가지고 다녀야 했다. 늦은 밤에 시내산으로 가는 미니버스를 타려고 여행사 앞에서 모였다. 시내산까지는 1시간 정도 걸려서 이때 조금 자 두었다.

• 태준이의 묵상과 여행

주님께서는 안정과 확신이 필요한 모세에게 "나는 여호와다."라며 자신을 알리셨다. 이 모습이 마치 아이가 울고 있을 때 부모님이 "엄마 여깄어, 아빠 여깄어."라고 하는 모습으로 보였다. 아이가 울지 않길 바라고, 부모인 자신이 곁에 있다는 걸 알려줌으로 아이에게 안정을 주고 싶은 마음 아닐까? 6장 말씀을 통해 아버지 같은 주님을 묵상할 수 있었다.

오늘은 숙소에서 어떤 사람들은 게임, 어떤 사람들은 자료조사를 하며 시간을 보냈다. 이후 7인 7색 팀 전체는 컨디션이 좋지 않아 숙소에 있을 사람을 제외하고 두 팀으로 나뉘었다. 다연, 주은, 다예, 기대 쌤과 나는 저녁 먹을 곳을 찾아다니기로 했다. 오늘 저녁은 버스에서 만난 한국 분과 설날 기념으로 같이 밥을 먹기로 했다.

숙소에 있던 팀, 투어사와 소통하러간 팀이 식당으로 모였다. 한국 분이 오시고 메뉴를 시켰다. 피자, 파스타, 음료를 넉넉하게 시켰다. 식당을 찾느라 계속 돌아다녀 배고픈 상태였는데 감사하게도 음식이 빨리 나왔다. '시내산'을 가기 위해 정해진 시간이 있었기 때문에 한국 분과 마지막 인사를 하고 숙소로 돌아왔다. 숙소로 돌아오는 길에 빵집에서 시내산에 가서 먹을 초코빵과 우리의 단짝 아이쉬를 사가기로 했다.

작은 가방에 필요해 보이는 것은 다 챙겼다. 나는 감사하게도 체력이 좋고, 추위도 안타서 별 생각이 없었지만 '애들이 잘 올라갈 수 있을까?' 생각을 많이 했다. 게다가 박지원은 컨디

선이 안 좋았기 때문에 더 걱정이었다.

도착하자 가이드분이 우리를 맞아주셨다. 드디어 시내산을 올랐다. 바닥에는 불빛으로 가는 길을 비춰주었다. 하늘을 올려다보니 별이 있었다. 다양한 별이 보일 때 북두칠성을 발견했다. 너무 신기했다. 앞을 보니 바닥을 비춰주던 불빛들이 안 보이는 것을 보고 "이게 본격적인 시내산 등산이겠구나." 싶었다. 본격적인 시내산 등산 때 우리를 반겨준 것은 낙타였다. 낙타꾼들이 힘들지 않겠냐고, 낙타를 타고 가면 빠르다고 우리에게 물어봤지만 우리는 그냥 지나갔다. 그러자 낙타꾼들이 낙타를 데리고 우리 뒤에 따라오기 시작했다. 나는 여행 쌤, 기대 쌤과 맨 뒤에서 걸었는데 뒤에서 낙타 소리가 계속 들려 조금 무서웠다.

시내산을 오르면서 가장 많이 한 생각은 모세에 대한 것이었다. 모세는 이 산을 어떤 감정으로 올라갔을지, 하나님의 부름을 받은 입장에서 산을 오르는 게 모세에게는 어떤 의미였을지, 혼자 올라갈 때는 무섭지 않았을지, 올라가서 하나님을 보고 무슨 힘들다는 말부터 했을지 등 궁금한 것들이 많았다.

• **다예의 묵상과 여행**

모세는 하나님께서 직접 말씀을 해 주시지만 믿고 따르지 못하고 있다. 하나님과의 인격적인 만남이 있고 나면 모든 것이 해결될 것이라는 생각을 내려놓아야겠다.

휴양 온 느낌이다. 늦게까지 자고 점심을 먹었다. 샐러드가 너무 많이 들어있어 쉽지 않았지만, 망고 주스는 정말 맛있었다. 바다에 가고 싶었는데 마피아게임을 하다가 타이밍을 놓쳤다. 나는 괜찮은 의사였다.

한국 분을 만나 같이 식사를 하기로 해서 밥 먹을 곳을 찾으러 나갔다. 결정한 식당은 바다가 보이는 곳이었다. 바닐라 쉐이크와 이것저것 시켰고, 음식이 나오기 전까지 나는 바다에 발을 담그고 있었다. 콜라가 아닌 바닐라 쉐이크는 너무 맛있었다. 다 먹고도 시간이 남아 다시 바다에 발을 담갔다. 나는 바다를 왜 좋아하는지, 내가 좋아하는 게 무엇인지, 지금 의미 있는 게 무엇인지, 여행이라는 게 나에게 무엇을 가져다주는지, 잘못된 것은 무엇인지 등 여러 생각을

했다. 밤바다가 주는 감정에 집중할 수 있는 시간이 좋았다. 내일은 꼭 바다에 들어가야겠다.

시내산에 가기 전 잠시 누웠는데 이집트 노래가 벽을 뚫고 들어왔다. 밖에 나와 있었는데 고양이가 내 다리에 앉아서 일어나기가 싫어졌다. '시내산'으로 이동하는 차에서 잠깐 잤다.

• **지원이의 묵상과 여행**

　연약한 모세의 모습, 끊임없이 나의 입이 둔하다는 말을 하며 겁먹은 모습을 보인 것이 마치 나의 모습 같았다. 동시에 약속의 하나님을 보았다. 약속을 지키시기 위해 모세를 사용하신 것이다. 또 그런 약속을 지키시는 하나님이 모세에게도 항상 함께한다고 약속하셨다.

　다른 친구들의 묵상 중 가장 기억에 남는 묵상은 모세가 하나님께 계속해서 내가 누구냐고 물었을 때에, 하나님은 모세가 누구인지에 대해 얘기하지 않았다. 하나님이 누구인지 이야기했다. 모세가 누구인지가 중요한 게 아니라! 하나님이 누구신지가 중요하다! 그런 하나님이 우리와 함께 하신다.

　오늘은 푹! 쉬고 저녁을 한국 분과 같이 먹었다. 쉬는 일정이었지만, 아무래  도 밥 먹고 돌아다니다보니 제대로 못 쉰 것 같아 아쉬웠다. 사실 Go Bus 탈  때 정류장에서 만난 세계여행 하시는 한국 분과 저녁 약속을 잡았었다. 한국 날짜로 설날이기도 해서 오늘 저녁은 거하게 먹기로 하였다. 설날을 가족과 안 보내고 해외에서 친구들과 보낸다는 게 묘하게 다가왔다. 내가 다합 일정을 맡았는데, 음식점을

찾으러 돌아다니는 친구들과 함께 하지 못해 너무 미안한 마음도 컸고, 그런 나를 챙겨주는 친구들에게 너무 고마운 마음도 컸다. 음식점에서 내내 배가 아팠고, '시내산'에 오를 수 있을지에 대한 고민을 많이 하게 됐다. 너무 아파서 자신이 없는 마음과.. 시내산에 언제 올라가보겠냐는 또 다른 마음이 충돌해서 하루 종일 고민하는 시간이었다. 결국 '그냥 해보자!'라는 마음으로 오르게 되었고… 조금 후회했고, 조금 뿌듯했다.. 진짜 너무 힘들었다!!!!! 너무 추웠다!!!! 시내산 이야기는 내일 에세이에서 마저 하겠다….

 그렇게 세계여행 하시는 한국 분과 저녁 식사를 마치고 든 생각은, '우리가 그리스도의 진짜 향기를 뿜어줘야 한다!'라는 생각이었고, 내가 전에 어떤 친구를 보고, '쟤는 왜 저렇게 행복할 수 있을까? 하나님이 무엇을 해 주시길래..'라는 생각이 들었던 것처럼, 믿음이 없는 분들이 우리를 보고 '저들은 대체 무엇을 위해 이 여행을 할까?'라고 생각하고, 하나님을 궁금해 했으면 좋겠다. 저 분을 위해 기도하는 마음으로 여행을 해야겠다!

• **다연이의 묵상과 여행**

  모세가 상심에 빠져있을 때 하나님께서는 자신이 누구이신지 계속해서 말씀하시고 드러내셨다. 하지만 모세는 이에 대해 이스라엘 백성들도 자신의 말을 듣지 않는데 어떻게 바로를 설득하냐며 의구심을 품는다. 하나님께서는 계속해서 자신을 드러내고 계신다. "난 할 수 있어, 난 못해."라는 말을 자주 하는데 서술어를 바꾸는 게 아니라 주어를 바꿔야했다. '나'를 '하나님'으로 바꾸면 답은 단 하나, '하나님은 하신다.'뿐이다.

  어제 무리했고 내일도 무리할 예정이기에 우리는 계획적으로 늦잠을 잤다. 아침을 포기하고 아침잠을 택한 우리는 모두 11시에 기상하고 묵상으로 하루를 시작했다. 점심은 팔라펠이 들어간 샌드위치를 먹었는데 역시나 세 입이 고비였다! 도전적인 메뉴 선정, 성공은 없다. 바로 보장된 맛인 망고주스를 먹으러 갔다. 어쩌면 이곳에서 과일주스는 선택이 아니라 필수일 수도? 주변을 구경하다가 숙소로 돌아와 떠들고 놀면서 휴식의 시간을 누렸다.

  이후 여행사 예약 팀과 저녁 팀으로 나누어 움직였고, 나는 저녁 식사 장소를 정하는 팀이었다. 다합으로 오는 Go Bus에서 혼자 세계

여행을 하시는 한국 분을 만났는데 그 분과 함께 식사를 하기로 했다. 구글 지도에 의존해 식당을 찾아 헤맸지만 지도와 현실은 너무 달랐다. 바닷가 근처 식당은 너무 비싸서 선택지에도 없었는데 마땅한 곳이 없어 얼떨결에 오션뷰 식당에서 저녁을 먹게 되었다. 가격 때문에 다들 메뉴를 정하지도 못하고 있었는데 여행 쌤께서 설음식이라고 생각하고 먹으라고 하셔서 일단 질렀다! 피자와 파스타도 맛있었지만 무엇보다 딸기요거트스무디가 너무 맛있었다. 돈의 소중함을 느꼈다.. ㅎㅎ

밤에 시내산 등반이 예정되어 있기에 우리는 숙소로 돌아와 잠시 잠을 잤다. 내일 내 다리가 잘 버텨줄 수 있을지 걱정이다.

- **영훈이의 묵상과 여행**

 하나님께서 구원의 약속을 주셨지만, 이스라엘 백성들은 이미 마음의 상함과 가혹한 노역으로 인하여서 모세의 말을 듣지 않았다. 우리는 마음이 상하면 아무것도 들리지 않기 마련이다. 인생 가운데에서 일어나는 힘든 일을 통해서도 우리의 마음이 상하기 마련이다. 마음이 상하는 것이 제일 무섭고 슬픈 일이다. 우리도 살아가면서 주님께 서운하고 마음 상하는 일이 생길 수 있다. 그렇지만 상한 일과 서운한 일이 생기더라도 주님의 말을 듣지 않고 주님과의 단절을 만들면 안 된다고 생각한다. 이 말씀을 통해서 7인 7색도 뜻대로 원하는 대로 풀리지 않을 때가 있을 텐데 그때마다 주님께 서운할 수도 있지만 그것을 통하여서 깨달음을 주실 것이라고 말씀해주시는 것 같다.

 어제 '시내산, 스쿠버 다이빙'을 예약하면서도 '누웨이바'에서 자게 된다면 다합에서 누웨이바까지의 이동 수단 걱정을 했었는데 누웨이바까지 데려다주신다는 예약 업체를 통해서 나의 상한 마음을 치료해 주시는 하나님을 느꼈다.

 오늘은 온전한 휴식의 날이다. 하지만 나는 이곳저곳 가야 하는 상황이어서 푹 쉬진 못 했다. 항상 쉼을 젤 중요시했던 나는 못 쉬어서 아쉬웠다. 나에게 휴식이란 정말 아무것도 안 하는 것이 진정한 휴식이다. 오늘은 모르는 외국인이랑 사진도 찍고,

많은 이야기를 한 날이다. 개인 돈으로 콜라를 사 먹으려고 했지만 전체 간식을 돌리게 되었다. 처음에는 고민했지만 다들 잘 드셔서 좋았다. Go Bus에서 만난 한국 분과 식사를 함께 하였다. 이런저런 이야기하고 여행에 대해서 궁금한 것들을 많이 물어보았다. "사진으로 추억을 많이 만들고 나중에 정리할 때 다시 한 번 생각하게 된다"고 말씀하셨다. 한국 분을 만나고 같이 식사한 것에 감사했고 행운이라고 생각했다. 시내산에 가는 10시까지 충분한 휴식을 하지 못해서 건강에 문제가 생길까봐 걱정이 된다.

• 주은이의 묵상과 여행

"나는 여호와라."라는 말이 굉장히 많이 나오는데 그 말이 너무 든든했고, 7인 7색을 넘어서 내 인생까지 그 여호와께서 나와 함께 계시는데 '무엇이 두려울까?'라는 생각을 했다.

오늘 아침에는 묵상을 하고 '냠냠'이라는 곳에서 아침식사를 했는데 엄청 싸다 싶었더니 굉장히 충격적인 음식들이 나왔다. 어찌저찌해서 배를 채운 후에 우리의 생명인 과일주스를 하나씩 들고 오늘은 일정이 없는 날이어서 숙소로 돌아왔다. 아 일정이 아예 없는 건 아니고 저녁에 Go Bus 정류소에서 만났던 한국인 분과 저녁을 먹기로 했다. 사실 난 Go Bus 정류장에서 한국인을 만났다는 사실조차 금시초문이지만 그래두 타지에서의 한국 분과의 만남이 기대됐다.

일정이 없는 이유는 오늘 밤 11시쯤부터 '시내산 등반'을 했어야 했기 때문이다. 그런데 오늘 지원이 컨디션이 많이 안 좋다고 한다. 정말 안 좋은 것 같아서 걱정이 됐다ㄱㄱㄱ 아무튼 마피아를 하거나 하면서 쉬다가 저녁 먹을 장소를 알아보러 떠났다.

저녁 먹을 장소가 너어무 없었는데 그래도 대접하는 만큼, 그리고 설날인 만큼 너무 안 좋은 곳은 갈 수 없어서 고민하다가 그나마 싼 레스토랑 같은 곳을 골랐다. 그분과 만나서 있는데 여행 쌤께서 설날인 만큼 만찬을 즐기자고 하셨다. 많은 양을 시켜서

먹었는데 너무 돈을 많이 쓴 것 같아서 뭔가 죄책감이 생겼다. 사실 그렇게 많은 돈이 아닌데도 말이다.. 아무튼 그 분과 밥을 먹고 숙소로 돌아왔다.

시내산 등반까지 시간이 좀 있어서 얼른 침대에 누워서 쉬었다. 그리고 밤 10시에 숙소

에서 출발해서 다음날 11시에 숙소로 돌아오게 된 공포의 시내산 등반이 시작되었다. 춥다는 말에 옷을 엄청 껴입고 핫팩도 만땅으로 준비해서 투어 사무실에서 대기를 했는데 모두가 긴장한 느낌이었다. 나도 너무 떨렸다. '내가 짐이 되진 않을까?'하는 걱정이 됐지만 힘들어도 절대절대 힘든 티를 내지 말아야겠다는 다짐을 했다. 드디어 버스에 올랐고, 한 시간 정도 이동한다고 해서 시내산이 나왔던 성경구절을 읽으며 묵상했다. 그렇게 내려서 본 시내산은 너무도 웅장했고 이 사실이 너무 가슴을 벅차게 만들었다.

2023-01-22 (주일) / 출애굽기 7장

시내산 등반

- **정연이의 묵상과 여행**

　이전까지는 하나님께서 모세를 설득하는 장면이 주로 나왔다면, 이제는 하나님의 일꾼으로서 준비된 모세의 모습을 보여주고 있음을 느꼈다. 하나님께서 엄청난 이적을 보이셨을 때 애굽의 현인들과 마술사들의 방해와 바로의 완강한 거절이 있었음에도 불구하고 하나님께 순종하는 모습에서 이전과는 다른 모습을 볼 수 있었다. 내가 주님께 순종하려고 결단하면 그에 적합하게 변화시키시는 하나님을 발견할 수 있었고, 나도 내 삶에서 주님을 더욱 믿음으로 의지할 것이다.

　이제 드디어 '시내산'을 간다. 시내산을 오르기 시작했을 때는 오전 12시 30분쯤이었다. 성경에 출애굽기에서 모세가 시내산을 오르는 부분을 묵상하면서 올라가려 했다. 초반에는 조명이 많아서 몰랐지만 가다가 하늘을 보니 별이 잘 보였다. 다 같이 멈춰서 별 사진을 찍었다. 시내산을 오르면서 중간 중간 자리 잡은 휴게소가 있었다. 상점의 위치가 높을수록 가격이 점점 오르는 게 재미있었다. 그렇게 두 시간 정도 등반을 하다가 현지 가이드가 우리를 휴게소로 안내했다. 이때는 새벽 2시 30분 정도였

다. 바로 전 휴게소에서 그랬던 것처럼 몇 분 정도 쉬다가 바로 갈 줄 알았지만 가이드도 장작불 앞에 자리를 잡고 편하게 앉았다. 우리는 꽤 오래 쉰 것 같아서 출발해도 되냐고 물으니까 아직 시간이 일러서 정상에 도착하면 해가 뜰 때까지 기다려야 되는데, 그러면 너무 춥다는 것이었다. 올라갈 때는 몰랐는데 휴게소에 가만히 앉아있다 보니까 정말 추워졌다. 그리고 시간이 조금 지나자 불이 꺼졌다. 처음에는 휴게소에서 아무것도 구매할 생각이

없었는데 다 같이 핫초코를 사마셨다. 가게 주인이 가루를 많이 타주지 않아서 설탕을 몇 스푼씩이나 넣어야 했지만 그래도 따뜻하다는 것에 의미를 두었다.

다시 시내산을 오르기 시작했고, 5시 30분 쯤 부터 해가 뜨는 것이 보이기 시작했다. 정상으로 얼른 가서 일출을 보고 싶었다. 정상이 눈에 보이기는 했지만 이미 지친 사람들도 많았고, 가는데 오래 걸릴 것 같아서 여유를 가지고 올라가려 했다. 끝까지 올라오니 아직 해가 제대로 보이지는 않아서 다행이었다. 해가 올라오는 모습을 처음부터 끝까지 동영상으로 담고 싶었으나 배터리가 없어서 중간에 끊겼다. 왔던 길을 다시 내려갈 생각을 하니 여기에 계속 있고 싶었.

내려가는 길에 우리가 들렀던 휴게소에 다시 들렀다. 밝을 때 보니까 직접 들어가기 전까지는 전혀 알아보지 못했다. 미리 사갔던 초코빵을 먹고 다시 출발했다. 여러 가지 이야기를 하면서 내려갔는데 한 가지 아쉬운 것이 있었다. 우리가 단체로 다니다보니 신경써야할 것이 많았고, 카이로에서부터 지금까지 나의 신경이 곤두서 있음

을 느꼈다. 숙소 밖에서는 항상 주변을 경계하기에 바빴다. 그러다보니 주변 경치를 충분히 바라볼 생각도 못했고, 묵상한 것을 실제로 적용하기도 힘들었다. 시내산에서도 마찬가지였다. 이 때 만큼은 풍경을 직접 눈에 담는 것에 집중했어야 했는데 그러지 못해서 금방 잊어버릴 것 같았다. 이제라도 깨달았으니 오늘 일정부터는 유의하면서 다녀야겠다.

시내산에서 다 내려오니 벌써 오전 9시가 되었다. 몸은 힘들지 않은데 미리 잠을 자두지 않아서 피곤했다. 다합에 도착하고 나서는 이미 점심시간이었다. 이번에는 여행 쌤께서 다합 첫 날에 갔던 'King Chicken'에서 치킨을 사주시겠다고 하셨다. 우리는 지쳤지만 치킨을 먹는다는 생각에 매우 신났다. 점심을 배불리 먹고 기대 쌤께서 과일 주스까지 사주셔서 기뻤다. 다시 숙소에 왔다가 저녁을 먹으러 갔다. 식당에서 피자와 수프를 주문했다. 수프는 사장님이 추천하셔서 주문한 것이었는데 솔직하게 말하면 조금 짰다. 그래도 피자는 먹을만 했다. 그리고 무엇보다 사장님이 친절하셔서 기억에 남는다. 숙소에서 침대에 누워서 친구들과 얘기하며 오늘 하루가 마무리 되었다.

• 태준이의 묵상과 여행

17절에 주님께서 모세에게 말씀하시기를 모세의 모습을 통해 자신이 누구인지 사람들이 알게 된다고 말씀하셨다. 나를 통해서도 주님이 어떤 분이신지 세상이 알게 되지 않을까?

'시내산' 정상에 도착했다. 아직은 해가 뜨지 않아 깜깜했다. 올라간 지 얼마 지나지 않아 해가 뜨기 시작했다. 외국에서 그리고 친구들과 같이 명절을 보낸다는 것이 의미가 있었다. 게다가 어떤 한국 분들도 그룹으로 오셔서 서로 "새해 복 많이 받으세요.."라는 말이 오가서 한국의 산인가 싶었다. 명절 인사를 한 후 멀리 보이는 해를 보며 하나님께 앞으로 남은 여행을 부탁드리는 기도를 드렸다.

시내산을 둘러보니 어두웠던 새벽에 보이지 않았던 시내산의 장엄한 풍경이 보이기 시작했다. 자연에 압도되는 감정을 느꼈고, 밝은 날 시내산을 보며 모세는 무슨 생각을 했을지 생각하며 내려갔다. 신성하게 하나님과 교제하며 내려가는데 눈치 없게 낙타 똥들이 보였다. 많기도 했다. 한국에서 떨어진 은행을 피하던 스킬로 낙타 똥을 피하며 내려가 보니 불을 쬐며 쉬었던 천막에서 아침밥을 먹기로 했다. 딸기잼에 감사를 느낄 줄 몰랐는데 아이쉬만 먹다가 딸기잼을 발라 먹으니 만족스러운 아침을 먹을 수 있었다.

시내산에서 내려와서 아무 일정 없이 숙소에서 쉬기로 했다. 나는 잠이 오지 않아 숙소 광장에 있는 곳에 앉아 찬양을 들으며 에세이를 쓰고 있었다. 그때 어떤 이용객 2명이 광장으로 왔다. 그들이 먼저 내게 말을 걸었다. 우리는 어디서 왔는지, 무슨 이유로 다합에 왔는지 등을 나눴다. 그들은 요르단에서 여행 온 청년들이었다. 그들은 나에게 담배를 권했다. 아마도 그들은 담배를 피는 것이 쉬는 것이기 때문에 같이 쉬자는 긍정의 배려이지 않을까 싶다. 담배를 권하는 그들에게 나는 웃으며 담배를 필 수 없는 학생임을 말했다. 그러니 그들은 놀라면서 몇 살이냐고 물어보기 시작했다. 나는 해외 나이로 18살이라고 말하자 그들이 "헤이, 아니야. 너 25살처럼 보였어 ㅋㅋ"라고 말했다. 웃는 얼굴로 상처를 줬다….음… 긍정적으로 보면 해외에서도 만만하게 보이지 않는 액면이라고 생각하고 넘겼다ㅎㅎ

• 다예의 묵상과 여행

"바로의 마음이 완악하여"라는 구절이 반복해서 나온다. 나에게도 경고를 하시며 계속 말씀을 하시는데 '혹시 내가 마음을 닫고 있는 것인가?'라는 생각을 해 보게 되었다. 지금 내가 할 수 있는 것은 하나님을 찾는 것밖에 없다.

'시내산'에 올라가기 시작했다. 별이 정말 예쁘게 잘 보였다. 올라갈 때는 더웠고 쉴 때는 추웠다. 일출 시간을 맞추기 위해 오래 머문 곳이 있었는데 그곳의 장작이 떨어져 핫초코를 사먹었다. 한참을 쉬다 올라갔는데 이제부터는 길이 평평하지 않다는 말에 절망적이었다. 올라가고 올라가다 이곳이 정상인가 싶었을 때, 여명이 밝아오는 것이 보였다. 해 뜨기 전 회색빛이 도는 파스텔톤 하늘이 너무 예뻤다. 조금 더 올라가니 진짜 정상이 나왔고, 그곳의 모래도 담아왔다. 시내산의 해가 떠오르고 있었다. 내려오는 것은 해가 있어서 더 힘들었다. 가도 가도 길이 끝나지 않았고, 내가 어떻게 여기를 올라왔나 싶었다.

점심으로 여행 쌤께서 프라이드치킨을 사주셨다. 배부르고 맛있게 먹었다. 감자튀김에 뿌려진 특유의 향신료가 맛있었다. 기대 쌤은 망고 주스를 사 주셨다. 그리고 드디어 바다에 갔다. 체력적인 쉼보다는 정신적인 쉼이 더 필요했다. 사람이 아무도 없었는데 투톤 바다는 너무 예뻤다. 수심 얕은 곳에 가만히 앉아서 파도를 느끼며 멍을 때렸다. 그 자체로 힐링이 되는 시간이었다. 씻고 나서는 누웠는데 잠이 오지 않았고,

햇볕도 들어오지 않아 밖으로 나갔다. 수용하기 어렵지만 나에게 필요한 말을 듣게 됐다.

저녁은 '더킹'에 갔다. 갈릭 치즈 브레드를 시켰는데 뭔가 이렇게 먹는 게 아닌 것 같았다. 주은이는 떡볶이처럼 생긴 파스타를 시켰다. 떡볶이가 너무 먹고 싶다. 잼과 먹거리와 파스를 사고 숙소로 돌아왔다. 그리고 과자 파티를 했다. 음식 맛이 나는 과자였다.

시내산은 기대를 많이 했던 곳인데 별 감흥이 없었던 이유에 대해 생각해 봤다. 나는 지금 하나님과 너무 멀어져있다.

• 지원이의 묵상과 여행

모세가 하나님의 부르심을 받았을 때, 바로에게 나아갔을 때의 나이가 80세이다. 이 구절을 보고 내가 '지금 두려워하고 있는 게 대체 뭐지?'라는 의문이 들었다. 나는 너무 하나님께 재촉한다. 내 꿈을 달라고, 내가 잘하게 해달라고, 영향력 있게 해달라고. 너무 욕심 부리고 거만하게 하나님께 재촉해왔다. 또 여행지에 와서는 당장 오늘의 묵상, 당장 오늘 먹을 거, 당장 오늘 갈 곳만 집중한다. '왜 우리는 지금을 살아가며 미래를 걱정하는가?'라는 생각이 들었다. 문득문득 드는 힘든 생각들이 자꾸 나를 삼키려 할 때가 있다. 생각이 커지고 커지다가 혼자 상상하고 그러는데! 그걸 '하나님께 시도 때도 없이 털어놓기!'가 오늘의 목표이다!

'시내산'에서는.. 계단의 힘듦보단 추위가 더더 더 힘들었다. 내려오는 길에 가이드분과 계속 소통하며 내려왔는데, 되게 재미있었고 신기했다. 여기서 18년 동안 가이드를 해 왔다는 이야기, 이 산이 자신의 전부라는 이야기를 들으니까 뭔가 생각이 많아졌다. 이렇게 다양한 삶을 사는 사람들도 많은데 내가 그깟 대학 하나로 그만큼의 고민을 할 필요가 없는 것처럼 느껴졌다. 이어서 내 꿈도 물어 보셔서, 영화감독이라고 이야기 했고, 그분이 내 꿈을 응원해주셨다! 고마웠고 생각 외로 재미있었던 시간이었다.

사실 시내산을 올라가면서 별을 계속 봤는데, 진짜 무슨 별을 손으로 크게 한 움큼 쥐고 하늘에 쫙! 뿌려놓은 것처럼 무수히 많았고, 너무 아름다웠다. 저 흰색 동그란 빛 여

러 개가 우리에게 이런 벅찬 기분을 준다는 게 너무너무 신기했다!!! 그렇게 반수면 상태로 올라갔다가 내려오게 되었고, 숙소엔 오후 12시가 다 되어 도착하게 되었다.

　컨디션이 좋지 않아 이날은 종일 쉬었다. 쉴 때마다 느끼는 거지만 쉰다고 컨디션이 회복되는 것은 아닌 것 같다. 어쩜 이렇게 피곤하고 힘든지.. 쉬어도 쉰 게 아닌 것만 같은 기분이었다. 그래도 걱정했던 것보다 덜 아팠고, 이건 진짜 하나님의 은혜라는 생각이 들었다. 아니 확실하다! 한국에서는 생리통이 정말 못 움직일 정도로 심한데, 요상하게 산티아고 때도, 지금 7인 7색 때도 그 정도로 아프진 않았다. 하나님은 정말.. 배려가 넘치시지만.. 한국에서는 왜!! 아니다 난 감사할거다. ㅋㅋㅋㅋ 하나님 진짜 감사해요.. 진심이에요ㅠㅠ♥

　오늘은 모세가 부르심을 받은 나이가 80세라는 부분을 묵상했다. 아까 잠깐 대학 애기를 했듯 내가 부르심을 받는 때는 언제가 될지 모르기에 우리나라의 사회적 시계, 알람에 맞춰 살지 않더라도 행복하게 살고 싶다는 생각을 하게 되었다. 또한 하나님께서 나에게 메시지를 주시는 때도 언제가 될지 모르기에, 하나님께 내가 뭘 해야 할지 모르겠다고 징징대는 일을 좀 그만하기로 다짐 먹었다. ㅎㅎ 오늘 하루는 생각보다 덜 아팠음에 감사! 또 쉴 수 있었음에 감사! 시내산을 포기하지 않는 마음 주시고 담대히 걸어갈 수 있게 해주심에 감사합니다!

• **다연이의 묵상과 여행**

하나님께서 명령하신 대로 행하는 일, 즉 순종을 하기까지 모세는 하나님께 끊임없이 되물었다. 자기 자신과 하나님을 믿지 못하고 걱정이 가득한 모세의 모습에서 어떻게 하나님께 나를 온전히 내어드릴 수 있냐며 미리 마음의 문을 닫아버린 내 모습이 겹쳐 보였다. 나는 아직 영적으로 준비가 덜 된 사람이라는 핑계로 순종을 미뤄왔지만 사실 모세도 그랬다. 그럼에도 하나님께서 부르신다면 가야하는 것이다.

"모세와 아론이 여호와께서 자기들에게 명령하신 대로 행하였더라. - 출애굽기 7:6"

오늘은 '시내산'을 오르는 날이다. 모세의 마음을 묵상하며 걸어보기로 한다. 한밤중에 좁고 작은 버스에 옹기종기 타서 시내산으로 향했다. 버스에서 내리는 순간 추위에 깜짝 놀랐다. 이미 챙겨온 옷을 전부 껴입은 상태였기에 이젠 핫팩에 의존할 수밖에 없었다. 짐 검사를 하고 드디어 시내산 등반 시작!

초반에는 조명도 있고 길이 평평했는데 그 길은 얼마 지나지 않아 끊겼다. 스스로 핸드폰 조명을 켜고 올라야 했다. 조명이 사라지자 별들이 훨씬 많이 보였다. 쏟아질 듯 많은 별들을 보니 하나님께서 얼마나 크신 분인지 새삼 느꼈다. 나에게는 너무 거대해 보이는 이 산도 하나님의 시선으로는 작디작은 하나의 산일 뿐인데 그런 하나님이 나를 사랑하신다는 게 얼마나 큰 의미인지 몸소 느꼈다. 하나님보다 눈에 보이는 세상의 것을 더 두려워하고 있었던 내게 '크신 하나님'을 나타내주셨다.

일출을 보기까지 시간이 많이 남았다. 산 중간에 있는 휴식 공

간에서 쉬다가 핫초코를 사먹었다. 주인분에 의해 반강제로 먹게 된 핫초코였지만 몸을 녹이기에는 딱 이었다. 다시 가이드님을 따라 산을 올랐다. 이때부터는 더 본격적인 등반이 시작되었다. 내 다리의 한계를 경험했다. 원래 가장 사용량이 적은 신체 부위가 다리였는데… 7인 7색에서 이례적인 일이 반복되고 있다. 핫팩을 붙여서 몸에서 땀이 나면서도 동시에 얼굴과 다리는 추웠다. 더위와 추위를 동시에 느낄 수 있다는 걸 깨달았다.

점점 주변이 밝아오면서 주변에 산들이 나타났다. 시내산 정상에서 본 일출은 어느 때보다 웅장했다. 해가 조금씩 떠오를 때마다 산도 다르게 보였다. 여기까지 힘들게 올라온 이유를 단번에 알 수 있는 순간이었다.

내려오면서 내가 올랐던 산을 보니 '내가 여길 어떻게 올라왔지..'하는 생각밖에 안 들었다. 대학에 대한 이야기를 나누었는데 눈앞에 닥친 상황 때문에 불안하다가도 내 눈 앞에 펼쳐진 장엄한 풍경을 보니 나는 정말 작은 사람이라는 게 느껴졌다. 고3 별건가!?! 싶은 생각이 스쳐지나가면서 7인 7색에서의 순간이 앞으로의 1년, 더 나아가 인생에서 큰 힘이 될 것이라는 확신이 들었다.

시내산 등반을 하고 오니 배고픔과 졸음이 싸우고 있었다. 더 깊은 숙면을 위해 식사를 하고 자기로 했다. '킹스 치킨'에서 여행 쌤께서 치킨을 사주셨다! 9명이 치킨을 배부르게 먹었는데도 2만 원밖에 안 드는 물가! 어느 식당에나 고양이가 많아서 고양이와 함께 식사했다. 후식으로는 기대 쌤께서 과일주스를 사주셨다. 사탕수수와 레몬을 섞은 음료를 마셨는데 진짜 최고..♡ 치킨 한 마리, 과일 주스 하나에 최대의 행복을 느꼈다.

숙소로 돌아와서 씻고 각자 휴식을 누렸다. 저녁은 '더킹'이라는 식당에서 먹었다.

이집트에서 흔치 않은 친절한 분을 만났다. 이집트 어디에서나 그랬듯 음식이 많이 짜긴 했지만 그걸 감안하고는 맛있었다. 이집트의 모든 음식들은 소금에 절인 것 같다.. ㅎㅎ 저녁식사를 하고 슬리퍼를 하나 샀다. 김정연과 내가 일회용 슬리퍼를 가져와서 많이 불편했는데 이번 기회에 샀다. 처음에 김정연 슬리퍼만 300파운드를 불러서 당황했는데 결국 둘이 합해서 200파운드에 샀다. 많이 깎지는 못했지만 구름이 그려진 귀여운 신발이라 만족한다. 숙소로 돌아와 오늘 하루를 피드백하는 시간을 가졌다. 여행 쌤께서 "이번 여행 동안 형식적으로 묵상하지 말고 치열하게 해야 한다."고 말씀해주셨다. '치열'하게 묵상하는 삶. 애쓰거나 노력하기 보다는 편하게, 대충 살아가라는 말이 위로가 되는 세상에서 '치열'하게 살아가는 것은 시대를 거스르는 것처럼 보일 수 있겠지만 그래도 치열하게 살아가야지!

• 영훈이의 묵상과 여행

하나님의 말씀은 힘이 있어서 낙심한 모세를 일으켜 세웠고, 순종하게 하였다. 모세는 '명령하신 대로' 행하였다. 모세가 앞 장과 다르게 순종을 하는 것이 놀라웠다. 그렇게 의심하고 불순종한 모습의 모세였지만 말씀의 힘이 있음을 깨닫고 순종하는 모습이 되게 멋졌다. 바로 순종하는 모습이 얼마나 어려운 것인지 알기에 모세가 저 당시 느낀 힘은 대단하고 놀라운 것이라고 생각하게 된 말씀이었다. 분명 나에게도 주님은 말씀의 힘이 있음을 보여주시려고 노력하시며 내가 깨닫기를 원하실 텐데 아직은 깨닫지 못한 것이 아쉬웠다.

'시내산'에 들어가자마자 북두칠성이 우릴 마중해줬다. 북두칠성이 안 보여도 괜찮다고 생각했는데 나와줘서 좋았다. 시내산 등산하는 동안 너무 추웠다. 체력적으로도 힘들었다고 생각했지만 그렇게 막 힘들지는 않았다. 그런데 많이 쉬다 보니까 정말 상당히 추워서 고생하였다. 묵상하면서 '시내산을 오를 수 있겠다.~?'라는 생각을 잠시하고, 1시간 뒤부터는 '언제 오르지?, 언제 끝나지?'라는 생각으로 올라간 것 같다. 내가 너무 힘들다 보니 제대로 묵상하지 못한 것이 아쉽다.

여행 쌤과 내려오면서 그런 이야기를 하였다. "여기 이 시내산에 다시 오를 수 있을 것인가?" 나는 정말 힘들게 고민하면서 다시 오를 것이라고 대답하였다. 정말 힘들었기 때문에 다시 고민해보게 된 질문이었다. 오늘 오르면서 말씀과 시내산에 대해서 생각하고 묵상하지 못한 점은 너무나도 아쉬웠다. 성경에서 나온 것처럼 시내산이 어떠한 곳인지 알기에 더욱더 했어야 했지만 그렇지 못한 점이 너무 아쉬웠다.

하루하루 말씀 묵상을 할수록 말씀에 힘이 있음을 정말 진심으로 알아가고 싶다. 저녁을 먹은 이후로부터 컨디션이 체한 듯 속이 너무 안 좋아서 내가 해야 할 일을 못한 것 같아서 정말 미안하다.

- **주은이의 묵상과 여행**

    모세와 아론이 80세가 넘어가서야 주님께서는 그 계획을 이루셨다. 성경 속 아브라함과 사라가 이삭을 갖게 된 것도 아브라함은 100세에 들어섰을 때이다. 우리는 삶을 살아갈 때 어떤 상황에 있어 너무 빨리 주님을 원망하고 재촉하지는 않는지 돌아봐도 좋을 것 같다. 주님의 부르심이라고 생각했는데 잘 이루어지지 않을 때, 혹은 너무 빨리 이것은 주님의 때가 아니라고 단정 짓는 것이 아닐까? 모세와 아론 그리고 아브라함과 사라에게 주님께서 그러했듯 우리를 향한 계획을 의심치 말고 묵묵히 믿음을 가져야겠다.

    '시내산'은 별이 참 많았다. 불빛 한 점 없는 고요한 주변 덕분에 밤하늘의 빛이 더욱 우리 눈에 잘 띨 수 있었다. 애들이랑 우와 대박!! 이러면서 방방 뛰었는데 너무 가슴이 벅차고 설레는 순간이었다. 시내산에 올라갈 때 체력이 계속 걱정되긴 했지만 이 시내산을 볼 수 있다는 지금 상황에 참 감사했다. 그래서 행복했다. 평지를 40분정도 걷다가 비로소 산 앞에 도착해서 등산을 시작했다. 아마 그때가 새벽 1시 정도 였을 거다. 시내산을 과대평가 했던 건 아니었는지 얘기하면서 걷다보니 갑자기 쉰다고 했다. 음? 너무 빨리 쉬는 거 아닌가 싶었지만 냉큼 앉아서 체력을 보충했다. 지원이 컨디션이 걱정됐지만 그래도 아까보단 괜찮다고 해서 다행이었다.

10분정도 쉬고 다시 올라가고 또 올라갔다. 그냥 친구들이랑 얘기를 하며 걸으니 힘들긴 힘들었지만 웃으면서 걸었기 때문에 그리 힘겹진 않았다.

　올라가고 올라가니 두 번째 쉬는 장소가 등장했다. 그 곳에서는 좀 오래 쉬는 것 같았는데 막사 같은 곳에 들어가서 쉬었다. 10분이 지나고 20분이 지나고 왜 이렇게 안 가나 싶었는데 알고 보니 해 뜨는 시간에 맞춰 가야했기에 많이 기다려야 한다고 했다. 난 지금 괜찮다고 생각될 때 가고 싶었다. 모두가 그렇게 생각하는 것 같았고, 위에 그 추운 데서 오들오들 떠는 것보다는 나을 것 같았다. 그런데 막사 안도 진짜 추웠다. 나는 그나마 괜찮았는데 추위를 많이 타는 지원이가 컨디션도 안 좋아서 더 추워했다ㅠㅠ 거기서 움직이지도 않으니 오랫동안 춥게 있었는데 너무 추워서 여행 쌤께서 핫초코라도 먹자고 하셨다. 그렇게 구매를 하고 핫초코를 받았는데 너무 맛있었다.

　계속 그렇게 쉬다가 드디어 등산을 하게 됐는데 역시는 역시나 체력이 많이 빠져 있었다. 그때부터 조금 많이 힘들었다. 왜냐하면 경사진 구간이 시작됐기 때문이다. 그래도 절대 뒤처지지 않겠다는 마음으로 일조했고, 진짜 마지막 구간에서는 많이 힘들었지만 완주했다. 감격스러운 마음이 들었고, 해 뜨기만을 기다렸다. 해가 천천히 뜨기 시작했고 주위가 밝아왔다. 그러면서 문득 보이는 산맥들이 너무도 아름다웠고 황홀했다. 산 위의 차가운 바람과 눈앞에 펼쳐진 아름다운 산맥들이 너무도 아름답고 좋아서 너무 행복했다. 그렇게 여행 쌤 카메라 앞에서 다연이랑 인터뷰도 찍고 사진도 계속 찍었다.

　그런데 내려가는 게 제일 힘들었다.. 왜냐하면 올라가는 게 끝이라고 생각하고 온 체력을 다 써서 올라갔는데 생각해보니 내려가는 코스가 있었기 때문이다. 이런.. 올라올 때는 웃으면서 올라왔는데 내려갈 때는 미소 지을 근육조차 움직일 수가 없었다. 근육의 움직임조차 내 체력에 사치였기 때문이다. 그리고 아까 막사에서 쉴 때 모두가 잤는데 나만 쌩쌩해서 웬걸 싶었더니 내려갈 때부터 미친듯이 졸려왔다. 내가 지금 자면서 내려가는 건지 뭐 어떻게 내려가는 건지도 모른 채 그냥 무작정 내려갔다.

　내려가던 어느 기점부터 지원이랑 같이 이집트 가이드 분과 얘기하기 시작했다. 그분의 가족, 어린 시절, 집 등등 여러 모습들을 들을 수 있었고, 문득 든 생각은 이집트 분들도 각자 자신의 삶을 살아왔다는 것이다. 당연한 소리지만 우리처럼 시간을 똑같이 느끼며 살아간다는 것이 새삼 느껴졌다. 그들도 어린 시절의 추억이 있고, 가족이 있고, 취미가 있다는 것을 다시금 깨닫게 됐다. 그리고 그런 이들에게 하나님을 알리고 싶었다. 아무튼 여러 가지 얘기를 하다가 어찌저찌 끝까지 내려왔고, 그 순간부터 거의 기절상태였다. 숙소까지 어떻게 왔는지도 모른 채 도착하자마자 자고 싶었다.

하지만 밥을 먹어야했기에 피곤을 무릅쓰고 밥을 먹었다. 밥을 먹으며 설날인 만큼 기대 쌤께서 이따가 과일음료를 쏘신다고 하셔서 누가 사올까 가위바위보를 했는데 나랑 다예가 졌다. 이런! 싶었는데 ATM에 누가 가서 돈을 뽑아 올까 가위바위보를 했는데 또 졌다. 이런..아무튼 간에 돈을 뽑아오고, 여행 쌤께서 치킨을 쏘신다고 하셔서 맛있게 먹은 후에 과일주스를 사러 어떻게 하다 보니 다 같이 갔고, 레몬사탕수수 음료를 먹었는데 너무 맛있었다. 그렇게 숙소에 들어가게 됐고 잠만 잤다.

2023-01-23 (월) / 출애굽기 8장

스쿠버 다이빙

• 정연이의 묵상과 여행

　애굽 땅이 개구리, 이, 그리고 파리 떼로 덮이는 재앙을 직접 봤는데도 이스라엘 백성들을 보내주지 않은 바로의 모습이 눈에 띄었다. 내가 바로였다면 하나님이 정말 계시다는 것이 믿어지고 두려워할 것 같은데, 그럼에도 계속 고집을 부리는 바로가 안타까웠다. 오늘은 결정을 해야 할 때 예수님이라면 어떻게 하셨을지 고민하고 행동하려고 한다.

　오늘은 '스쿠버 다이빙'을 하는 날이다. 예전에 한 번 해봤었지만 그래도 떨렸다. 21일에 갔던 식당 쪽으로 쭉 가다보면 스쿠버 다이빙 가게가 있었다. 필요한 서류를 작성할 때가 되서야 조금 있으면 스쿠버 다이빙을 한다는 것이 실감이 났다. 직원의 안내를 듣고 나니 어떻게 해야 하는지 다시 기억이 났다. 처음에는 배를 타고 나갈 줄 알았는데 가까운 해안가로 간다는 것을 알게 되었다. 그리고 바다에 들어갈 때 입어야 하는 슈트가 너무 작아서 두 번이나 갈아입어야했다. 뻑뻑해서 입기 힘들었던 슈트인데 갈아입기를 두 번이나 하니 벌써부터 힘들었다. 나는 세 번째 팀이었고, 20~30분 정도를 기다리니 우리 차례가 되었다. 납 벨트와 산소통을 메는데 꽤 무거웠

다. 바다가 가까이 있었기에 망정이지 조금만 더 걸었으면 허리에 무리가 갈 뻔 했다.
　바다에 도착하고 본격적으로 물속에 들어가는 연습을 했다. 나는 얼굴이 물속에 잠길 때가 가장 긴장되었다. 호흡기로 숨을 쉬려면 평소보다 강하게 들이마시고 내쉬

어야 했기 때문에 물속에서 숨을 쉬면 물을 들이마실 것만 같은 기분이었다. 스쿠버 다이빙을 할 때는 직원 분들이 항상 등을 잡고 끌어주셨다. 나의 경우에는 가만히 있으면 몸이 계속 떠올라서 맘대로 움직일 수가 없었다. 바닥에 있는 바위와 산호들을 보니 신기

했다. 원래는 바다 속 자연을 보면서 하나님을 묵상하려고 했는데, 막상 들어가고 나니 정신이 없었다.

 점심은 어제 저녁에 갔던 식당으로 갔다. 이번에는 피자만 주문해서 먹었다. 식당 사장님과 사진도 찍었다. 유쾌한 분이었다. 그리고 우리는 어제부터 계속 눈여겨보던 젤라또 가게에 갔다. 내가 알던 맛과는 뭔가 조금씩 달랐지만, 이렇게 더운 나라에서 젤라또를 먹을 수 있다는 것만으로도 감사했

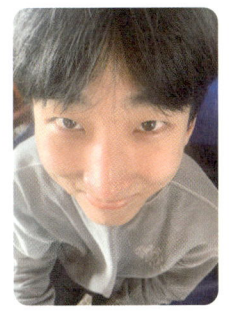

다. 숙소로 가니 3시 20분이었고, 4시쯤에 '누웨이바'로 가는 미니버스를 타기 위해서 다시 여행사 앞으로 모였다. 내일이면 페리를 타고 '요르단 아카바'로 가기 때문에 누웨이바에서 하룻밤을 자야했다. 그렇게 1시간 정도를 달린 후 숙소에 도착했다. 바다가 바로 앞에 보여서 좋았다. 저녁을 사러 갈 팀은 마트로 갔고, 나는 영훈, 다예와 숙소에 남았다. 마트로 간 팀이 시리얼과 빵 그리고 우유를 사와서 나름대로 배를 채울 수 있었다. 시리얼은 설탕이 전혀 없고 빵에서는 클레이 냄새가 났지만 먹을만 했다. 내일 타게 될 페리가 기대된다.

• **태준이의 묵상과 여행**

　주님께서는 모세를 통해 바로에게 경고를 하셨다. 주님은 다른 사람을 통해 내게 경고 혹은 어떠한 말을 하시기 때문에 언제든, 누구에게든 주님께서 내게 주시는 말씀을 찾을 수 있도록 준비해야겠다.

　'스쿠버 다이빙'을 한다. 사실 어렸을 때 귀를 수술한 적이 두 번 있어서 귀에 이상이 생기지 않을까 조심스러웠다. 여러 설명을 들었는데 나는 수신호가 가장 인상 깊었는데 흔히들 따봉을 '좋다'의 신호로 쓰는데 스쿠버 다이빙에서의 따봉은 '올라가고 싶다'라는 의미라고 한다. 한 팀이 들어갔다 나올 때 다음 팀이 들어가는 식이어서 대기 시간이 길었다.

　바다에 들어갔다. 한두 번 물에 들어갔다 나오니 호흡기에 적응되었다. 도와주시는 분께 오케이 신호를 보내고 바다 속으로 들어갔다. 귀가 아파오고, 안 아프게 하는 방법을 해도 아파오기 시작했다. 그래서 그냥 나갈까 고민했지만 후회할 것 같아서 끝날 때까지 참고 하기로 했다. 바다 속을 보니 신기했고, 자유로운 분위기가 좋았다.

　숙소로 돌아와 밥을 먹으러 갔다. 우리는 어제 갔던 식당에 가기로 했다. 우리를 두 번째로 보는 사장님께서는 반갑게 맞아주시고 본인의 핸드폰을 가져와 사진 찍

기를 요청하셨다. 밥을 먹고, 젤라또를 먹었다.

 젤라또를 먹고 나, 주은, 다연, 다예 그리고 기대 쌤은 옷을 사기로 했다. 다합의 거리에는 옷가게가 엄청 많았다. 그래서 기념으로 하나 사고, 같이 못 오신 라온제나 쌤의 선물도 사기로 했다. 나는 바지를 샀다.

 숙소로 돌아와서 큰 배낭을 메고 '누웨이바'로 이동하기 위해 투어사 앞으로 모였다. 우리를 버스가 있는 곳으로 인도해주었다. 딱 봐도 우리가 타기에는 작은 버스였다. 우선 큰 배낭을 어디에 두냐고 물어봤는데 버스 위에 싣고 간다는 것이었다. 대표로 짐을 실었다. 여행 와서 운동을 못할 줄 알았는데 긍정적으로 팔 운동도 하고 좋았다. 버스에 탔는데 15인승 버스였다. 낑겨 타도 자리가 부족해서 기대 쌤과 내가 바닥에 앉아서 갔다.

 그렇게 1시간이 흐르고 누웨이바가 보이기 시작했다. 다합은 휴양지 느낌을 주었다면 누웨이바는 '무슨 생각해? 여기 아직 이집트야.'라는 느낌을 주었다.

• **다예의 묵상과 여행**

　바로의 태도는 '얼마나 더 끔찍한 재앙을 내리셔야 하는 건가?'하는 생각이 들게 했다. 그와 동시에 든 생각은 '나는 얼마나 더 알려 주셔야 하나님을 완전히 받아들일 것인가?'였다. 예전의 나는 화분에 있는 고사리를 보며 창조주가 없다는 건 말이 안 된다는 생각을 하던 사람이었다는 것이 떠올랐다. 오늘 스쿠버 다이빙을 할 때는 이 세상이 피조세계이며, 창조주가 계심을 생각해야겠다.

　어제 킹치킨에서 받은 빵으로 아침을 간단히 먹었다. '스쿠버 다이빙'은 우리가 첫 차례였다. 이것저것 신기한 장비들을 찼는데 처음이라 기대가 됐다. 적응할 때 귀가 아픈 것 말고는 괜찮았다. 피조물에 대해 생각하긴 했지만 아름답기보다는 파괴된 자연에 대해서 생각하게 된 것 같다. 얕은 곳이라 그렇겠지만 다채로움이 없었다. 조개와 물고기가 신기했고, 바다색이 예쁘긴 했다. 나는 그냥 물이 너무 좋다.

　잔뜩 쌓여 있는 가방을 보니 숙소 주인분이 정말 친절하신 것 같다는 생각이 들었다. 점심은 더킹의 피자였고, 아이스크림도 먹었다. 나는 용돈으로 큰 것을 하나 더 사먹었다. 젤라또 느낌이 나서 맛있었다. 마지막으로 쇼핑을 하러 돌아다녔는데 드림캐처는 종류가 너무 많아서 고르지 못했다. 친구들이 옷을 살 때 같이 가서 'DIVE NOW'라는 문구가 담긴 반팔 티 하나를 샀다. 쇼핑 시간이 부족했다.

'누웨이바'로 가는 버스는 한 대였다. 울프 사장님과는 무슨 일인지 인과관계가 연결되지 않아 이해가 어려웠다. 숙소는 바다 바로 앞이었다. 바다에 발을 담그고 있었는데 파도가 거칠어 모래가 발 사이로 많이 들어왔다. 숙소 통로에는 식물이 많았는데 지나갈 때마다 상쾌하면서 부드러운 향이 났다.

• **지원이의 묵상과 여행**

　바로의 모습을 보고 이집트 사람들의 말 바꾸는 모습이 자꾸만 생각났다. ㅎㅎ…… 그러다가 문득 든 생각은 '그게 나의 모습일수도 있겠다… ㅠㅠ'라는 생각이었다. 나는 평온한 상태에서 하나님을 찾을까, 과연? 나의 상태와 상관없이 '언제나' 하나님과 함께여야만 한다!

　'스쿠버 다이빙', 처음엔 진짜 숨 쉬는 게 무서워서 계속 실패했다… 물속에서 두려운 마음이 확! 들어서, 내가 이렇게나 두려움이 많았구나.. 생각했다… 그런데 금방 적응하고 나니 물속에서 신나게 돌아다녔다. 물론 가이드분이 계속 날 잡아주긴 했지만.. ㅋㅋㅋ 그래도 처음에 무서웠던 걸 까먹을 만큼 너무나도 재밌게 물속탐방을 하였고, 이래서 인간이 적응의 동물인가 싶기도 했다 ㅋㅋㅋ 물속에는 또 다른 세상이 펼쳐져 있는 것 같았다! 물고기들과 인사도 하고 정말 좋은 시간이었다!

　이제 '누웨이바'로 이동할 시간! '아카바'까지 타는 페리를 이곳 울프사파리에서 예약할까 싶어서 물어봤었다. 그런데 인터넷으로 알아봤던 것보단 금액이 낮았지만, 다합에서 하게 되면 갑자기 생기는 일들에 대응하기가 어려우니, 좀 고민이 됐다. 울프아저씨가 자긴 얻는 게 없으니 수수료를 내라! 이렇게 얘기를 해서, "누웨이바에서 티켓을 받으면 수수료를 내도될까?"라고 물어봤더니, 니네가 날 믿지 않으면 자긴 수

수료를 안 받겠다나.. 우리가 한 이틀정도 봐서 그런가 조금의 정이 쌓여서 그 말 하는 게 조심스럽고 미안하긴 했지만, 다들 그 수수료를 받지 않는다는 말에 의심이 가서 그냥 직접 가서 예약하자는 의견으로 굳었다. 그렇게 페리를 안탄다고 했더니, 시내산과 스쿠버 다이빙 연결해준 수수료 값을 달라고.. 아니 분명 전에 냈던 인당 400파운드에 분명히 포함돼 있을 텐데, 페리를 안탄다고 하니까 수수료를 요구하는 게 정말 황당했다. 하지만 수수료를 내지 않으면 누웨이바까지 가는 미니버스를 안 태워준다는 말에 결국 수수료를 내게 됐고, 심지어 누웨이바 숙소도 울프아저씨와 연결돼 있기에 돈거래가 끝났음에도 수수료를 낼 수밖에 없었다. 울프아저씨와 대화를 많이 한 지영훈은 그새 정이 쌓여서 여러 가지로 속상해하는 듯해서 안타까웠다. 울프사파리에서 연결해준 미니버스를 타고 누웨이바로 이동.. 우린 17명인데… 15인  승 미니버스에 모두 타란다^_^ 분명 큰 거라고.. 다 탈 수 있다고 했는데, 증말 역시는 역시다..^^ 숙소도 참 여러 가지로 별로였다…… 울프가 원망스러웠지만, 불평은 안 좋은 상황만 낳을 뿐.. 이러면서 정신승리하기로 마음먹었다. ㅎ

 사실 오늘은 다연이의 나눔이 기억에 남는다. 한국에선 항상 하루하루가 똑같았고, 너무 바빠서, 안 좋은 일이 생겨도, 돌발 상황이 생겨도 그냥 무슨 일이 일어날지 모른다는 게 설레고 행복하다는 다연이의 나눔이 솔직히 조금 부러웠다. 내가 한국에서 너무 행복하고 느슨하게 살았나? 조금 돌아보게 되기도 했다. 내가 그렇게 바쁘게 살아야 하나? 라는 의문이 들기도 했다. 그냥 불행한 고3을 보내고 싶지 않았는데, 그것이 내 게으름의 변명이 되어있진 않았나 돌아봤던 시간이었다. 할일에 최선을 다하되, 조금씩 쉬어주는 것. 그게 내가 내린 결론이다. 내 고3은 바쁘고 느긋할 예정이다.☆(희망사항)

• **다연이의 묵상과 여행**

 개구리, 파리의 재앙을 겪으면서도 하나님을 인정하지 않고 약속을 번복하는 왕이 다른 의미로 대단하다고 느껴졌다. 바로 왕은 재앙을 겪으면서도 이스라엘 사람들을 보내지 않았다. 나도 애초에 나의 것이 아닌 것을 내 것이라고 착각하고 하나님께서 이를 다시 거두려고 하실 때에 놓지 않고 버티지는 않았는지 돌아봤다. 너무 행복한 이 순간의 마음가짐으로는 앞으로의 삶도 거뜬히 이겨나갈 수 있을 것 같은데 돌아가면 아마 바로처럼 다시 잊고 착각하게 될 것 같다. 앞으로의 모든 일도 시작과 끝이 있을 텐데 그 모든 시간의 주인이 하나님이심을 잊지 말자.

 다합에서의 마지막 아침이 밝았다. 어제 식당에서 애교(?)로 받은 빵으로 아침을 먹고 여행사 앞으로 모였다. 난생처음 '스쿠버 다이빙'을 해보는 날이다! 전날 시내산 등반을 했는데 다음날 스쿠버 다이빙이라는 엄청난 일정이지만 그럼에도 설렜다! 어쩌다보니 우리 학년 여학생들이 첫 번째로 물에 들어갔다. 스쿠버 다이빙 장비가 너무 무거워서 깜짝 놀랐다. 설명만 들었을 때는 쉽게 물속으로 들어갈 수 있을 줄 알았는데 막상 깊이 들어가려니 무섭고 숨 쉬는 게 적응이 안됐다. 강사님이 몇 번은 참아주시다가 어느 순간부터는 내 머리를 아예 물속으로 넣으셨다. 스파르타식 수업 덕분에 그 후부터 즐길 수 있었다. 정신이 없어서 물 속 풍경을 많이 보지는 못했지만 처음 해보는 모든 것이 신기하고 재밌었다. 스쿠버 다이빙이 끝나고 즌데레 강사님께서 예쁜 돌을 주워 선물해주셨다. 숙소로 돌아와 씻고 난 후 어제 갔던 식당으로 점

심을 먹으러 갔다. '누웨이바'로 출발하기 전까지 아이스크림도 사먹고, 이집트 느낌의 치마도 샀다. 주은이는 알라딘 바지를 샀는데 주은이의 완벽한 비율을 완벽하게 망쳐놨지만 너무 귀여웠다. 기대 쌤과 김태준까지 만족스러운 쇼핑을 마치고 이제 다합을 떠날

시간이 되었다. 다합을 떠나는 건 슬펐지만 우리에게 사기를 치려 한 여행사와 마지막이라는 건 기쁘다. 언제나 그랬듯 좁디좁은 버스에 타서 누웨이바 숙소로 향했다. 도착하니 어느새 해가 지고 있었다. 누웨이바 숙소는 예상보다 훨씬 시내로부터 떨어져 있었고, 숙소 주변에는 흔한 음식점과 ATM조차 없었다. 그 숙소에서 당황스러운 점은 한 둘이 아니었다. 물을 틀었는데 쇳물이 나오고, 커다란 벌레가 나오고, 다른 방에서는 수도가 고장 나 물바다가 되었다. 어이가 없어서 너무 웃겼다. 밥보다는 잠을 선택한 우리는 시리얼과 빵으로 끼니를 때우고 나눔의 시간을 가졌다.

돌이켜보면 나는 그동안 계획한 대로 행할 수 있는 삶을 살아왔다. 내가 세운 계획을 이루거나, 실현하지 못하거나 둘 중 하나인 삶을 살다보니 항상 내일이 예상되었다. 하지만 이곳에서는 매 순간마다 변수가 생기고, 나의 계획을 비웃기라도 하듯 뜻하지 않은 일들이 벌어졌다. 스쿠버 다이빙도, 여행사의 사기도, 숙소의 상태도 전부 예상 밖이었다. 그런데 그 상황들이 모두 감사하다. 어떤 일이 일어나도 마냥 감사하다. 나의 계획대로 행하는 것이 최고의 선이 아니라는 것을 인정하고 나니 예상하지 못한 일들이 일어나는 게 전부 즐겁고 행복했다. 내일은 무슨 일이 일어날지 궁금하고 진심으로 기대된다!

• 영훈이의 묵상과 여행

  우리 인생은 수많은 하나님의 손과 능력을 경험하게 되는데 그 손길이 때로는 축복, 때로는 고통과 시험으로 찾아온다. 고통과 시험이면 주님의 손길이 없다고 생각하게 되는데 고통과 시험 또한 주님의 손길이라는 것을 다시 한 번 깨닫게 되었다. 내게 어려움과 고난이 사라지거나 주님의 축복과 은혜를 경험하고 난 뒤에는 '난 주님의 축복을 받았으니까, 주님이 고난을 이기게 해주셨으니까.'라는 생각을 하며 쉽게 주님을 잊어버리게 되는 것이 대부분이었지만 오늘 말씀을 통해서 적용해야 할 것은 '주님을 기억하고 생각하는 것!'이다.

  '스노클링'을 혼자 하면서 심심했지만 예뻤다. 물고기를 많이 봐서 행복했다. 오늘은 사파리 투어에 미안함과 동시에 화가 나고 억울하고 어이가 없던 날이었다. 수수료를 갑자기 가족 이야기 하면서 받는다고 하더니…. 화가 난다. 분명 페리 취소에 무언가가 있었을 것이다. 600파운드 수수료 받는 것이 무엇이 진실인지 알고 싶다. 사파리에 정을 주면 안 됐는데 정이 너무 많은 나에게는 너무나도 어렵고 힘든 일이었다. 사기 치는 게 너무나 일상인 사람들에게 속지 말고, 남은 일정을 잘 마무리하고 인종차별도 그러려니 하며 이들이 하나님께 올 수 있도록 기도하는 것이 나의 일인 것 같다.

  오늘도 너무 아파서 속상했다. 컨디션이 빨리 돌아와서 안 아프게 지내고 싶다. 내가 아파서 친구들에게 많은 도움을 주지 못하여서 미안하다. 오늘 하루는 주님이 나에게 고난을 주신 것 같다고 생각한다. 하루도 잘 이겨냈기에 주님을 잊는 것이 아닌 계속 생각하면서 하루하루를 살아가고 싶다.

• **주은이의 묵상과 여행**

16~17절에 지팡이를 치면 이가 온 땅에 퍼진다는 얘기가 인상 깊었는데 하나님의 지팡이로 권능을 행한다는 것이 계속 눈에 띄었다. '하나님께서 함께 하신다면 그 무엇을 못해낼까?'라는 생각이 들었다.

오늘은 대망의 '스쿠버 다이빙' 날! 스쿠버 다이빙을 하러 울프사파리 앞에 모였다. 다함께 모여서 스쿠버 다이빙 하는 장소로 갔고 5명씩 나눠서 다이빙을 해야 한다고 하셔서 우리 11학년 여자애들과 여행 쌤이 함께 스쿠버 다이빙을 하기로 했다. 옷을 갈아입고 나니 강사 분께서 몸에 추를 달아주셨다. 그리고 산소통이 달린 구명조끼 장비를 몸에 둘러주셨는데 진짜 엄청 무거워서 걷는 게 굉장히 힘들었다. 힘겹게 물에 들어가서 오리발을 끼고 수경을 꼈다. 각자 가이드 한 명씩이 붙어 있어서 가이드분이 움직이시는 대로 그

냥 따랐는데 수경을 쓰자 산소 호스를 내 입에 물려주셨다. 산소 호스를 입에 물려주신 후에 나를 끌고 바로 엎드려서 물에 유영 하시길래 '아 연습인가 보구나.' 하구 자꾸 일어서려고 했다. 그런데 유영하시다가 깊은 물속으로 나를 끌고 가셔서 '시작하셨구나.' 하고 따랐다. 그런데 깊숙이 들어가면 갈수록 귀가 너무 아팠는데 돌아다니다 보니까 또 괜찮아졌다. 무튼 간에 물속에서 숨을 쉰다는 게 진짜 신기했는데 생각했던 것만큼 쉽게 쉬어지지는 않았다.

물속에서 본 경치는 참 이뻤다. 하나님께서 만드신 피조물들에 대한 경외심이 들기도 했다. 산호초나 물고기 같은 것들을 보면서 내가 있는 이 땅은 주님께서 만드신 세계의 일부분이라는 생각이 들었다. 그렇게 파란 경치를 보다가 귀가 갑자기 아파오고 찌지직 소리가 들려서 뭐지 싶었는데 수면위로 올라와서 그런 거였다. 정신을

차려보니 끝이 났다.

끝낸 애들끼리 먼저 숙소에 가서 씻었고, 나머지 애들이 올 때까지 기다린 다음 점심을 먹으러 갔다. 피자를 먹었는데 조금 짰다. 그런데 영훈이가 울프사파리 측이랑 문제가 생긴 것 같았다. 아침에도 요르단 페리 관련해서 갑자기 보증금을 내라고 했다고. 울프 사파리가 연결시
켜준 페리에 대해서 우리의 의견을 물어봤었는데 아무래도 문제가 생겼던 것 같다. 어찌저찌 해결 아닌 해결이 되고 밥을 먹으러 왔는데 많이 힘들어 보였다. 울프사파리를 통해서 페리를 이용하지 않기로 결정을 하고, 우리는 '누웨이바'로 떠났다. 떠나

는 것까지도 울프사파리가 함께 해주었는데 17명이 탈 정도의 충분한 버스라고 했으면서 또 작은 버스를 주어서 우리 모두 낑겨 타고 누구는 바닥에 앉고 그렇게 불편하게 갔다. 페리를 안타기로 한 게 참 잘된 것 같다는 생각이 들었다.

누웨이바에 어찌저찌 도착을 했는데 생각보다 숙소가 좋았다. 방을 배정받고 저녁을 먹기 위해 우리는 식료품점을 찾아 헤맸다. 나랑 지원이랑 다연이랑 태준이랑 기대 쌤이 함께 갔다. 식료품점에서 간단하게 시리얼과 초코롤 등을 사서 가는데 갑자기 컨디션이 급 하락하더니 몸살 끼가 심하게 돌았다. 스쿠버 다이빙을 한 게 무리였던 것 같다. 숙소에 돌아와서 함께 밥을 먹는데 이젠 열까지 나버려서 애들 말이 웅웅 울리면서 들렸다. 여기 와서 민폐 끼치면 안 된다는 생각이 병적으로 있었기 때문에 티를 내지는 않았다. 지원이한테 타이레놀을 받고, 다연이한테는 여러 가지의 약을 받아먹으니 열이 조금 떨어져서 친구들이랑 얘기를 하다가 잠에 들었다.

2023-01-24 (화) / 출애굽기 9장

이집트 안녕! 요르단 안녕?

• **정연이의 묵상과 여행**

하나님께서 이스라엘 자손을 구별하여 재앙을 내리지 않으셨던 것은 하나님께 속한 자들을 사랑하셨기 때문이다. 하나님은 동일하게 사랑 하시지만 나는 계속 왔다 갔다 했던 것이 죄송했다. 오늘은 시간을 내서 하나님께 나아가야겠다.

오늘 아침은 숙소에서 준다고 해서 오랜만에 아침을 먹을 생각에 기분이 좋았다. 부엌에서 뭔가 준비를 하고 있길래 기대했는데 삶은 달걀, 오이, 크림치즈 등이 나왔다. 익숙한 조합은 아니었지만 삶은 달걀만큼은 맛있게 먹었다. 짐을 다 챙기고 숙소를 떠나려는데 직원이 우리에게 여권 복사본을 달라고 했다.. 우리가 이 지역에 안전하게 있는지를 경찰 쪽에 알려야 하기 때문이라는 것까지는 이해를 하겠는데, 어제 숙소에 도착해서도 이미 여권을 찍어간 데다가 복사비까지 요구했다. 복사비 치고는 높은 금액을 말하길래 사기를 치고 있다는 것을 알 수 있었다. 여행 쌤께서는 11학년이 나서서 해결해 보라고 하셨다. 결국에는 숙소 직원이 그냥 가라고 했다. 옆에 경찰도 있긴 했는데, 이집트에서는 경찰도 같이 말을 맞추고 속일 가능성이 충분히 있었다.

페리를 타기 위해 '누웨이바' 항구에 도착해서는 조금 당황했다. 우리 외에는 여행객이 아무도 없었고, 거리도 텅텅 비어있었다. 점심을 먹으려고 전날에 미리 알아봤던 식당을 찾아 돌아다녔으나 모든 가게가 사라져있었다. 작은 마트에서 파는 빵들은 바가지가 너무 심해서 사지 않았다. 그래서 조금 더 큰 식료품점에 가서 점심과 저녁으로 먹을 딱딱한 빵과 개인 물을 하나씩 샀다. 그리고 과일 주스도 구매했다.

드디어 항구로 이동했다. 입구에는 총을 든 군인이 여러 명 있었다. 탑승 확인서를 받아서 들어가려는데 내 생일이 12월 13일로 잘못 쓰여있었다. 아무래도 담당자가 다른 사람 생일로 잘못 입력한 것 같았다. 출입 검사할 때 조마조마 했지만 다행히 통과했다. 페리에 짐을 싣고 올라가는데 에스컬레이터가 있었다. 페리에 계단이 아닌 에스컬레이터가 있는 것은 처음 봤다. 객실에서는 담배를 피우는 사람이 있어서 자리를 옮겨야 했다. 페리 안 매점에서 현지 컵라면을 팔길래 먹어봤는데 맛있었다. 갑판에 올라가 컵라면을 먹으니 기분이 상쾌했다.

한숨 자고 '아카바'에 도착했을 때는 해 질 무렵이었다. 우리는 '와디럼' 사막으로 가기 위해서 버스를 탔다. 그런데 어느 중국인이 자신이 가려고 하는 방향과 같으면 비

용을 지불하고 같이 타도 되냐고 물어봤다. 이때 태준이가 뛰어난 중국어 실력을 발휘해 통역해줬다. 버스 기사 아저씨에게 허락을 받으려고 했으나 안 된다고 하셨다. 결국 우리는 버스를 타고 가다가 중간에 픽업트럭으로 갈아탔다. 좌석은 개방되어 있어서 숙소로 갈 때 바람을 맞으면서 갔다. 춥기는 했지만 별이 잘 보이는 풍경에 감탄하면서 갔다. 숙소는 모두 텐트로 지어져있었고, 다 같이 모일 수 있는 넓은 텐트도 있었다. 그곳에서 마무리 모임을 한 후 간식을 먹으면서 쉬었다. 요르단에서의 본격적인 내일이 기다려진다.

• **태준이의 묵상과 여행**

　주님께서는 단계별로 바로의 마음을 무너뜨리셨다. 그로인해 주님이 누군지도 몰랐던 바로는 이제 주님이 어떤 분인지 알게 되었다. 지금은 이게 무슨 의미가 있는지 모르는 일들이 하나님의 계획에는 단계별로 이루어지고 있지 않을까? 단계별로 계획하시고 행하시는 주님을 묵상하며 오늘 하루도 주님의 계획안에 살고 있음을 감사하자.

　오늘은 국경을 넘는 날이다. 항구가 있는 쪽으로 향했다. 도착해서 정연이와 나는 음식점을 찾아다니기로 했지만 소득이 없었다. 우리가 돌아오자 기존 몇 명이 편의점에 갔다. 짐을 지키며 쉬고 있을 때 허주은의 컨디션이 좋지 않아 보였다. 계속 기침하고 웃음기가 사라져 있길래 약을 주었다. 이후에 배를 타야 하는데 더 안 좋아질까 신경 쓰였다.

　바람을 쐴 겸 밖에 앉아 있을 때 편의점에 간다던 팀이 돌아왔다. "7천원에 세끼 먹을 식량을 사왔어!"라며 해맑게 왔다. 비닐봉지 안을 들여다보니 빵이었다. 아이쉬가 아닌 것에 감사했다.

　배를 탔다. 우리는 페리에서 파는 컵라면을 먹기로 했다. 정연이, 기대 쌤과 같이 배 위로 올라가서 바다를 보면서 먹기로 했다. 현지의 라면은 생각보다 짜지 않아서 괜찮고 맛있었다. 그냥 먹어도 맛있었는데 바다를 보면서 라면을 먹으니 더 맛있었다. 먹은 후 자리로 돌아왔다.

　잠을 깨우고 갑판 위로 올라갔다. 공기를 쐬고 내려가려고 할 때 문 손잡이가 부서져 있었다. 어처구니가 없었다. 그래서 10분 동안 이런저런 짓을 다 해봤다. 망연자실하게 웃고 있을 때 승객분이 내가 안쓰러웠는지 나를 다른 길로 인도해주시고 쿨하게 다시 갑판으로 돌아가셨다.

　페리에서 내렸다. 감사하게도 멀미로 크게 힘들어 하는 애들이 없었다. 우리를 데리러 온 버스에 짐을 싣고 있었는데 어디선가 중국인 분이 찾아오셔서 뭐라고 하시는 소리를 들었고, 나는 5년간 중국에서 선교하면서 배운 내 중국어 짬바(짬에서 나오는 바이브)를 보여줄 때라고 생각했다. 의사소통 정돈 원활하게 할 수 있어 내가 중국어를 할 수 있다고 할 때 영어를 못하는 자신에게 천운이 찾아왔다고 하셨다. 그분은 가고 싶은 곳이 있는데 항구에서 그곳으로 가는 교통수단을 찾지 못했기 때문에 우리가 가는 방향에 자신이 가고 싶은 곳이 있다면 돈을 낼테니 우리 버스를 타고 같이 이동해도 되냐는 것이었다. 하지만 버스 기사가 허락하지 않았다. 그래서 그분께 그렇게 번역해드리고 헤어졌다.

 버스가 멈췄고 지금부터는 지프차를 타고 가야 한다고 했다. 지프차를 탄다는 말에 기대가 됐다. 아무것도 없는 광야에 지프차를 타고 가는데 시원했다. 그리고 하늘에는 별이 보여서 구경하며 갔다. 속도가 붙으니 추워졌다.

 '와디럼' 사막 숙소에 도착했다. 남자는 2인 1실이라 나는 정연이랑 썼다. 와디럼은 와이파이가 안됐고, 숙소는 천막이라 새벽이 되면 추울 것 같았다. 하지만 낭만이 있어서 숙소에 대한 만족도가 높았다. 방으로 된 천막이 있고, 모두 모일 수 있는 큰 천막이 있었다. 큰 천막에는 불을 지펴주어 따뜻했다. 방으로 돌아와서 나와 정연이는 피곤했던지라 씻고 누웠는데 바로 잠들었다.

• **다예의 묵상과 여행**

　바로의 신하 중에도 여호와의 말씀을 두려워하는 사람들은 가축과 종들을 집으로 들였다. 나의 믿음이 이와 같다는 생각이 들었다. 심판의 하나님은 알겠고 진리에 대한 두려움이 있다. 하지만 공의의 하나님, 사랑의 하나님을 느낀 적은 없다. 적용을 어떻게 해야 할지 잘 모르겠다.

　숙소에서 제공해 준 아침을 먹었다. 페리 가격을 보고 울프 사장님께 배신감을 느꼈다. 수수료를 더 받으려고 하셨던 이유는 알게 됐지만 여전히 이해가 가지 않는 부분이 있었다.

　페리를 타고 '아카바'로 향했다. 컵라면을 먹었는데 맛있었다. 나도 갑판 위에 올라가고 싶었지만 피곤해서 그냥 쉬었다. 버스를 타고 가다가 지프차로 갈아탔다. 떨어질 것 같았지만 바람을 맞으면서 달리는 게 좋았다. 쓰고 있던 모자가 날아가서 인사를 했다.

　사막 한가운데 있는 숙소는 생각보다 깔끔하고 좋았지만 화장실과 샤워실이 딱 하나였다. 씻어야만 하는 상황이라 샤워실에 들어갔는데 차가운 물만 나왔다. 씻고 나오니 다들 모여 있었다. 라면 국물을 마셨는데 맛있었다. 버스 가격 흥정을 위해 소극적이었던 4명이 보내졌는데 사막에서 자라는 말을 들었다.

　친구들은 '행복하다'라는 말을 정말 많이 썼다. 나는 이곳에 와서 행복이라는 감정을 느낀 적이 없다. 나는 왜 행복하지 않지? 내가 이전에 느꼈던 행복을 생각해 보며 행복을 정의해 봤다. 벅차오르면서 슬픈, 공허함이 느껴지기도 하는 그런 감정이다.

오늘은 묵상도 잘 모르겠고 멍한 상태였다. 이 시간을 잘 누릴 수 있었으면 좋겠다는 생각이 들었다.

• 지원이의 묵상과 여행

공의의 하나님이자 사랑의 하나님! 이 열 가지 재앙이, 바로에게 하나님을 보여주시기 위한 재앙이기도 하지만, 모세 또는 이스라엘에게 온전한 믿음을 갖게 해주기 위함이기도 하다. 모세에게서 뭔가 하나님이 지켜주실 거라는 확신을 가지고 임하는 자세가 보였다. 조금 더 용감해진 것 같고, 하나님을 말하는데 소심함이 없이 완강해진 모습이 보인다. 믿음이 단련된 모습은 하나님을 명확히 이야기 할 수 있는 용기이며, 하나님께서 분명 약속을 지키실 것이라는 확신, 나를 지켜줄 것이라는 확신으로 담대함으로 나아가는 것이다. 눈에 보이는 왕은 바로이지만, 그 바로에게 협박을 하고 있는 모세를 보면 그 왕보다 더 높으신 분이 있다는 것을 분명히 깨달을 수 있다.

똑같은 미니버스를 타고 '아카바'로 갔다! 아카바에서 페리를 예약하러 갔는데, 와우 예상했던 금액보다 훨~~씬 저렴했다. 심지어 울프아저씨가 말했던 가격보다도 훨 싸다.. 우린 울프아저씨한테 사기당할 뻔했던 것이다…. 배신감이 들었다!! 우리는 사막에 밤에 도착하는데, 점심과 저녁, 그리고 다음날 아침까지 사가야 하는 상황에 맞닥뜨렸다. 나와 이다연이 식료품 팀을 맡았다. 하지만 근처 식료품 가게에서 먹을 만한 걸 찾지 못해 근처 빵집에서 빵을 사가게 되었다. 생각보다 되게 저렴했다. 1kg에 2천5백 원 정도였다. 아싸리! 하면서 3kg을 샀다. 사고 생각해보니까 오늘 점심과 저녁, 내일 아침까지 빵으로 먹는다는 사실이 너무 절망적이었다. 그래도 어쩔 수 없지, 돈을 아껴야 하는 걸….

그렇게 페리를 타고 이동해 대형 버스를 타고, 지프차로 갈아타서 사막 밤길을 달렸다. 너무 낭만적이었다. 별이 하늘에 무수히 떠있고, 우리는 지프차에 앉아 바람을 느끼며, 가 아니라 추위를 느끼며 가는 게 사실 너무 낭만적이라고 생각했다. 비록 다예 모자가 날라 갔지만…ㅋㅋㅋㅋㅋ 도착해서 들어보니 다행히 다음날 아침 식사는 챙겨준다는 소식에 너무나도 기뻤다! 화장실이 남녀 공용이라 조금 당황했지만 컨테이너 같이 생긴 텐트가 생각보다 갬성있어서 매우 만족했다.

마지막 모임을 하려고 생각해 봤는데 문득 이런 생각이 들었다. 이렇게 와이파이도 안 되고, 남의 나라 사막 한 가운데에서. 또 문조차 잠기지 않는 딱 침대 4개만 들어가는 크기인 저 작은 텐트에서 잠을 청하게 될 우리는 무엇도 두렵지 않은 상태이다. 모두가 신났고, 모두가 힘든 상태이지만 다음날 진행하게 될 '와디럼' 사막 투어가 기대되고, 다음날 먹을 아침 식사가 기대된다. 내일, 내일모레, 그리고 그 다음날에 대한 불안함을 가지고 있지 않다. 현재 상황만 생각하고 현재의 문제에만 집중한다. '이곳보다 훨씬 더 안전하고, 깨끗하고. 편안한 한국에선 무엇이 그렇게 두려웠을까?' 라는 질문을 나에게 던지게 됐던 시간이었다. 어쩌면 내가 나의 10년치 계획을 미리 짜놓을 수 있다는 오만함에서 나온 불안함과 두려움이었을 것이다. 여행을 하며 느끼게 된다. 내일 일은 내일 해결하면 된다는 것을!!!! 이건 말로 표현하지 못한다. 그저 느껴야 알 수 있다. 그럼에도 귀국 후, 입시에 치여 내일을 불안해하며 살 내 모습이 그려지지만, 적어도 그 미래의 나는 이 여행을 떠올릴 것이다. 굿나잇!〉

• **다연이의 묵상과 여행**

'여호와의 말씀을 마음에 두지 아니하는 사람'은 하나님을 의도적으로 무시하고 피하는 사람일 것이다. 이미 하나님께서 행하신 재앙들을 겪었음에도 하나님의 존재를 부인하고 그 말씀을 마음에 두지 않았다. 그동안 나도 하나님의 말씀을 의도적으로 부인하지는 않았는지 돌아보았다. 하나님의 말씀을 찾아가서 확인하는 삶을 살아야겠다.

벌써 애중의 이집트를 떠나는 날이 되었다. 오전 7시에 기상을 하고 조식을 먹으러 나왔지만 직원이 없어서 당황했고, 조식이 나오니 더 당황스러웠다. 원래 이집트 사람들은 아침을 이렇게… 먹는 것일까? 오이와 계란과 빵. 살기 위해 볶음 고추장에 빵을 찍어먹었는데 이상한 조합이었지만 역시 고추장의 힘은 대단했다. 고추장 하나에 이토록 행복할 수 있었다니! 묵상을 마치고 드디어 숙소를 탈출했다. 다합 여행사와 연결된 버스 기사는 여권 사본을 만들어야 한다는 핑계로 돈을 뜯어내려 했지만 우리에겐 '진짜로' 돈이 없어서 줄 수도 없는 상황이었다.

우여곡절 끝에 미니버스를 타고 항구로 이동했다. 일단 ATM에서 돈을 뽑고, 페리 티켓을 사러가는 팀과 점심을 먹을 식당을 알아보는 팀, 짐 지키는 팀으로 나누어 움직였다. 나는 점심 먹을 곳을 찾는 팀이었는데 항구 주변이라는 게 믿기지 않을 정도로 주변에 아무것도 없었다. 식당을 포기하고 식료품점에서 뭐라도 사려고 돌아다녀봤지만 가게는 물론 사람도 거의 보이지 않았다. 우연히 빵집을 발견해 그 곳에서 수분이 단

1g도 없는 빵(?)을 3kg 구입했다. 이 빵으로 세끼를 먹는다고 가정하면 한 사람당 한 끼에 150원이었다. 그냥 너무 웃긴 상황이었다. 돈을 아낀 것에 대만족하며 돌아왔다. 근처 편의점에서 음료수를 사고 페리를 타러 갔다. 페리 티켓을 사는 과정에서 갑자기 정전이 되는 등 위기가 있었지만 무사히 탑승할 수 있음에 감사했다.

페리 안에서 빵으로 추정되는 밀가루 덩어리와 페리에서 파는 컵라면을 먹었다. 현지 컵라면 중에 가장 맛있었다. 생각보다 배가 훨씬 커서 멀미도 전혀 없었다. 담배 냄새는 막을 수 없었지만 가는 길에 자서 그 또한 쉽게 견딜 수 있었다. 무사히 '요르단'에 도착!

간단한 입국심사를 하고 예약해둔 버스를 타고 숙소로 출발했다. 중간에 환전도 하고 요르단 돈도 뽑았다. 돈의 단위가 달라지니 새삼 요르단에 온 것이 실감이 났고, 물가가 싼 다합이 그리워졌다. 버스로 요르단 밤길을 달리다가 사막으로 넘어가는 경계에서 지프차로 갈아탔다. 바람을 온 몸으로 한껏 맞으며 지프차가 달리는데 '이렇게 낭만적인 체험을 해본 대한민국 고3이 얼마나 될까?'하며 또 감사했다. 좌우앞뒤 아무것도 보이지 않아 하늘에 떠있는 별이 더 두드러졌다. 덜컹거리는 지프차를 타고 사막 한 가운데에 있는 숙소에 도착했다. 사막 한 가운데에 있음에도 불구하고 쏟아져 내릴 것 같은 별이 우리를 지켜주고 있는 것만 같았다. 두 눈으로 그 모든 별을 다 담을 수 없었다.

숙소는 생각보다 훨씬 좋았다. 천막 안에 침대들이 놓여있었고, 몽골의 게르처럼 공동으로 이용하는 천막이 있었다. 그 공간에서 남은 빵과 과일을 먹으며 오늘 하루를 마무리하며 나눔 시간을 가졌다. 따뜻한 물에 라면스프를 풀어 몸도 녹이니 절로 드는 생각, 이곳이 천국인가..? 갈수록 감사함이 배로 늘어나는 신비로운 여행이다.

• 영훈이의 묵상과 여행

14 내가 이번에는 모든 재앙을 너와 네 신하와 네 백성에게 내려온 천하에 나와 같은 자가 없음을 네가 알게 하리라.

16 내가 너를 세웠음은 나의 능력을 네게 보이고 내 이름이 온 천하에 전파되게 하려 하였음이니라.

주님이 재앙을 계속해서 주시는 이유는 재앙과 심판을 통하여서 세상이 여호와께 속하였다는 사실을 알리기 위함이며, 왕과 왕의 신하들도 여호와 하나님을 두려워하게 될 것을 주님은 원하신 것 같다. 나도 고난이 밀려올 때 '왜 한 번에 밀려올까?'라고 생각할 때가 있었는데 그때마다 내가 주님께 속하게 하시고, 주님의 존재를 인식하며 살아갈 수 있게 하시려고 이렇게 하시는 것이다. 이를 '인지'하며 살아가자!

페리 예약을 하러 왔다. 1,750파운드라는 싼 가격에 예약을 할 수 있어서 좋았다. 사파리 투어 아저씨가 또 사기 치려고…. 밉다 미워. 한국이 그립다…. 벌써 20일 중 9일 이라는 시간이 지나갔다. 하루하루가 길지만, 엄청 빨리 지나간다.

이제 '요르단'으로 간다는 게 믿기지 않을 정도이다. 요르단에 잘 도착하였다. 사실 버스를 타고 가는 지금도 잘 믿기지 않는다. 버스를 타기 전 중국인이 카풀을 해줄 수 있냐고 하니까 안 된다고 기사님이 거절하였다. 태워주지 못한 것에

죄송한 마음이 들었다. 그래도 태준이의 중국어를 볼 수 있어서 좋았다. 태준이가 중국어를 정말 잘한다.

사막을 이뻐하는 우리 친구들을 보고 내가 다 뿌듯하였다. 그런데 사막은 역시 춥다는 것을 알 수 있었다. '와디럼'까지 잘 도착하여서 한숨 덜 수 있어서 너무 좋았다. 여기서 다들 힐링하면서 쉴 수 있었으면 좋겠다. 별이 정말 이쁘다. 밤하늘에 보는 별이 너무 이쁘다. 여기 와서 많은 것을 느끼고, 쉬고, 말씀을 따를 수 있으면 좋겠다.

• **주은이의 묵상과 여행**

여러 가지 재앙을 겪고서도 바로가 다시 완강하게 마음먹는 것이 참 안타까웠다. 그런데 곰곰이 생각해보니 '내가 항상 주님께 순종하겠습니다. 따르겠습니다. 하면서 죄를 다시 짓는 것과 다를 바 없지 않나?'라는 생각이 들었고 주님께 회개하게 되었다.

밤중에 기침이 너무 심해서 잠을 설쳤다. 어제 약을 먹어서 열은 다행히 떨어졌다. 묵상을 하는데 기침이 너무 나서 묵상을 할 수가 없었다. 이게 멈출 수도 없고 하니까 그냥 중간에 탈주 아닌 탈주를 해서 기침을 했는데 그러다보니 묵상이 거의 끝나 있었다. 아침을 먹고 페리를 타는 장소로 택시를 타고 갔는데 컨디션이 계속 너무 안 좋았다ㅠㅠ 그래서 버스에서 내린 후에 ATM기에 가거나 티켓을 알아보거나 먹을거리를 알아보는 그 어떤 팀에도 끼지 않고 대기 장소에 있었는데 조금 서러웠다. 나도 도움을 주고 싶었는데 아무것도 할 수 없고 몸도 힘드니까 심적으로 서러웠던 것 같다. 계속 잠만 잤는데 애들한테 너무 미안하기도 했다. 그래도 티는 안내서 신경 안 쓰게 하려고 많이 노력했다. 어쨌거나 다행히 페리 티켓이 울프사파리에서 했던 것보다 더 쌌다고 한다. 그렇게 우리는 페리를 타러 향했고, 짐을 내려놓은 뒤 페리를 탔다.

페리에서 점심으로 간단하게 라면이랑 빵을 먹었고, 우리는 '요르단'으로 향했다. 또 잠을 잤고, 잠을 자고 일어나

니 도착이라고 했다. 요르단에서 내려서 버스를 타고 '와디럼' 사막으로 향했다. 가는 버스에서도 또 잤다. 와디럼 사막에 도착하니 하늘에 별이 셀 수 없이 박혀있었다. 많은 별을 볼 수 있다는 사실이 날 참 기쁘게 하고, 벅차게 한다.

숙소도 꽤 깔끔해서 마음에 들었다. 모임 하는 장소에는 여러 다과가 준비되어 있었는데 귤이 되게 맛있었다. 지원이의 라면스프를 타 먹고 모임을 한 뒤에 잠에 들었다. 오늘은 정말 잠만 잔 하루였던 것 같다. ㅠ.ㅠ

2023-01-25 (수) / 출애굽기 10장

와디럼 사막투어

- **정연이의 묵상과 여행**

　애굽의 신들을 하나씩 제거하면서 이스라엘 백성이 하나님께 속했음을 보여 주셨다. 하나님께서 이렇게 하신 것은 오직 하나님만이 전지전능하고 뛰어나신 분이라는 것을 깨닫게 하기 위함이라고 느껴졌다. 하나님께서 자신을 드러내시고 강조하시는 이유는 우리가 하나님께 집중하기를 바라시기 때문이라고 생각했고, 그만큼 '나를 사랑 하시는 구나.' 라고 생각했다. 오늘 하루는 힘들 때나 기쁠 때나 하나님께 집중하자.

　아침에 밖으로 나와서 주변을 보니 어제 어두울 때 봤던 사막과는 전혀 다른 풍경이 펼쳐졌다. 영화 '마션'을 와디럼 사막에서 찍었다고 들었는데, 직접 보니까 이해가 되었다. 이곳에서 주는 아침식사에는 어제와 똑같이 삶은 달걀과 오이가 있었지만 누웨이바와는 많이 달랐다. 같이 곁들어 먹을 수 있는 음식이 많았고, 이때부터 입맛이 돌아와서 많이 먹기 시작했다. 숙소에 준비되어있는 달달한 홍차가 식욕을 돋우는 데 큰 도움이 되었다.

　오늘은 어제 탔던 픽업트럭을 타고 하루 동안 지프투어를 다니는 날이다. 사막은 처음이라 더욱 기대가 되

었다. 바닥이 고르지 못해서 속도가 그리 빠르지는 않았지만 트럭 위에 타서 끝이 보이지 않는 사막을 달릴 때 기분이 좋았다. 중간에 점심을 먹고 나머지를 보러 가는 일정이었다. 총 아홉 장소를 돌아다녔고, 대부분 돌산을 오르는 곳이었다. 중간에 높은 지형을 오를 일이 있었는데, 꼭대기에서 너무 부주의하게 있어서 여행 쌤께서 내려오라고 하셨다. 단체 사진을 찍기 위해서 좁은 공간에 모이다보니 더욱 위험했다. 항상 안전에 신경 써야겠다고 느꼈다.

처음에는 이렇게 하루 종일 돌아다니면 지칠 것 같았지만 뒤로 갈수록 멋진 장소로 가서 힘이 났다. 협곡을 갔었는데, 그곳을 빠져나올 때 보였던 협곡의 벽면과 모래

가 엄청 붉게 보여서 예뻤다. 마지막에는 사막 한가운데서 일몰을 보고 가려고 했지만, 해가 질 때까지 기다리기 힘든 사람이 많아서 숙소로 돌아오게 되었다. 도착하고 2시간 정도가 지난 후, 다 같이 밖으로 나와서 요리가 완성되는 장면을 구경했다. 땅 속에 있는 화덕에서 고기 요리를 꺼내는데 정말 맛있어 보였다. 꽤 많이 먹었는데도 음식은 남았다. 중동에 오고 나서부터 평소보다 적게 먹다보니까 위의 용량도 줄어든 것 같다.

오늘 지프투어와 식사는 매우 만족스러웠다. 당분간 오늘 저녁 같은 식사는 하지 못할 것 같다. 어쩌면 여행이 끝날 때까지일지도 모르겠다. 와디럼에서의 마지막 날은 이렇게 마무리되었다.

• **태준이의 묵상과 여행**

　징징대던 모세의 모습이 사라지고 당당한 모습이 보인다. 애초에 주님이 내 뒤에 계시다는 것을 믿고 있다면 당당한 모세의 모습이 옳지 않을까? 하나님께서 내 뒤에 계시다는 것을 믿고 있지만 당당하지 못했던 내 자신에 대해 성찰할 수 있던 말씀이었다.

　개운하게 일어났다. 모일 수 있는 천막에서 아침밥을 주었는데 너무 맛있었다. 오늘 일정은 '와디럼 투어'이다. 아침을 먹고 투어를 하고, 다시 돌아와서 점심을 먹고, 다시 투어를 하러 갔다가 저녁 먹을 때 돌아오는 일정이었다.

　준비를 마친 후 지프차를 탔다. 사막 밖에 없는 풍경을 바라보면서 이런 광야를 걸은 이스라엘 백성들을 생각했었다. 분명 다른 곳을 데려다 주고 있었지만 아까 찾아간 곳이나 지금 보고 있는 곳이 비슷해 보였다. 슬슬 심심해지기 시작한 나는 등반을 했다. 모든 암벽에는 올라가기 편한 길이 있었지만 우리는 길이 없는 곳에서 정상까지 가기로 했다. 액티비티한 것을 좋아하는 나는 엄청 신났다. 자유로웠다.

　점심을 먹으러 돌아왔다. 아침도 맛있게 주었기 때문에 점심 또한 기대가 되었다. 아니나 다를까 점심도 맛있었다. 무엇보다 밥이 있어서 너무 좋았다.

　나갔다 들어왔다. 저녁에는 고기를 해준다고 했다. 아침, 점심 다 맛있었기 때문에 나는 엄청 기대했다. 모일 수 있는 천막에서 저녁을 기다리고 있을 때 허주은이 웃으면서 "저 안경 잃어버렸어요!"라고 하면서 천막으로 들어왔다. 이미 여러 번 갔던 길을 상기시켜 찾아봤는데 못 찾았다고 했다. 아무것도 안 보이는 광야에서 안경을 찾는 것은 가망이 없을 거라 생각하고 저녁을 기다렸다. 요리사님이 닭고기를 해주었다. 소스도 맛있어서 밥도 비벼먹었다. 삼시세끼 든든하고 맛있게 먹어서 하루가 좋았다.

밥을 빨리 먹는 편이라 다른 사람들이 다 먹을 동안 허주은 안경을 찾으러 나갔다. 후레쉬를 켜고 갔는데도 안보였다. 그래서 '나 였으면'이 아니라 '허주은 이었으면' 어떻게 돌아다녔을지 생각하니 찾을 수 있었다. 나 자신이 신기했다.

나눔을 마치고 모임을 하는 천막에 메고 10시까지 랜덤 게임을 했다.

• **다예의 묵상과 여행**

'온 이스라엘이 거주하는 곳에는 빛이 있더라.'라는 구절을 보며 하나님을 피하고 떠나려고 한다고 문제가 해결되지 않는다는 것, 빛 안에 거하는 것이 답이라는 것을 느꼈다. 이곳에서만이라도 간절히 제대로 잡아보자고 다짐했던 것이 기억이 났다. 그런데 지금 나는 닫힌 마음까지도 열어달라고 기적을 바라기만 했다. 어제도 노래와 나의 감정에 잠겨 있곤 했는데 찬양이 나에게 주는 힘이 어떤 것인지는 내가 기억하고 있으니 오늘 하루 동안은 찬양만 들어야겠다.

밤엔 생각보다 추웠다. 아침은 뷔페식이었고 홍차에 우유와 설탕을 넣어 밀크티를 만들어 먹었다. 따뜻하고 부드럽고 맛있었다. 사막이라 반팔을 입고 돌아다녀야 될 줄 알았는데 은근 쌀쌀했다. 지프차를 타고 이곳저곳 이동하면서 설명을 들었다. 암벽 등반하듯 바위를 타고 올라가는 것이 재미있었다. 모래로 된 언덕을 올라갈 때는 체력적으로 힘들었지만 물과 성질이 비슷한 것 같기도 하고 푸딩 같은 느낌이 나서 재미있었다. 모래가 정말 고왔는데 담을 지퍼백을 가지고 오지 않아서 증명사진을 넣어뒀던 비닐에 담아갔다.

사막에서 꽃을 발견했는데 귀한 것일 것 같아 고민하다가 살살 꺾었다. 꽃을 보자 갑자기 기분이 확 좋아졌다. 지프차를 타고 투어를 하는 것이 좋았다. 사실 다 똑같아 보이긴 했지만 신기해서 돌아다니는 모든 곳을 내려서 구경했다. 원래 남의 사진이 폰에 있는 것을 좋아하지 않는데 카메라를 들게 만드는 순간들이 있었다. 해지는

것을 보고 싶었는데 추위서 그냥 들어왔고 또 찬물로 씻었다. 오늘 찬양을 들을 수 있는 시간이 거의 없었다.

  나는 생각을 해야 뭔가를 느낄 수 있는 건가 싶었다. '요르단 와디럼'에 소명 친구들과 함께 와 있다는 것을 찬찬히 생각했다. 모든 것이 확 실감이 나면서 주변 풍경이 눈에 들어왔다. 말이 되지 않는 순간을 지나고 있는 것 같다. 또 생각을 하던 중 '나는 자연의 다채로움을 아름답게 여기는 것 같다.'는 생각이 들었다.

  별 사진을 찍고 있다는 이야기를 듣고 밖으로 나갔다. 여러 장을 찍고 다시 들어왔다. 별들이 와 닿지 않게 예뻤다.

• 지원이의 묵상과 여행

"장정들만 가라!"라고 했다가, "양, 소 빼고 어린아이들만 함께 가라!"라고 말을 바꾸는 바로의 모습. 죄된 모습을 끊어내지 못하는 바로의 모습을 볼 수 있었다. 바로는 하나님이 계속 치셨음에도 불구하고 자신의 욕심을 내려놓지 못했다. 내가 '아 이 정돈 괜찮겠지, 이거까진 괜찮지 않을까?' 이런 식으로 타협해왔던 지난날들이 생각났다. 오늘 하루는 타협하지 않기! 예를 들면 말씀을 소홀히 하는 것에 대한 타협, 내 기분대로 행하는 것. 모두 죄와 타협하는 모습 아닐까?!? 오늘은 절대 타협하지 말아야겠다! 오늘의 인상 깊었던 묵상은, 기대 쌤의 묵상이었다. 하나님의 아래에 세워진 리더(모세)와 이스라엘 백성들의 모습과 하나님께 반하는 리더와 그의 신하들. 잘못된 리더를 만나 고생하는 백성들. 나의 신앙이 바로 서는 것이 나에게만 영향을 미치는 게 아니라 주변 사람들까지도 영향을 미칠 것이다.

오늘의 묵상 주제 찬양은 '하나님의 세계'였다. 온전한 자연 모습인 사막 탓에 이 찬양이 내 머릿속에 하루 종일 맴돌았던 기억이 제일 많이 난다. 오늘은 '와디럼 투어'를 했다. 사실 너무나도 힘들었다. 초반엔 돌을 오르는 게 재미있었다. 모래도 곱고, 색깔도 빨간색으로 특이해서 계속 오르다가, 나중엔 지쳐서 모두가 올라갈 때 지프차에 남아있었다. 사실 계속 집에 가고 싶다는 생각을 하는 내 자신이 너무 별로였다. 컨디션도, 마음도 온전치 않은 탓에 여행을 200% 즐기고 싶은 마음 탓인지 100%조차도 못 즐기는 내 자신이 조금 초라하고 한심하게 느껴졌다. 지프차를 타고 바람을 느끼며 계속 흥얼거렸던 노래, 하나님의 세계 가사. "참 아름다워라 주님의 세계는, 주 찬송하는 듯 저 맑은 새소리 내 아버지의 지으신 그 솜씨 깊도다" 하나님이 보여주고 싶으셨

던 것은 단순히 신기한 저 사막과 별이 아니라, 하나님의 손길이었다. 이렇게 큰 하나님이, 저렇게 큰 돌과 끝없는 모래사막, 끝없는 별을 지으셨다고, 그런 하나님이 항상 동행한다는 것을 보여주고 싶으셨던 것 같다. 이동하는 동안 하나님을 묵상할 수 있었다. 너무 소중했고 뜻깊은 시간이었다.

오늘 묵상의 적용 점은 '타협하지 않기!'였다. 사실 이 여행의 며칠 동안은 예민해진 내 자신과의 싸움이었다. 상황이 상황인지라 평소보다 더욱 예민해졌지만, 그걸 핑계로 단체 생활에 지장을 줄 수 없으니, 예민하고 감정적인 생각들이 자꾸만 드는 내 자신과의 싸움이었다. 그래서 더욱 내 기분대로 행하지 않는 게, 죄와 타협하지 않는 것이라고 생각했다. 쉽진 않았지만! 그래도 이런 과정에서 분명히 얻은 게 있으리라 믿는다. 또한 이런 생각이 들었다. '행복'만 고집하는 내 자신을 성찰 할 수 있었던 시간이었다. 알면서도 모른 체 했던, 편하게만 살려고 했던 내 자신의 모습을 마주하고 있는 여행이라고 생각한다.

• **다연이의 묵상과 여행**

　아이들과 가축은 데려가면 안 된다고 했다가 다음 재앙이 지나자 가축만이라도 남겨두려고 한 바로의 모습을 보며 힘든 순간에는 하나님께 모든 것을 맡기겠다고 기도하다가 고난이 끝나면 하나라도 남기려고 하는 나의 모습을 봤다. 이것만큼은 놓을 수 없다며 끝까지 내가 가지고 있으려했던 것들이 있다. 특히 두려움, 불안감을 놓지 못했다. 돌아보면 하나님 앞에서 내려놓지 못할 것이 무엇인가? 크신 하나님을 느끼고 경험하며 기억하자.

　사막에서의 아침이 밝았다! 아침에 일어나 본 풍경은 상상 이상으로 아무것도 없었다. 오직 사막. 영화 '마션' 촬영지답게 이곳이 화성이라고 해도 믿을 수 있는 환경이었다. 숙소에서 준비해준 아침을 먹으러 갔는데 이럴 수가, 뷔페식이었다! 물론 메뉴가 다양하지는 않았지만 어제와 비교하면 엄청 호화로운 아침식사였다. 모든 순간 행복하다는 생각이 나를 지배하고 있다. 중간에 친구들과 '행복'에 대해 나눴는데 행복의 정의는 무엇이며, 무엇을 행복이라고 칭할 수 있는지 생각해보게 되었다. 사실 여전히 완벽한 정의는 내리지 못했지만 이 순간에 드는 감정을 표현할 말은 단지 '행복' 그 자체라는 것은 확실했다.

　드디어 본격적인 지프차 투어가 시작됐다. '와디럼'의 유명 명소를 지프차를 타고 투어 했는데 솔직히 전부 비슷해보였지만 그래도 재밌고 신기

했다. 인생에서 붉은 사막 한 가운데를 누비는 일은 이번이 처음이자 마지막이 될 것 같았기에 전부 내 눈에 담아두고 싶었다. 나에게 주어진 이 순간을 최선을 다해 누렸다. 감사하게도 컨디션이 괜찮아서 모든 투어에 적극적으로 참여할 수 있었다. 평소 체력이 안 좋기로 유명한 나인데 7인 7색에서는 아프지도 않고 활발한 게 나도 신기했다. 끝이 없이 펼쳐진 사막을 보고 하나님께서 얼마나 큰 분이신지를 몸소 느꼈다. 크신 하나님이 함께하시므로 두려울 것이 없다는 말이 온 몸으로 와 닿는 순간이었다. 저녁도 맛있었다. 고기를 먹을 수 있었던 것도 좋았지만 무엇보다 '밥'이 너무 맛있었다. 한국인은 밥심이지!

나눔 이후 여행 쌤, 기대 쌤과 함께 신앙에 대한 이야기를 할 수 있었다. 구원에 대한 확신이 부족한 나의 신앙 상태를 고백하고, 천국 소망을 가지는 것이 무슨 의미인지 여쭤봤다. 많은 이야기를 나누었지만 우리가 이 땅에서 '작은 천국'을 이루어가는 연습을 해야 한다는 점이 가장 인상 깊었다. 천국을 아주 먼 곳에 있다고 생각해왔는데 내가 나의 삶으로 작은 천국을 만들어가는 역할을 맡았음에 사명감을 느꼈다. 이제 더 이상 모른다고 회피하지 않고 '천국'에 대한 소망을 품게 해달라는 기도를 시작해야 할 때라고 알려주시는 것 같았다.

씻고 나오니 하늘에 별이 엄청났다. 여행 쌤 카메라로 별 사진을 찍었는데 내 눈으로 보는 것보다 훨씬 많은 별이 찍혔다. 별이 이보다 더 많을 수 없다고 생각할 정도로 많았는데 내 눈으로 보는 것은 빙산의 일각임을 깨달았다. 오늘 하루, 유독 '크신 하나님'을 깨닫게 하신다.

• 영훈이의 묵상과 여행

12 여호와께서 모세에게 이르시되 이집트 땅 위에 네 손을 내밀어 메뚜기를 이집트 땅에 올라오게 하여 우박에 상하지 아니한 밭의 모든 채소를 먹게 하라.

사실 다른 방법으로도 주님이 얼마나 대단한 존재이신지 알게 하실 수 있을 텐데 왜 고난과 재앙으로 주님을 기억하고 인지하게 하신 것일까? 사람은 강하게 말을 해야 인지하고 꼭 화를 내야 잘 알아듣는 존재이기 때문인 걸까? 주님도 여러 방법으로 시도 하셨을 때 이 방법이 제일 잘 통하는 것을 아신 것 같다. 나에게 주님이 화내시고 재앙을 주시기 전에 주님 말씀을 순종하고 따라야겠다. 오늘 말씀을 통해 와디럼 투어를 하면서 내게 어떤 말씀을 하시고, 어떤 것을 깨닫게 해주실지 귀 기울이겠다.

오늘은 걷기만 하고 풍경은 비슷해 보였다. 그래도 위험한 길 걷는 동안 아무도 다치지 않을 수 있음에 감사하고, 높은 곳에서 장난을 친 것은 아니지만 밑에서는 너무 위험해 보였기에 놀라셨던 선생님들께 죄송하다. 분명 연습할 때는 잘 맞았는데 아쉽다.

컨디션이 많이 안 좋다 보니까 먼저 나서서 돕는 것이 쉽지 않았다. 그 점이 너무나도 아쉬웠다. 아프더라도 남을 생각해서 한 발짝 먼저 나서서 도움을 주고 싶다. 남을

언제든지 돕고 싶다. "얼른 회복해서 네가 한발 앞장서서 도움을 주어라."라는 말씀을 나에게 주신 것 같다. 이제부터 목표는 한걸음 먼저 나아가 친구를 돕고, 먼저 나서서 무슨 문제든지 해결해 나아가고 싶다.

• **주은이의 묵상과 여행**

　피조물들을 이용해 재앙을 내리시는 모습을 보며 하나님이 이 세상의 주인이심을, 이 세상 피조물들의 창조주이심을 다시 한 번 알게 되었고, 이번 여행 동안 주님의 창조물들을 묵상해야겠다는 생각을 했다.

　오늘은 사막투어를 한다. 7시 반에 일어나서 아침밥을 먹었는데 어제와는 조금 비슷하긴 했지만 훨씬 풍족한 아침식사를 제공해주었다. 무려 뷔페식! 너무 맛있었다. 아침을 먹고 나와서 사막투어를 시작했다.

　어제 그 지프차를 탔는데 위에 올라가서 타는 건 처음이었다. 선글라스를 쓰고 선크림도 바르고 출발했다. '와디럼 사막'을 가로지르며 가는데 광활한 사막과 불어오는 바람이 내 가슴을 두근거리게 했다. 설레는 마음으로 사막 이 곳 저 곳을 투어 했다. '마션' 촬영지라더니 정말 화성 속에 있는 것 같았다. 인생 처음으로 온 사막이었는데 너무도 아름다웠다.

　중간에 점심도 먹었는데 아침보다 좀 더 발전한 밥이었다. 밥도 나오고 고기도 나왔는데 내가 가져온 맛다시를 몇몇 친구들과 나눠먹었다. 그저 밥에 고추장을 비벼

먹는 거였는데 한국에서라면 절대 먹지 않았을 법한 고추장 밥이 이곳에서는 너무 감동적이었다. 아무튼 다시 점심을 먹고 투어를 시작했다. 투어한 사막들은 대체로 암벽등반(?)처럼 올라가는 곳이 많았는데 난 조금 컨디션이 좋지 않아서 체력이 많이 딸렸다. 그래서 두 번 정도는 차에 있었다. 아 그 두 번 중 한 번은 지원이랑 돌탑을 쌓았다. 진짜 평평한 돌들이 많아서 쌓기가 좋았다. 사막 이곳저곳을 돌아다니다가 어느 브릿지에 갔는데 남자애들이 올라가서 포즈를 취하려다가 조금 휘청였다. 순간 조마조마했는데 여행 선생님께서도 철렁하셨는지 바로 내려오라고 하셨다. 순간 긴장했다. 그 후로 일몰까지 보는 것이 우리의 목표였지만 너무 춥고 생각보다 이쁘지 않을 것 같다는 얘기에 다함께 의견을 조율해서 숙소

로 가기로 했다. 돌아오면서 너무도 아름다운 사막이었다고 생각했다. 정말 하나님은 참 대단하시다는 생각이 들었다. 어제는 몸이 좋지 않아 묵상을 제대로 하지 못했는데 다행히 오늘은 자연을 묵상할 수 있었다. 돌아와서 씻는 순서  를 정하고 씻었다. 샤워를 하고 싶었는데 물이 너무 차갑다고 해서 포기했다. 그래서 세면대에서 머리만 감았다. 다 끝내고 지원이랑 둘이서 가는데 안경이 떨궈졌다. 그걸 숙소에서 알았는데 도저히 보이지 않았다. 그래도 일단 밥을 먹어야 했기에 선글라스를 끼고 갔다. ㅋㅋㅋㅋㅋㅋ 좀 민망했다. ㅋㅋㅋㅋ 안경을 잃어버린 슬픔보다 부끄러움이 조금 더 컸다.

　오늘 저녁은 지열로 구운 고기인데 밥이 또 나와서 맛다시를 한 팩 더 먹었다. 감격스러웠다. 저녁을 먹는데 김태준이 안경을 찾아줬다!! 짱 고마웠다. 안경 못 찾을까  봐 내심 고민했는데 말이다. 밥을 먹은 후 좀 있다가 저녁 모임을 하는데 영훈이가 물갈이에 장염까지 겹쳐서 아프다고 한다. 물갈이에 장염..! 이라니 생각만 해도 고통스럽다ㅠ.ㅠ 울프사파리에게 뒷통수를 맞았던 것이 충격이 컸나보다ㅠㅠ 약도 안 챙겨왔고 해줄 수 없는 게 없어서 기도라도 열심히 해야겠다고 생각했다!

　모임을 끝낸 후 양치를 하고 자려는데 여행 쌤과 영훈이가 사진을 찍고 있었다. 별과 함께 찍은 사진이었는데 너무 예뻤다. 침낭에 있던 다예도 데려와서 사진을 찍고 학년 샷, 여자애들 샷도 찍었다. 눕고 보니 11시여서 슬프긴 했지만 그래도 재밌고 행복했던 하루였다.

2023-01-26 (목) / 출애굽기 11장
페트라의 도시 와디무사로

- **정연이의 묵상과 여행**

　나는 예전에 하나님께서 애굽에 점점 더 큰 재앙을 내리시는 이유는 '바로가 굴복하지 않았기 때문'이라고 생각했던 적이 있었다. 그런데 알고 보니 10가지 재앙은 처음부터 하나님께서 완벽하게 계획하신 것이라는 것을 알고 나서는 하나님의 주관하심 아래 속하지 않은 것이 없음을 느낄 수 있었다. 이를 통해 하나님은 내가 행동함에 따라 계획을 수정하시는 분이 아니라 하나님의 가장 좋은 계획하심에 나를 부르시는 분이라는 것을 알게 되었다. 나는 오늘 읽은 출애굽기 11장 1절 말씀을 통해서 하나님과 함께하는 인생을 열심히 살아가야함을 묵상했다.

　오늘은 와디럼을 떠나 '와디무사'로 가는 날이다. 와디무사는 세계 7대 불가사의 중 하나인 '페트라'와 가까이 있는 마을이다. 와디럼 첫 날에 왔던 것처럼 트럭을 타다가 버스로 갈아탔다. 약 3시간 정도가 걸려서 와디무사에 도착했다. 이곳부터 내가 담당한 지역이라서 긴장됐다. 숙소 체크인까지 하고 점심 먹을 곳을 알아본 뒤 그곳으로 출발했다.

　올 때는 정신이 없어서 몰랐지만 동네가 한적하니 걷기 좋았다. 점심을 먹기 위해 식당에 도착하고 메뉴판을 보니 확실히 이집트보다 물가가 비쌌다. 우리는 와디무사 숙소에 도착하고 나서, 식사마다 평균적으로 얼마를 사용하면 될지 계산했다. 그에

맞춰서 샌드위치를 주문했는데 한국의 밑반찬처럼 사이드 디시들이 먼저 나오길래 비용을 지불해야 하는 것인지 의심스러웠다. 직원한테 물어보니 다행히 무료라고 해서 안심할 수 있었다. 게다가 식사 후에 디저트와 차도 나왔다. 이집트에서는 경험하지 못했던 호의에 놀랐다.

　같은 방을 쓰는 태준, 영훈이와 숙소에서 카드

게임을 하면서 쉬고 있다가 감자, 당근, 양파, 달걀, 통조림 햄, 그리고 과일을 사러 나갔다. 당근은 아무리 찾아봐도 팔지 않아서 나머지 재료들만 샀다. 그리고 나서 우리는 오렌지를 사러 과일 트럭 옆에 있었고, 이틀 전에 태준이와 대화했던 중국인을 다시 마주쳐서 인사했다.

숙소에 와서는 저녁 요리를 누가할지 정해야 했는데, 내가 지목 당해서 맡게 되었다. 다들 내가 요리를 잘하는 줄 알고 있었는데 나는 요리를 자주 하지도 않고, 지금까지 해본 것들은 유튜브를 보며 하나하나 따라한 것 뿐이었다. 그래도 경험이 아예 없는 것은 아니었으므로 기쁜 마음으로 준비하기로 했다. 그런데 숙소 주방을 사용할 때 한 가지 아쉬웠던 점은 한번에 2명씩만 들어갈 수 있게 해줬던 것이었다. 어쩔 수 없었지만 덕분에 준비하는

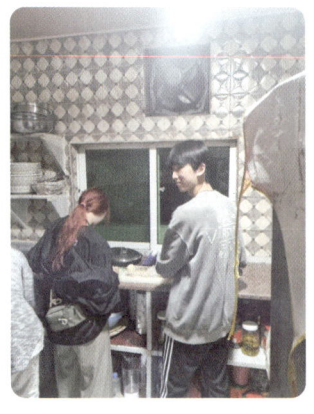

데 시간이 꽤 걸렸다. 저녁 9시 30분이 다 되서야 마무리할 수 있었다. 같이 요리를 해주신 박하원 선배께 감사하다.

저녁 식사를 맛있게 한 뒤, 오렌지와 석류를 먹으면서 마무리 모임을 했다. 이번에는 숙소에서 만난 또 다른 한국 분과 모임을 함께했다. 교회에 다니시는 분은 아니지만 제안을 흔쾌히 수락하셨다. 그분은 오늘도 페트라에 갔다 오셨고, 내일도 갈 예정이라고 하셨다. 이틀에 걸쳐 둘러보는 사람들도 많은 것 같다. 모임을 마치고 나서 각자 방으로 흩어졌다. 드디어 내가 조사한 곳을 갈 생각에 떨리면서도 기대가 된다.

• **태준이의 묵상과 여행**

주님께서 장자가 죽지 않도록 하기 위한 방법을 알려주셨다. 그리고 그것이 애굽 사람과 이스라엘 사람을 구별하는 것이라고 하셨다. 나는 지금 그리스도인으로서 구별된 삶을 살고 있을까?

벌써 여행의 반절이 지났다니! 버스는 '와디무사'에 도착했다. 숙소에 짐을 정리하고 우리는 모여서 역할 분담을 했다. 나, 주은, 지원은 ATM에서 돈을 인출해오기로 했다. 버스를 타고 있을 때는 몰랐지만 여유롭게 걸으면서 와디무사를 보니 한적하고 뭔가 중동 느와르 영화에 나올 듯한 느낌이었다. ATM에서 돈을 뽑고 있을 때 아이 손을 잡고 온 아주머니가 찾아왔다. 계속 생각이 난다.

식당을 찾아보고 숙소로 돌아왔다. 우리는 햄버거 집으로 가기로 했다. 사장님은 우리가 들어가니 환하게 반겨주셨다. 이후 우리가 메뉴를 시키고 기다리고 있을 때 얼굴만한 햄버거가 나왔다. 평소 많이 먹는 내게는 너무 기분이 좋은 햄버거 사이즈

였다. 햄버거 양이 많은 것을 보고 기분이 좋았는데 맛도 있었다. 완벽했다. 남은 햄버거까지 먹었다. 그동안 강제 다이어트를 하고 있었는데 와디럼에서도 그렇고 와디무사에서도 든든하게 먹으니 힘이 났다.

숙소에 돌아와서 예루살렘에 대해 더 깊이 조사했다. 위험한 지역인지라 계속 긴장이 되었다. 이후 영혼, 정연이와 방에서 같이 놀면서 시간을 보냈다.

우리가 예약한 숙소의 1층은 공용

으로 쓸 수 있는 공간이 있었다. 앉아서 이야기할 수 있는 공간이 있었고, 공용 주방도 있어서 오늘은 요리를 해먹기로 했다. 원래는 요게벳 쌤, 하원 선배, 정연이와 내가 같이 하려고 했지만 관계자분이 두 명만 들어가야 한다고 해서 정연이와 하원 선배가 저녁을 요리하기로 했다.

음식을 기다리는 동안 나는 1층에서 여행 쌤과 앉아서 이야기 하고 있었는데 한국 분을 만났다. 여기서도 한국 분을 만나 반가웠다. 저녁이 되기까지 한국 분의 이야기를 들었다. 그분도 다합 때 봤던 분과 똑같이 26살이었는데 여행 쌤께서도 26살 때 여행을 했다며 이 시기가 세계여행하기 좋은 시기라고 말씀해주셨다. 이로 인해 내 버킷리스트에 26살에 '세계 여행하기'가 추가되었다.

이후 정연이와 하원 선배가 만든 오므라이스가 나왔다. 맛있었는데 정연이의 얼굴에 뿌듯함 사이에 피곤함이 보였다. 정말 맛있었다. 한국 분도 우리와 같이 식사를 하고 나눔까지 같이 하셨다. 이제 잔다.

• **다예의 묵상과 여행**

하나님께서는 이스라엘 백성에게 은혜를 받게 하시고, 모세를 위대하게 보이게 하시는 분이다. 이것을 기억하며 다시 묵상해 봐야겠다.

'와디무사'로 간다. 이곳 풍경은 어딘가 익숙했다. 점심은 큰 핫도그였는데 디저트도 나오고 서비스가 좋았다. 숙소의 욕실은 지금까지의 샤워 시설 중 가장 좋았다. 밖으로 나가고 싶지 않은 따뜻함과 포근함이었다. 아래에서 요리를 할 동안 우리는 계속 쉬었다. 밤에 저녁을 먹었는데  한국 분을 만나 볶음밥을 같이 먹었다. 오렌지와 석류도 맛있었다.

11학년이 같이 찍은 와디럼의 별 사진을 보는데 소명에서 느끼던 공동체에 대한 마음이 회복되는 느낌이 들었다. 다 같이 둘러앉아 마무리 모임을 할 때 이것을 나누었다.

• **지원이의 묵상과 여행**

바로가 이스라엘 백성들을 쫓아낸다는 의미가, 하나님을 인정하고 자신의 고집을 꺾은 후에야 보내는 것이 아니라, 그냥 자신의 고집에 못 이겨서 이스라엘을 보내준다는 얘기로밖에 안 들린다. 나는 그러고 싶지 않다는 생각이 든다. 또한 바로의 신하들이 모세를 위대하게 보는 것이 되게 안타까웠다. 하나님과 함께하는 이들의 모습, 함께하지 않는 이들의 모습은 정말 상반돼 보였다. 지금 세상에선 눈에 띄게 다르게 보이진 않겠지만, 심지어는 세상 것이 더 좋아 보이겠지만, 그럼에도 진짜가 무엇인지 구별할 수 있는 눈과 지혜를 가져야 한다. 오늘의 적용 점은 하나님과 오래오래 많이많이 함께하기! 내고집이 생길 때 '말씀을 한 번이라도 더 보고 하나님께 내려놓기'이다.

오늘은 '와디무사'로 이동하는 시간을 가졌다. 이런 게 바로 힐링인가 싶었다. 도착해서 발렌타인 숙소에 짐을 풀고, 밥을 먹으러 나섰다. 싼값에 모두 햄버거를 시켜서 1인당 5천원 쯤으로 밥을 먹었다. 공짜로 반찬도 되게 많이 주고, 식후 티와 코코넛푸딩 같은 것도 공짜로 주었다. 공짜 공짜 하니까 조금 없어 보이지만… 여행 중반쯤 오니, 돈을 아껴 써야 한다는 생각에 "Is it free?"만 몇 번은 외쳤던 것 같아 조금 부끄럽긴 했다. 그래도 우린 배낭 여행자니까! 어쩔 수 없다. ㅋㅋㅋㅋㅋ 처음으로 반찬을 공짜로 주는 곳을 찾아서 기뻤고, 촌놈들처럼 Free라는 말에 엄청 좋아했다…. 휴 그래도 끝까지 웃으면서 대해주셨던 주인 분에게 참 고맙다,,ㅎㅎ

그렇게 식사 후 숙소로 들어와서 긴긴 휴식을 취했다. 선배들이 남은 밥으로 오므라이스를 해먹자고 제안해서 김정연과 박하원 선배의 요리로 오므라이스를 먹었다!! 사실 같은 숙소에서 한국인 배낭 여행자를 만나서 함께 모임도 했다. 오늘은 정말 예상치 못한 선물을 많이 받았다.

사실 나에게 있어서 제일 인상 깊었던 일은 따

로 있었다. 오늘!!!!!!! 아빠에게 카톡으로 사과문자가 왔다. 어쩜 말 몇 마디가 사람의 기분을 오락가락 하게 만들 수 있는지, 허무함과 기쁨, 그리고 안도감이 한 번에 몰려왔다. 하나님께 무한 감사했다! 진짜 처음 겪어보는 일에, 내가 해외에 있으니 훨씬 더 불안했는데, 잘 해결됐음에 너무나도 행복했다! 아빠가 이 책을 읽으면 민망하시겠지만, 만약 읽었다면 내가 많이 사랑한다는 말로 알아들어주시길! ㅋㅋㅋㅋㅋㅋ 어찌됐든 오늘 하루는 선물과

도 같은 하루였다. 엄청난 선물이었고, 엄청난 위로의 하루였다.

　마지막 모임은 무교이신 한 남성 배낭 여행자분과 함께했다. 그 분도 나눔을 잠깐 해주셨다. "아침에 늦잠을 자는 바람에 하루 계획이 틀어져서 기분이 불쾌했던 참에, 어떤 가게에서 음식 하나를 들고 하늘을 봤는데, 음식이 너무 맛있음에, 하늘이 너무 이쁨에 위로를 받고, 불쾌했던 기분이 이 사소함으로 행복해짐에 감사했다."고 하셨다. 나는 사실 궁금했다. 하나님을 믿지 않는 사람들은 무엇에 감사할까? 만물에? 그냥 하늘에? 아니면 그냥 대상이 없는 감사함일까? 궁금했지만 소심한 나는 물어볼 수 없었다.. ㅎ 어찌됐든 여행을 마저 하면서 그분이, '저 고딩들은 입시를 앞두고 여기를 무엇을 하러 왔을까?'라는 생각을 조금이라도 해보셨으면 하는 바람이다!

• 다연이의 묵상과 여행

오늘 묵상에서는 '구별'하시는 하나님을 발견했다. 하나님께서는 나를 하나님의 자녀로 구별하셨을까? 나는 하나님의 자녀로서 구별된 삶을 살고 있는가? 이 두 가지 질문으로 오늘 하루를 살아갈 것이다.

오늘은 와디럼에서 '와디무사'로 이동하고 휴식하는 일정이었다. 광활한 붉은 사막을 뒤로하고 '페트라'로 향하는 길은 매우 고됐다. 그동안 탔던 이동수단 중 가장 넓은 버스를 탔지만 꼬부랑 길이라 모두 멀미에 시달렸다. 그럼에도 안전하게 도착하고 식사를 하러 갔다. 와디럼에서는 사막에 덩그러니 놓여있어 물가를 알기 어려웠는데 시내로 나오니 이집트에 비해 훨씬 비싼 물가를 실감했다. 그 중에서 저렴한 식당을 찾아 들어갔다. 또! 샌드위치를 먹을 수밖에 없었다. 여행 쌤께서는 샌드위치로 한 끼 식사가 되겠냐며 걱정하셨지만 그 걱정은 곧 증발했다. 시킨 메뉴뿐만 아니라 빵과 밑반찬들이 기본으로 나왔고, 시킨 샌드위치도 엄청 컸다! 가격 대비 푸짐한 양이라 놀랐고, 예상하지 못한 맛과 양에 더 감사했다. 마지막으로 디저트까지! 뭔가 코스 요리를 먹은 기분이라 기뻤다. 내일 아침으로 먹을 식량을 구입한 뒤 숙소로 돌아왔다.

저녁은 12학년 선배들이 먹은 식당에서 밥이 엄청 남아서 그 밥으로 함께 오므라

이스를 해먹기로 했다. 나는 재료들을 사왔다. 감자, 양파, 햄, 계란, 케찹을 사러 여기저기 돌아다녔다. 채소를 파는 가게가 없어 좀 당황했지만 채소와 과일을 파는 트럭을 발견해서 싼 값에 잘 구입할 수 있었다. 숙소로 돌아와서는 씻고 잤다! 침낭 속에 들어가 찬양

을 들으면서 잤는데 새로운 환경임에도 불구하고 온전한 평안함을 경험했다. '이런 곳에서도 평안함을 주시는 하나님이 나와 함께 하시는데 나는 그동안 왜 더 안전한 환경에 있으면서도 불안했을까?' 나의 힘으로는 이룰 수 없는 평안을 주시는 하나님을 경험했다.

자고 일어나니 저녁 식사가 완성되었다. 섬겨준 하원 선배와 김정연에게 너무 고마웠다. 김치가 없는데 김치 볶음밥 맛이 나는 고향의 맛… 너무 행복했다. 혼자 세계여행 중이신 한국 분을 만나 저녁과 과일을 함께 나누고 마무리 나눔 모임도 함께 했다. 나눔 모임을 하면서 그 분께서는 우리의 나눔과 묵상을 어떻게 생각하실까 궁금했다. 다른 분들의 나눔을 들으면서도 비기독교이신 분을 의식하게 되는 나를 보며 만약 이렇게 단체로 함께하지 않고 나 혼자 있었다면 지금처럼 복음을 당당하게 이야기하고 나눌 수 있었을지 스스로를 돌아봤다. 아직 나의 신앙이 많이 부족하다는 걸 느꼈다. 하나님의 말씀에 대해 묵상한 내용을 담대히 전하고 한 치의 주저함 없이 복음을 힘 있게 나누시는 분들을 보며 세상의 빛으로 살아가기 위해서는 나부터 복음을 제대로 알아야 하고 확신이 가득해야 한다. 지금의 나처럼 세상의 사람들이 우리를 어떻게 바라볼지 눈치보고 걱정하는 게 아니라 우리의 삶을 통해 하나님을 드러내고 새로 만난 인연에게 믿음의 씨앗을 심는 마음을 가져야 함을 느꼈다. 오늘 하루도 감사♡

• 영훈이의 묵상과 여행

'나는 세상과 하나님의 세계를 구별할 줄 아는가? 나는 하나님 자녀인 것에 감사하는 삶을 살고 있는가?'라는 의문이 들었는데 이 의문들을 계속해서 생각해봐도 대답은 '아니오'밖에 없는 것 같다. 세상의 것이 너무 좋고, 하나님을 필요할 때만 찾는 것 같다. 그래서 나는 세상의 자녀인지, 하나님의 자녀인지 확실하게 선을 긋고 하나님의 자녀임에 감사하고, 내가 하나님 세계를 알리는 빛이 될 수 있기를 원한다. 모든 삶 속에서 가는 발걸음마다 하나님의 세계를 알리고, 빛으로 비추는 사람이 되고, 하나님이 항상 내 곁에 계심을 알고, 항상 찾고, 기쁘고 슬플 때마다 찾는 하나님의 자녀가 되고 싶다. 오늘 하루 적용 점은 주님을 한 번 이상 찾아 하나님의 자녀로 조금씩 다가가고 싶다.

여행 쌤이 "우리 삶 가운데 어떤 것이 무섭고 두려우십니까?"라고 말씀하셨는데 우리는 하나님의 자녀로서 두렵고 힘들어 할 것이 없다는 생각을 하게 되었다. 정말 하나님의 자녀라면 두려운 것 없고 구원받은 백성임을 알고 기억하며 하루하루를 살 수 있을 것이다. 나에게 순간순간 하시는 말씀이 무엇인지 생각해봐야겠다. 하루하루를 바쁘게 보내고 '못 들었어요, 죄송해요.'가 아닌 내가 먼저 여쭤보고, 오늘은 어떤 말씀 주시는지 생각하며 주님과 대화하며 살아가고 싶다.

버스를 타고 가면서 '어두운 날 다 지나고' 찬양을 들으면서 갔다. 가사 중에 "우리 가는 이 길 세상이 미련하다 해도 우리는 주가 보여주신 그 한 소망 있으니 어둠의 조각조차 그곳에 발 들이지 못해"라는 가사를 묵상했는데 세상이 보기엔 우리가 세상의 것을 안 따르면 이상하다고 생각 할 수 있지만 우리는 주님이 보여주신 그 한 소망이 있기에 전혀 두렵거나 이상하다는 생각이 들지 않을 수 있다고 생각한다. 세상은 세상의 것이 바르다고 말하지만, 우리는 하나님 세계 안에서 뚝심 있게 살아갈 용기와 깨달음이 있어야 한다.

오늘은 휴식의 날이어서 정말 휴식에 집중한 것 같아서 너무 좋았다. 그리고 한국 분을 만났다! 그 분은 인도, 사우디, 태국, 요르단 이런 식으로 여행을 했다고 하셨다. 한국 분을 만날 때마다 너무 행복하다~! 그리고 축구를 좋아하신다는 것에 두 번째 행복을 느꼈다! 이게 나에게는 너무 큰 행복이다. 모르는 한국 분과 타지에서 축구 이야기하기. 그리고 축구 직관하러 가신다는데 너무 부럽다. 인스타도 맞팔 했으니 이야기를 자주 보고 축구를 대신 보는 느낌을 받고 싶다.

• 주은이의 묵상과 여행

몇 번이고 몇 번이고 시도했지만 모세는 항상 이스라엘 백성을 데리고 나갈 수 없었다. 주님께서는 계획하셨다고 했지만 모세도 주님을 의심하는 순간이 있었을 것이다. 하지만 결국 '주님께서 이루신 것처럼 주님의 크신 계획이 항상 나를 비춘다는 사실을 잊지 않아야겠다.'는 다짐을 하게 된 묵상이었다.

오늘은 이동을 하는 날이다. 아침을 먹고 짐을 준비한 다음 지프차를 타고 마을에 가서 버스를 탔다. 발렌타인이라는 숙소에 가서 하룻밤을 묵게 되었다. 숙소는 괜찮았는데 담배 냄새가 좀 났다. 아무튼 도착한 후 1층에 카페테리아 같은 데에서 있었는데 차를 주셨다. 너무 써서 설탕을 다섯 스푼을 넣었다. 그제야 맛이 괜찮았다.

점심 먹을 곳을 알아보다가 지원이랑 태준이랑 가서 돈을 뽑아오기로 했다. 수수료가 거의 없는 ATM에 가서 300디나르를 뽑았고 오는 길에 식당 몇 군데를 들러서 먹을 곳을 알아봤다. 다시 돌아와서 우리가 알아본 식당 중 한 곳으로 갔는데 후식까지 나오는 혜자(풍성함)인 곳이었다. 돌아와서 숙소에서 계속 쉬었다.

선배들이 함께 오므라이스를 해먹지 않겠냐고 권유하셔서 채소를 사와서 정연이랑 하원 선배가 오므라이스를 만들어주셨다. "정연킴! 드디어 요리 실력을 드러내는구나!"하구 우리는 너무 기뻤다! 오므라이스를 만드는 그 동안 우리는 방에서 쉬고 있었다. ㅋㅋㅋㅋ 9시쯤에 다 됐다고 해서 내려가서 오므라이스를 먹었다. 진짜 너무 맛있었다. 한국의 맛이 느껴졌다. 그것도 오므라이스한테서.. 여기 음식은 기후 때문인지 되게 자극적이었기 때문에 이렇게 간이 맞는 음식을 보니 너무 반가웠다.

같은 숙소에 한국 분도 한 분 계셔서 함께 먹었다. 후식으로 과일도 까먹고, 전체 모임을 진행하고 나서 바로 잠에 들었다.

2023-01-27 (금) / 출애굽기 12장

붉은 도시, 페트라

• 정연이의 묵상과 여행

하나님께서 이스라엘 백성들을 이집트로부터 이끌어 내셨을 때 그 과정과 내용이 매우 구체적이고 체계적이었던 것이 기억에 남는다. 얼핏 보면 복잡하게만 느껴질 수 있지만, 그 말씀에 순종할 때 진정한 기쁨과 영광을 누릴 수 있음을 깨달았다. 하나님께 더욱 집중하는 하루를 살아야겠다.

오늘은 먼저 '페트라'에 갔다가 요르단의 수도인 '암만'에 가야했기 때문에 일찍 일어났다. 어제 개당 3디나르에 주문했던 Lunch Box를 챙겨 숙소를 떠났다. 페트라까지는 가까웠기 때문에 15분 이내로 도착했다. 매표소에서 표를 구매하고 떠나려고 하는데 외국인 관광객 5인 이상이면 현지 가이드가 필수적으로 필요하다면서 더 안쪽에 있는 지원 센터로 우리를 이끌었다. 이때 11학년과 기대 쌤, 여행 쌤께서 같이 계셨다. 여권을 가져가서 확인까지 하더니 가이드 동행은 필수이고, 추가 비용까지 내야 한다고 알려주었다. 사실 다른 외국인 관광객들은 5인 이상이어도 그냥 입장했

기에 우리에게 사기를 치려고 한다는 것을 알 수 있었다. 하지만 그 사람들에게 일일이 이유를 들어가며 필요 없다고 설명해도, 우리가 자신감이 부족해보여서 그런지 대화가 끝날 기미가 보이지 않았다. 그러자 여행 쌤께서 "We don't want." 라고 단호하게 말해주셔서 결국 추가 비용 없이 입장할 수 있었.

입장하기 전에 챙긴 가이드북을 확인해보니 왕복 8km가 넘었다. 유적지에 들어와 보니 생각했던 것 보다 훨씬 넓어

서 원래 5시간 안에 갔다 올 수 있을지 걱정이 되었다. 페트라에서 가장 인상적인 유적인 '알 카즈네'까지는 2km를 걸어야 했다. 이때 통과해야하는 협곡 통로가 그늘져서 힘들지 않게 갈 수 있었다. 알 카즈네 이후로도 갈 곳이 한참 남았었는데, 마지막 코스인 '알데이르 사원'은 지금까지 왔던 길과는 다르게 산을 올라가야 해서 꽤 힘들었다. 그러나 도착해서 바라본 그 경치는 힘듦을 잊게 해주었다. 이곳에서 점심을 먹었고, 내려가는 길은 올 때 보다 수월했다. 같이 갔던 한국 분께서 우리에게 탄산음료도 사주셨다. 나는

평소 한국에서 탄산음료를 자주 마시지 않지만, 중동에 와서는 우리에게 매우 귀했기 때문에 감사히 마셨다.

다시 버스에 탑승한 뒤 4~5시간 동안 달려서 암만에 도착했다. 와디무사에서 만난 한국분과는 이곳에서 헤어졌다. 숙소를 찾아야 해서 나를 포함한 몇 명은 숙소를 구하러 떠나고, 나머지는 저녁식사를 할 식당에 먼저 가있기로 했다. 그런데 계속 돌아다녀보아도 이미 17명이 이틀간 잘 수 있는 숙소는 없었다. 그래서 어쩔 수 없이 11, 12학년 숙소를 따로 잡기로 했다. 숙소가 떨어져있으면 소통이 어렵기 때문에 가능

하면 같은 숙소를 잡아야 했는데, 이번에는 그러지 못해서 아쉬웠다. 그렇게 2시간 넘게 돌아다니고 식당에 도착하니 식욕이 전혀 없었다. 미리 알아봤던 '하심 레스토랑'이라는 식당이었는데, 이곳의 음식을 먹고 '중동의 전통 음식은 나의 취향에 맞지 않는구나.'라고 생각했다. 블로그에서는 왜 맛있다고 했는지 모르겠다. 그나마 익숙한 감자나 달걀 요리만 조금씩 먹었고, 콜라를 마시면서 입맛이 돌아오기는 했다.

숙소에 도착해서 짐을 풀었는데 이상한 냄새가 방에 배어있었다. 다른 방은 거의 나지 않았는데 특히 우리 방에서 심하게 났다. 담배 냄새와 다른 여러 가지 냄새가 섞인 듯 했는데, 방에 있다 보면 그 냄새에 적응된다는 것 때문에 더욱 기분이 좋지 않았다. 그래도 아주 못 버틸 정도는 아니어서 나름대로 추억이 될 것이라고 생각하며 오늘 하루를 마무리했다.

• **태준이의 묵상과 여행**

  주님께서는 계획하신 단계를 거쳐 노예였던 자신의 백성들을 이끌어내셨다. 이후에 예수님께서는 이 땅에 오셔서 계획하셨던 모든 것들을 이루시고 죄인의 신분이었던 우리를 끌어주셨다. 죄인의 신분에서 벗어 났는데 당연히 감사하며 하루를 살아야 하지 않을까?

  '페트라'에 들어갔다. 암석으로 된 골짜기를 걸을 때는 압도된 감정이었다. 드디어 '알 카즈네'가 보였다. 알카즈네는 페트라라고 검색하면 가장 많이 나올 정도이다. 그곳에서 기념품을 사고, 마저 걸었다. 걷다 보니 가파른 오르막길이 보이기 시작했다. 게다가 햇빛도 강했다. 중간쯤 오니 우리 애들이 힘들어 하는 것이 보였다. 특히 이다연과 허주은은 시내산에 오를 때처럼 나팔 나팔거리기 시작했다. 이럴 줄 알았다ㅎㅎ 이다연은 데리고 간 게 아니라 끌고 간 것 같다.

  하산하고 있던 외국인 분이 우리에게 얼마 안 남았다고 하고 가셨다. 얼른 가서 그늘에 앉아 물을 마시고 싶다는 생각밖에 들지 않았다. 우여곡절 끝에 페트라의 끝에 도착했다. 감사하게도 그늘이 져서 시원하고 앉을 수 있는 곳을 찾았다. 그곳에서 숙소에서 산 점심세트를 먹었고, 숙소에서 만난 한국분과도 마주쳤다. 휴식 끝에 우리는 다시 버스가 있는 곳으로 돌아왔다. 한국 분께서 우리를 위해 콜라와 사이다를 사주셨다. 이분 역시 멋있었다.

눈을 떠보니 '암만'이었다. 저녁을 먹어야하고 숙소도 찾아야 하는데 시간이 애매해서 나와 정연이는 숙소를 찾으러 돌아다니고 다른 사람들은 식당에서 짐을 지키기로 했다. 숙소를 찾는 것은 매우 힘들었다. 오전에 페트라로 힘을 뺀 상태에 배도 고프고 잠이 오는 상황이다 보니 힘들었다. 게다가 17명이 같이 묵을 숙소를 찾는 것도 매우 어려웠다. 그래서 우리는 일단 일행이 있는 식당으로 가서 숙소를 마땅히 잡을 수 없다는 상황을 전달하기로 했다. 그렇게 우리는 숙소를 흩어지져서 묵기로 했고 돌아다녔던 숙소 중 싼 두 곳을 찾아 예약했다. 우리가 돌아왔을 때는 이미 밥을 다 먹은 상태였다. 우리도 밥을 먹는데 지쳐서 더 들어가지 않았다.

저녁에 나눔 시간을 가졌다. 숙소에 TV가 있었는데 뉴스로 심각한 보도를 하는 것 같았다. 뉴스에는 이스라엘 국기가 있었고 무슨 일인가 싶어 핸드폰으로 관련 기사를 찾아보았다. 충격적이게도 이스라엘과 팔레스타인 간의 총격전이 있었고 이로 인해 9명이 숨지고 20명이 다쳤다는 기사였다. 게다가 장소도 우리가 갈 지역인 예루살렘이다. 예루살렘을 담당하고 있는 나는 이 기사를 보고 멘탈이 나갔다. 오늘 내 적용 중에는 감사하기가 있었는데 하루가 되기 전 내 적용이 끊어졌다. 도저히 감사를 할 수 없고 불안, 황당, 초조 등 여러 감정이 복합적으로 다가왔다.

  모임이 끝난 이후에도 불안함에 잠이 오지 않아 나는 남아서 기사를 찾아보며 여러 방안들을 생각했다. 그때 찬양을 들었다. 주님께서 찬양을 통해 내게 응답해주시길 간구했다. 여러 찬양이 묶음으로 있는 플레이리스트였는데 처음 듣는 찬양의 멜로디가 들렸다. 처음에는 '어? 이런 멜로디로 시작하는 찬양이 있었나?'라고 넘겼다. 그런데 찬양의 후렴 가사가 내게 너무 와 닿았다. "예루살렘아 여호와를 찬송할지어다. 내 하나님을 감사함으로 그 앞에 나가며 주 임재 앞에 경배해"라는 가사가 들려왔다. 너무나 신기했다. 문제의 장소인 예루살렘이 가사에 있는 것도 놀랐는데 이후의 가사들은 불안했던 내게 평안을 주었다. 내 묵상 내용이기도 했던 감사하기는 '감사함으로 그 앞에 나가며'라며 내게 감사를 상기하게 해주었고, 마지막에 '주 임재 앞에 경배해'라는 찬양 가사를 통해 '하나님께서 우리를 지켜주시고 우리에게 찾아오시겠구나'라는 생각을 할 수 있었고, 덕분에 마음이 편해졌다.

• 다예의 묵상과 여행

'나의 가장 큰 것을 앗아가는 것'은 내가 항상 두려워하던 것이었다는 사실이 떠올랐다. 바로의 태도라도 배워야 하나 잠시 생각이 들었다. 나는 내 뜻을 꺾기보다는 허무함에 빠져들었기 때문이다. 자기 전에 하나님께 그동안의 꼬여있던 생각들을 다 말씀 드리고 자야겠다.

'페트라'에 왔다. 절벽을 깎아서 만든 것이라는 게 신기했고 웅장했다. 배가 아파서인지 컨디션이 좋지 않아 체력의 한계를 느꼈다. 한참을 이것저것 보며 정상까지 올라갔다. 동굴 같은 곳에 들어가서 점심을 먹었다. 내려갈 생각을 하니 막막했다. 속도가 조금이라도 처지면 안 되는 상황이라 정말 힘들었다.

어제 만난 한국 분이 콜라를 사 주셨다. 버스에 탔을 때는 시내산 때보다 더 지친 상태였다. 그래서 정말 큐티가 하기 싫었다. 그런데 묵상을 하면서 문제가 무엇이었는지를 파악하게 됐고, 생각이 어느 정도 정리가 되었다. 찬양을 듣던 중 어떤 것이 먼저 해결되어야 다른 것들이 쌓일 수 있는지 깨달았다.

'암만'에 도착했고 하쉠 레스토랑에서 저녁을 먹었다. 숙소는 12학년과 나누어졌다.

• **지원이의 묵상과 여행**

시간을 잘못 계산한 바람에 아침 묵상을 쫓기듯 끝내고 '페트라' 투어를 하러 떠났다. 페트라에서 '암만'까지 3시간이 걸리는데, 그 차 안에서 묵상을 마저 진행하기로 하였다. 그렇게 페트라에 도착! 초반엔 높은 돌 사이사이를 지나며 구경해서 시원하고 좋았다. 그렇게 페트라를 마주하게 됐는데, 웅장하게 생긴 이 성전이 모두 자연 돌을 깎아서 만든 것이라는 게 너무 신기했다. 하지만 그때까진 몰랐다… 갈 길이 한참은 더 남았음을 ㅜㅜㅜㅜㅜ.. 그렇게 페트라와 눈인사를 마친 후부터 제대로 된 등산이 시작되었다. 힘들게 힘들게 정상에 도착해서 밥을 먹고, 다시 왔던 길로 돌아가기 시작했다. 너무너무 힘들었다. 글로 적으니 몇 줄 되지 않지만, 시내산 오를 때보다 더욱 힘들었던 시간이었다. 다리는 너무 아프고, 머리는 땡볕에 녹아내리고, 환장할 지경이었다. 그렇게 겨우겨우 대절한 버스에 도착! 너무 힘들다~ 하고 앉았는데 웬걸… 우리 학년에겐 묵상이 남아있다는 점..!ㅋㅋㅋㅋ 울고 싶었지만!!!!! 그렇게 언능 끝내고 자야겠다는 마음으로 묵상을 했다.

말씀을 보면 지킬 것이 매우 많다. 공의의 하나님을 마주할 수 있었다. 여태는 사랑의 하나님을 찾아왔던 것 같은데, 이번엔 공의의 하나님을 봤다. 이번엔 '이스라엘 사람이어서 넘어갈게.'가 아니라, 진짜 이스라엘 사람들도 믿음으로 말미암아 이것들을 말씀하신대로 행해야 했다. 어쩌면 이것처럼, 우리도 모두가 예수님으로 인해 구원 받을 수 있는 기회가 있지만, 그럼에도 믿는 사람들, 안 믿는 사람들로 나뉜다. 또한 하나님은 이 세상 모두를 사랑하신다. 모두를 '죄'에서 구해주고 싶었지만 이를 믿는 사람이 있고, 안 믿는 사람이 있다. 이를 믿고, 믿음으로 행하는 사람이 되고 싶었다. 오늘 하루묵상은! '이정도면 괜찮겠지!하고 넘어가는 일 만들지 않기!'이다.

하나님을 믿는 내가 대충 살면 안 되는 이유를 조금 맞닥뜨린 듯 했다. 열심히 살아야 한다는 생각을 하게 되었다. 그렇게 묵상이 끝난 후, 멀미를 심하게 했지만 다행스럽게도 쭉 자서 그 뒤론 심하게 힘들진 않았다. 암만에 도착해 숙소 팀이 숙소를 구하러 떠났다. 저녁 늦게 도착하는 바람에 다들 배도 고프고 체력도 많이 빠진 상태였다. 그렇게 숙소 팀이 숙소를 구하러 간 사이, 나머지는 식당에서 밥을 시키고 있기로 했다. 가성비 좋은 식사 집으로 유명

한 곳에 가서 메뉴를 시켜 봤다. 진짜 메뉴도 영어로만 달랑 있어서 시키기가 너무 어려웠다. 밥을 다 먹을 때까지도 숙소 팀이 돌아오지 않았다. 얼마나 힘들고 배가고플지.. 다들 너무 힘든 하루였을 것 같다. 나에게도 너무 힘들고 어려웠던 하루였다.

오늘 하루 동안 생각한건, '감사'였다. 누군가에게 너무너무 감사할 때, 그걸 말로 다 표현하지 못할 만큼 고맙고 벅찰 때가 있듯, 상황 하나하나가 하나님께 벅차도록

감사했다. 오늘은 비록 많이 힘들었지만, 너무 감사했던 하루하루들을 돌아보니, 내가 하나님께 감사함을 다 표현하고 있지 못하다는 생각이 들었다. 그래서 내린 결론은 '흘려보내기!'이다. 하나님께 받은 사랑을 흘려보내야 한다는 이론적인 것은 알고 있었지만, 진짜 그래야겠다! 마음먹었던 이 마음들을 잊어버리고 살았다. 나중에 눈눈이이(눈에는 눈, 이에는 이)로 갚지 않는 이유는 하나님이 날 사랑하셨기 때문이라는 것을 잘 기억하고 살고 싶다!

• 다연이의 묵상과 여행

하나님께서는 유월절을 지키는 방법과 그 의미를 모두 명확하게 알려주셨다. 하나님의 복음은 너무나도 분명하고 명쾌하다. 그럼에도 내가 하나님의 복음이 너무 어렵고 복잡하다고 생각한 이유는 내 믿음의 부족함과 사탄의 방해 때문이다. 하나님께서는 나에게 자신을 분명하게 드러내셨음을 잊지 말자.

숙소에서 일어나 어제 사두었던 현지식 컵라면과 식빵, 누텔라로 아침을 먹었다. 라면이 기대 이상으로 맛있었다. 역시 라면은 만국 공통으로 맛있는 것인가.. 와디무사를 떠나 '페트라'로 향했다. 웅장한 페트라를 기대하는 마음으로 출발했지만 꼬불꼬불한 길 때문에 이동하면서 도착하기 전부터 벌써 지쳤다. 페트라에 도착! 페트라는 책과 영상으로 조사했던 웅장함을 훨씬 초월했다. 높디높은 바위 벽 협곡을 지나 '알카즈네'에 도착했다. 돌을 쌓아 만든 건축물이 아니라 돌 벽을 깎아서 만들었다는

게 너무 신기했고, 그 규모에 두 번 놀랐다. 근처에서 기념품 자석도 사고 사진도 찍었다. 이날을 위해 이집트에서 산 치마를 입고 갔는데 페트라의 분위기와 잘 어울려서 뿌듯했다. 하지만 페트라는 예상보다 훨씬 넓었다. 우리의 최종 목적지인 '알데이르 사원'은 꼭대기에 있었다. 처음에는 신기했지만 갈수록 다들 말이 사라졌다. 돌산을 오르는 순간부터 대화는 급격히 줄어들었는데 체감 상 시내산보다 힘들었다. 태양이 한 몫 한 것 같다. 약속한 시간에 맞춰 돌아오기 위해서는 쉬면서 올라갈 수도 없었다. 진지하게 사족보행을 고려할 때 쯤 알데이르에 도착했다. 그늘을 찾다보니 작은 동굴 같은 곳을 발견했고, 우리는 챙겨온 점심을 먹었다. 숙소에서 파는 런치박스를 챙겨왔는데 역시 아이쉬 빵과 오이, 토마토는 필수 구성 요소였다. 여기에서는 김치와 밥만큼 보편적인 구성인 듯하다.

올라올 때는 정신이 없어서 못 봤는데 다시 보니 건물과 자연의 웅장함을 느낄 수 있었다. 오르막길이 있다면 내리막길도 있는 법! 올라올 때보다는 쉬울 거라는 안일한 생각으로 출발했지만 곧 자만이었음을 인정해야 했다. 돌아가는 길도 대단했다. 끝이 없는 땡볕을 걷다보니 내 정신도 함께 타들어갔다.

광야에서 걷던 이스라엘 백성들이 불평한 이유를 간접 체험을 통해 알 수 있었다.

이제 우리는 요르단 '암만'으로 향했다. 버스로 오랜 시간 이동하니 다들 힘들고 지쳤다. 암만에는 저녁이 되어서야 도착했다. 숙소를 예약해두지 않은 상태라 남은 방이 없을까봐 초조했었는데 다행히 구할 수 있었다. 싸고 유명한 식당에서 저녁을 먹고 숙소로 들어갔다. 언제 어디서나 숙소에 담배 냄새는 기본이었다.

한 방에 침대가 세 개여서 선생님들과 방을 함께 썼다. 자기 전 신앙에 대한 이야기를 나눴다. 선생님들께 하나님을 만나게 된 이야기를 들으며 사람마다 최선의 방법으로 부르시는 하나님을 발견했다. 이런저런 대화를 하다 보니 훌쩍 한 시가 넘었다. 단순 교사의 차원을 넘어 믿음의 선배들을 내 삶에 보내주심에 감사했다.

• 영훈이의 묵상과 여행

주님은 정말 큰 벌과 고통을 주실 수 있으신 분이지만 주님은 우리를 사랑하시고 아끼시기에 그렇게 행하지 않으신다. 주님이 얼마나 무섭고 두려운 존재인지 알기에 주님이 경고하시는 것들을 잘 듣고, 주님과의 관계가 나빠지지 않게 노력해야겠다. 주님이 하시는 모든 말씀과 이끄시는 길을 의지하고 믿고 따라야겠다.

'페트라'에 도착하자마자 9명 그룹은 가이드 없이 위험하다고 돈을 내라고 하는 말을 듣고 기분이 확 상했다. 하지만 여행 쌤의 "Sorry we don't"라는 말에 알겠다고 하면서 우리는 페트라에 잘 입성할 수 있었다. 페트라는 정말 더웠다. 체력적으로 힘들기보다 너무 더웠다.

버스에서는 자리가 너무 안 좋아서 엉덩이가 마비가 온 것 같은 느낌이었다. 숙소만 잘 찾고 오늘은 빨리 쉬고 싶다. 오늘은 하루 만에 힘듦, 피곤함, 화남 등등의 오만가지 생각과 감정이 들었다. 페트라는 힘들지만 좋았다.

현지인들의 우리를 대하는 태도가 정말 화났지만, 하나님의 마음으로 이해하고 그들의 문화를 이해하려고 노력하니 마음이 편해졌다. 밥도 그냥 맛이 있든 없든 다 맛있고 배부르게 먹을 수 있을 것 같다. 숙소에 빨리 가서 쉬고 싶다. 이제 여행이 점점 끝나간다는 것도 믿어지지 않는다.

여행 선생님의 "감사할 수 없을 때 감사하는 것이 진정한 감사다."

라는 말에 나는 정말 주님께 감사하고 있는지 돌아보게 되었고, '앞으로 주님께 진정한 감사를 할 수 있어야겠다.'라는 다짐과 목표가 생겼다. 8일 남은 일정은 조금 힘들겠지만 알차게 보내야겠다.

• 주은이의 묵상과 여행

　이스라엘 백성들은 출애굽 이후로 대대로 무교절을 지키게 됐다. 그렇게 까다롭게 양을 주님께 바쳐야지만 그들의 죄가 회개됐다. 하지만 오늘날 우리는 양을 잡아 제사를 드리지 않고도 회개가 된다. 주님께서 우리 대신 산 제물이 되셨기 때문이다. 이에 항상 감사해야 한다.

　오늘은 '페트라'에 가는 날이다. 일어나서 식빵과 라면을 먹고 버스를 타고 페트라로 향했다. 입장권을 끊는데 우리 일행을 잡아서는 가이드를 붙여야 된다고 했다. 당연히 사기 수법이었는데 여행 쌤께서 단호하게 필요 없다고 해서 잘 빠져 나올 수 있었다. 페트라는 고대도시였고 코스가 있어서 그 코스를 도는 형식으로 일정이 진행됐다. 그런데 오늘 너무 힘들었다. 한 번 감기에 걸리니까 체력도 와사삭 와사삭 깎아 먹혀버렸다. 시내산 때도 피라미드 때도 그렇게 안 힘들더니 오늘 그렇게 안 힘들 수가 없었다. 설상가상으로 햇빛까지 내리쬐서 더 그랬던 것 같기도 하다. 걷고 또 걷고, 사진 찍고, 걷고 하는 것의 반복이었는데 유튜브에서 보던 그 페트라 안의 유명한 곳이 보이자 조금 신이 났다.

　친구들과 페트라 자석을 산 뒤에 걷고 또 걸어서 어느 동굴 같은 곳에 들어가서 런치박스를 먹었다. 런치박스는 다양한 음식들이 들어있는 도시락 같은 거다. 오이랑 토마토 그리고 아이쉬랑 크림치즈 및 요거트와 스낵류 등이 들어있었고 나름대로 맛있게 먹었다. 돌아가는 길에도 걷고 걷고 걸었는데 힘들었다. 그래도 말로만 듣던 고대도시를 봤다는 것에 너무 행복했다. 페트라 입구에 돌아오니 어제 숙소에서 함께 게

셨던 한국 분께서 콜라를 쏘셨다. 너무 선물 같은 순간이었고 감사했다. 너무너무 맛있고 행복했다.

이제 '암만'으로 이동하기 위해 다시 버스를 타고 암만으로 향했다. 저녁 쯤에 암만에 도착했는데 숙소를 잡는 것에 어려움이 생겨서 소수의 숙소 팀이 나뉘어서 또 출발했다. 나머지는 저녁을 먹는 곳을 찾았고, 식당에서 팔라펠과 아이쉬, 후무스 등을 시켜 먹었다. 지원이랑 오목을 했는데 초반에는 내가 계속 이겼는데 갈수록 계속 졌다. 숙소 팀이 돌아오고 숙소를 정한다음 숙소로 향했다. 암만은 카이로 시내를 연상케 하는 곳이었다. 숙소에 가서 짐을 푼 다음 샤워를 했다. 샤워부스는 두 개였는데 한쪽이 따뜻한 물을 쓰면 다른 한쪽은 차가워지는 이상한 원리

여서 지원이랑 나는 엄청나게 고통스럽게 씻었다. ㅋㅋㅋㅋ 심지어 따뜻한 물은 그냥 펄펄 끓인 물이었다. 아무튼 모임을 한 후에 잠에 들었다.

2023-01-28 (토) / 출애굽기 13장
우리 예루살렘에 갈 수 있어?

• **정연이의 묵상과 여행**

이스라엘 백성들이 자신을 애굽에서 인도해내신 하나님을 이제서야 경외하게 되었다는 것을 느꼈다. 그리고 17절이 우리가 처한 상황과 비슷하게 다가왔다. 비록 처음 계획한 대로 되지 않더라도 '지혜의 하나님이 가장 좋은 길로 인도하신다!'는 것을 묵상하며 살아야겠다.

오늘 아침에 일어나서 핸드폰을 확인해보니 예루살렘에서 총격전이 있었다는 소식을 확인할 수 있었다. 예루살렘은 우리가 가려고 계획했던 지역이라 충격이 꽤 컸다. 아침 묵상 이후에 여행 쌤께서 이 상황을 안내 하셨고, 이때 처음 알게 된 친구들도 있던 것 같았다. 긴 시간동안 상의하고 조사한 끝에 예루살렘 대신 '키프로스'라는 지중해 섬나라를 가고, 암만 일정은 하루 더 늘어나게 되었다. 그리고 예루살렘에서 갈 계획이었던 '사해'도 요르단에서 가기로 했다. 페트라와 동일하게 암만 또한 담당 11학년 학생이 나였기 때문에 일정이 변경된 것이 처음에는 부담되었지만 생각해보니 오히려 여유가 생겨서 잘된 것이었다.

오늘은 숙소 옆에 있는 'Shahrazad Restaurant'라는 이름의 식당을 찾아갔다. 언제나 그랬듯이 식사에 너무 많은 비용을 지출하지 않기 위해 샌드위치를 주문했는데

양도 충분했고 맛있었다. 오랜만에 먹은 감자 칩은 두께가 두툼해서 식감이 좋았고, 약간 달달한 양배추 샐러드 소스가 특히 맛있었다. 오늘 점심 식사는 내 기준에서 성공이었다. 암만에 머무르는 기간이 늘어났기 때문에 다음에 다시 방문할 것 같다.

바뀐 일정을 더 완벽하게 준비해야 했기 때문에 오늘은 특별한 외부 일정이 없었다. 숙소에 돌아오고 나서 저녁 식사 전까지는 계속 각자 맡은 부분을 조사했다. 내일은 사해를 가는 날이기 때문에 원래 이스라엘 사해 담당이었던 박지원과 조사하기로 했다. 사해의 어느 장소를 가야하는지, 그리고 어떻게 갈 수 있는지를 알아봤다. 처음에는 대중교통을 통해 가려고 했으나 돌아올 때 히치하이킹 외에는 이용할 수 있는 수단이 없어서 포기했다. 결국 숙소에서 연결해주는 투어로 가기로 했고, 계획했던 것보다 비용이 많이 들어서 숙소 주인과의 대화를 통해 택시비를 깎았다.

처음에는 계획했던 것처럼 리조트가 아니라 그 옆의 관리가 되지 않는 퍼블릭 비치에 가려고 했다. 하지만 숙소 주인에게 물어보니 그곳은 치안이 좋지 않아서 출입이 금지된 곳이고, 그렇게 갔다가 경찰한테 들켜서 벌금을 낸 중국인이 있다고 했다. 우리가 조사했던 바로는 그곳이 이스라엘과의 국경 근처이기는 하지만 경찰이 단속한다는 글은 한 번도 보지 못했다. 그래도 숙소를 통해 가는 것이 안전한 방법이기 때문에 가격을 조금 깎아서 가기로 했다. 오늘은 여러 가지로 피곤한 날이었다.

• **태준이의 묵상과 여행**

　주님께서 이스라엘 백성들을 인도하실 때 구름 기둥과 불 기둥으로 이스라엘 백성들을 인도하셨다. 나 또한 시내산, 와디럼, 페트라를 갔다 오면서 구름 기둥과 불 기둥의 필요성에 대해 잘 느낄 수 있었다. 늘 준비 되어있고 세세한 주님의 인도를 믿고 근심 없이 따라 가자. 16절에 나온 "그의 손의 권능"을 믿자.

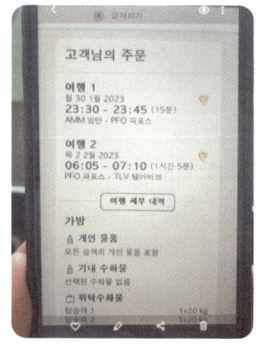

　일어났는데 담배 냄새가 옷, 몸, 물품에 다 배겨 있었다. 주님께서 어제 찬양 가사를 통해 내게 찾아와 주셨기 때문에 이 간증을 친구들에게 얼른 말하고 싶었다. 주님께서 내 기도에 응답해주셔서 힘이 났다. 출애굽기 말씀에서 모세와 함께하시는 주님을 묵상했는데 지금 내 뒤에 주님이 계신다고 느껴지니 평안할 뿐 아니라 어떻게든 안전한 길로 인도해 주시리라는 믿음이 생겼다.

　우리는 예루살렘에 가지 않고 '키프로스'라는 섬나라에 가기로 했다. 그래서 오늘은 일정 없이 원래 계획했던 것들을 수정하고 다시 계획하는 날로 잡았다. 각자 맡은 것들이 있었다. 정연, 지원은 암만, 사해 일정을 수정하고 계획하기. 주은은 텔아비브 일정을 다시 계획하기, 영훈, 다예는 키프로스에 갈 곳에 대해 조사하기, 다연은 비행기 예매, 나는 키프로스 숙소를 찾기로 했다. 모두 바쁜 시간을 보냈다.

· **다예의 묵상과 여행**

  길을 인도했고 생존의 수단이었다는 구름 기둥과 불 기둥에서 백성들은 떨어질 수 없었을 것이고 그것만을 보고 따랐을 것이다. 나는 하나님을 구름 기둥과 불 기둥처럼 생각하고 있고, 말씀을 그렇게 따르고 있는가?

  이스라엘과 팔레스타인 사이의 분쟁으로 예루살렘에 가지 않는 것으로 결정되었다. 이런 상황에서 나는 무엇을 해야 할지 잘 모르겠다. '키프로스'에 갔다가 텔아비브로 가는 것으로 결정되었다. 내가 키프로스 일정을 맡게 됐다. 희귀 동식물들이 많다는 아카마스 반도에 너무 가고 싶었는데 반응이 좋지 않았다.

  암만은 거리가 느낌 있고 예뻤다. 점심을 맛있게 먹고, 저녁과 내일 아침을 사러 갔다. 아이쉬와 크림치즈, 콘옥수수, 라면 등을 샀다. 거리 구경을 하자 기분이 좋아졌다.

  저녁은 요게벳 쌤 생신이라 양고기 맛 집에 갔다. 비싼 것을 시켰는데 양이 적어서 마음이 편하지 않은 상태로 먹었다. 계산을 하고 보니 가격을 잘못 알았던 것이라 다행이었다.

• 지원이의 묵상과 여행

　필요를 아시고 채워주시는 하나님을 발견했다. 애굽에서 이스라엘 백성들을 구해주신 위대한 하나님도 보았다. 옛날에는 이 말씀에 의문을 품었던 기억이 난다. 왜 이렇게 '애굽에서 구해낸 여호와이다'를 계속 강조하지? 배경지식이 있다면 이해할 수 있는 질문이었다! 계속 강조하고 이야기 하시는 하나님을 통해 느낀 점은, 어쩌면 이스라엘 백성들에게 사랑고백을 하고 계신 걸지도 모르겠다는 생각이다. 잊지 말라고 얘기하는 동시에, 그렇게 큰 하나님이 항상 곁에 있다는 위로를 보내주신다. 마냥 딱딱하게만 다가왔던 여호와가 조금 부드럽게 느껴지는 묵상내용이었다. 살짝 츤데레이신 듯하다. ㅋㅋㅋ 오늘 인상 깊었던 묵상은 구름 기둥과 불 기둥의 의미가 '하나님이 언제나 함께하시며, 우릴 인도하고 계시다.'라는 의미를 내포하고 있다는 것. 그리고 내가 할 수 있는 게 있다고 생각하는 부분까지 하나님께 물어야 한다는 점이다.

　오늘은 팔레스타인과 이스라엘 분쟁 때문에 우리 일정에 문제가 생겼다… 내일이면 이스라엘로 떠나는 일정이었는데, 예루살렘에서 일어난 총기난사 사건으로 이스라엘 사람과 팔레스타인 사람, 총 16명이 사망하는 일이 벌어졌다. 사실 나는 일정이 바뀌는 것에 대해 전혀 불안함이 없었다. 예루살렘에 못가는 것이 아쉬웠고, 고생한 김태준을 봐왔기에 좀 마음이 아팠지만 '그냥 다시 계획 짜면 되지!!'라는 생각이 더 크게 드는 게 신기하고 감사하기도 했다. 오늘 묵상이 마침! 구름 기둥과 불 기둥, 필요에 따라 주시는 하나님이었다. 예루살렘 가는 것이 정말 우리에게 필요했다면, 하나님이 나에게 갈 수 있는 길을 열어주시지 않았을까? 싶어서 조금은 맘 편하게 다른 일정도 고려해보게 된 것 같다.

　결국은 '키프로스'라는 나라의 '파포스'를 경유해서 텔아비브로 가는 비행기로 결정

하게 되었다. 하지만 우리 예산은 탈탈 털리게 되었고…. 우리는 엄청난 절약을 해야 하는 상황이 되었다. 진짜 얼마 남지 않은 돈을 보고 저녁 먹는 것도 부담되는 상황이 되었다. 진짜 이런 상황이 생기니까 돈만 신경 쓰는 나 자신을 보고, '세상 살아갈 때에 돈이 없는 상황이 생기면 진짜 하나님한테 의지할 수 있을까?'라는 생각이 들고 내심 하나님께 죄송하기도 했다. 그래도 마지막 나눔 때 마음을 고쳐먹고 모든 것에 감사하기로 다짐 했고, 이 모든 게 당황스러운 일이었지만 그럼에도 평안했음에 너무 감사했다. 타이밍도 그렇고, 암만에 있을 때 터져서 정말 다행이지, 예루살렘에 있었을 때에 터졌다면 정말 아찔했을 것이다. 다연이의 나눔을 듣고, 이스라엘을 위해 기도해야겠다는 마음이 생겼다. 이집트에선 그 이기적인 모습을 보고 기도와 열방을 꿈꿨는데, 이스라엘에서 생긴 일들에 대해선 '그냥 어떡하지?'로 끝난 것 같아서, 이젠 기도하는 마음을 가져야겠다고 생각했다.

또 너무너무 감사했던 것은 저녁에 메뉴판이 없어서 들은 바로는 비싼 메뉴인 줄 알고 시켰는데 결제하고 보니 너무너무 싸게 나와서 다행이었고 너무너무 행복했다. ♥♥ 하나님 감사합니다!! 또 내가 '사해' 일정이라 사해 가는 버스랑 입장료를 흥정해봤는데 이분이 마음이 약하셔서 되게 많이 깎아주셨다. 너무너무 감사했다. ♥♥ 우리 사해 갈 수 있어요 여러분!ㅜㅜㅜ

• 다연이의 묵상과 여행

여호와께서 이스라엘 백성들에게 허락하신 구름 기둥과 불 기둥은 생존을 위한 것이다. 이처럼 하나님께서 나에게 주시는 모든 것은 부수적인 것이 아니라 나에게 필수적으로 필요한 것들이다. 하나님께서 깊은 뜻을 가지고 나에게 부여하신 상황, 환경, 사람을 가볍게 우연이라고 생각해서는 안 된다. 오늘 우리가 예상하지 못했던 일이 생겨날지라도 이는 하나님께서 우리에게 허락하신 일이며, 하나님의 계획 속에 있는 일임을 반드시 붙들고 살아야한다.

아침에 일어나자마자 두 기사를 접했다. 이스라엘과 팔레스타인 사이에 문제가 생겨 본래 계획했던 대로 이스라엘 여행을 하는 것이 위험한 상황이었다. 순탄했던 우리 7인 7색 팀에게 갑자기 큰 풍파가 닥친 것이다. 토론 끝에 예루살렘 여행을 포기하고 이스라엘 텔아비브로 넘어가기로 했다. 안전을 위해 불가피한 선택이었다. 이를 위해 이스라엘 국경을 안전하게 넘어가는 방법이 있는지 모두 함께 머리를 맞대고 조사했다. 육로와 항공편을 모두 알아봤지만 결론적으로 가장 안전한 항공편을 이용하기로 결정했다. 요르단에서 이틀 더 머무르다가 '키프로스'라는 섬을 들려 2일 경유한 뒤 텔아비브로 바로 가는 일정이었다.

오늘은 암만 시내투어 일정을 미루고 하루 종일 다음 대안을 세웠다. 키프로스로 가는 항공기를 예약하고 숙소를 알아보고 이스라엘 사해가 아닌 '요르단 쪽 사해'로 가는 방법과 위치를 조사하고 시내 투어 일정을 조정하는 등 이 모든 작업을 하루 만에 마쳤다. 노트북도 없고 와이파이도 느려서 진행 속도가 느리기는 했지만 각자 담당한 일을 최선을 다해 알아봤다. 생각보다 친구들이 바로 멘탈을 잡았고 힘들어하기보단 더 선하신 길로 인도하실 하나님을 믿으려 했다. 함께 고민하고 조사하고 더 나은 대안을 찾아가며 서로 더 의지할 수 있게 되었다.

우리는 내일 사해로 가는 교통을 고민 중이었는데 숙소와 연결되어 있는 미니버스 기사님과 협상해보기로 했다. 무료 사해와 리조트를 통한 사해 중 고민했는데 리조트에만 데려다 준다고 해서 결국 후자를 선택했다. 가격 협상을 할 때 주은이 특유의 불쌍하고 처량한 표정 덕분에 싸게 타고 갈 수 있었다! 우리의 치트키 허주은! 예약도 다 끝냈겠다, 기쁜 마음으로 야식 컵라면을 먹고 하루를 마무리했다.

기대했던 예루살렘을 가지 못해 너무 아쉬웠지만 생각해보면 조금이라도 일정이 달라졌다면 우리가 이스라엘에 있을 때 그 사건이 터졌을 수도 있었다. 그렇게 생각하니 아찔했고 이런 상황 속에서도 우리를 지켜주시는 하나님께 감사하게 되었다. 원래 나는 일이 계획대로 되지 않는 것을 불안해하는 성격이었는데 이번 일에서는 많이 불안하지 않았고 오히려 하나님을 의지하게 되었다. 크신 하나님이 계획하신 일이므로 두려워할 것이 단 하나도 없다는 생각이 들었다. 또 하나 묵상하게 되는 것은 우리는 단지 여행자일 뿐이고 다시 돌아갈 안전한 집이 있지만 이 곳 사람들은 그 사건이 삶이고 현실이라는 것이다. 분쟁으로 인해 총격사건이 일어나고, 안전을 보장받지 못하는 삶을 살아가는 사람들을 위한 기도가 절실함을 느꼈다. 예루살렘 땅을 밟지는 못하겠지만 그래도 이스라엘 사람들을 위한 중보기도는 끊기지 않아야 한다.

• **영훈이의 묵상과 여행**

21 여호와께서 그들 앞에서 가시며 낮에는 구름 기둥으로 그들의 길을 인도하시고 밤에는 불 기둥을 그들에게 비추사 낮이나 밤이나 진행하게 하시니

22 낮에는 구름 기둥, 밤에는 불 기둥이 백성 앞에서 떠나지 아니하니라.

사실 이 말씀을 볼 때 마다 '구름 기둥과 불 기둥을 왜 주셨을까?'라는 생각이 들었다. 그런데 와디럼 같은 사막을 가본 후 이건 정말 주님이 출애굽을 하기 위해서 정말 필요한 것을 주시며 출애굽 여정 가운데서 계속 함께하심을 보여주신다는 생각을 하게 되었다. 주님의 인도하심에 감사하며 살아가지만 불평불만 하면서 살아가는 날이 너무 많은 것 같다. 이 말씀을 통해서 불평불만을 하는 나에게 하나님께서는 최선을 다하고 있다고 말씀하시는 것 같다. 주님의 인도하심에 순종하며 살아가자는 말씀 묵상을 하게 되었다. 하루 적용은 어떠한 일 가운데서도 불평불만 하지 않고 주님의 인도하심이라고 생각하며, 감사할 수 없을 때에도 감사하는 것이다.

이제 이스라엘 문제를 해결해야 하는 상황이 왔다. 무섭기도 하지만 현실을 받아들여서 항공으로 가는 방법과 이스라엘 한국 대사관에 문의를 해서 육로로 가는 방법을 알아가고 있는 상황이다. '왜 20년 만에 우리가 갈 때 이런 상황이 일어난 것인가?'라는 생각이 잠시 들었지만 이마저도 하나님의 계획이고 인도하심일테니 국경 이동 하는 것을 알아봤다. 하지만 너무 안 나와서 정신적으로도 힘든 상황이 왔다. 강제로 휴식 일정이 잡혔지만 안전이 걸린 문제이므로 확실하게 알아보고 처리해야겠다는 마음을 먹게 되었다. 돈도 아껴야 하니 콜라를 못 마시는 게 너무 아쉽다. 밥 먹기 전에 오늘 말씀을 잠시 생각했는데 분명 우리에게도 불 기둥과 구름 기둥과 같은 답과

은혜를 주실 하나님을 묵상했다. 가격보다 싸게 먹은 점심에 행복했다! 2일 정도 '키프로스'라는 곳으로 갈 것 같다! 정말 주님의 인도하심이 있다는 것을 알게 되었다.

  이제부터 물가를 고려하고, 투어 일정을 짜야 된다는 것에 조금 부담이 되었다. 갑자기 생긴 일정이지만 확실하게 짜서 재미를 얻어가고 싶다. 그런데 이제부터 돈이 없어서 먹지도 못하게 생겼다. 불쌍한 우리, 밥을 걱정하고 있다니 정말 슬프다. 밥을 사 먹고도 배가 차지 않아서 너무 화가 나고 슬프다. 하지만 정상가보다 싸게 먹었다는 것을 알고 사람은 참 단순하고 어리석다는 것을 알 수 있게 된 오늘이다. 숙소에 오니 배가 찼는지 화가 가라앉았다.

• 주은이의 묵상과 여행

　주님께서는 이스라엘 백성을 향해 가나안이라는 축복의 땅에 들어가는 계획을 갖고 계셨다. 하지만 이 계획은 그들이 40년이라는 긴 세월을 광야에서 헤맨 후에야 성취되었다. 이스라엘 백성들은 이게 정말 하나님의 계획이 맞나 의심했을 것이다. 하지만 주님께서는 불 기둥과 구름 기둥으로 그들과 함께하심을 분명하게 보이셨다. 나 또한 신앙적으로 회복되길 많이 기다려왔는데 주님의 계획을 믿고 기다려야겠다.

　오늘 아침에는 묵상을 하고 아침을 먹고, 나와 태준이가 제트버스를 예약하기로 예정이 되어있었는데 어제 뉴스에서 봤던 이스라엘과 팔레스타인 사이의 심각한 대치 이후 상황이 더 안 좋아져서 애초에 육로로 예루살렘을 가는 것에 대해서부터 다시 정해야하는 상황이었다. 여행 쌤께서는 항공을 이용하는 것이 안전할 것 같다고 권면하셔서 4만원 항공편을 알아봤지만 수하물에서 수수료가 더 붙어서 항공 값이 많이 나가게 됐다. 만약에 항공을 타게 되면 우리 예산이 많이 부족하게 되어서 텔아비브에 가서 거의 굶을 판이고 제트버스로 가기에는 너무 위험했다. 결국 오늘 시내 일정을 내일로 미루고 오늘 하루는 이 상황 해결을 위해서 쓰기로 했다.

　우선 밥을 먹고 함께 고민했는데 이틀 뒤에 '파포스'로 향하는 비행기를 타기로 결정했다. 아! 파포스는 이틀정도 경유하는 것이고, 텔아비브가 최종 목적지이다. 저녁을 먹으려고 주문했는데 생각보다 디나르를 많이 쓰게 됐다. 3디나르 음식 두 개랑 15디나르 음식 하나를 시켰는데 15디나르보다 3디나르 음식의 퀄리티가 더 좋았다. 그래서 가뜩이나 예산도 안 남았는데 돈을 너무 많이 쓴 것 아니냐며 우리끼리 낙심하며 먹었는데 알고 보니 15디나르가 아니고 3디나르였던 것이다. 그제서야 우리는 엄청 다행이라며 안도의 한숨을 내쉬었다.

　다연이가 또 휴대폰을 테이블 위에 두고 와서 우리끼리 다연이를 놀라게 해주려고 폰을 가지고 있었다. 그런데 다연이가 숙소에 돌아와서야 폰이 없어졌다는 사실을 깨달아서 '우리가 먼저 핸드폰을 발견한 게 천만다행이었구나.' 싶었다. 지원이랑 나랑 영훈이가 '느슨해진 이다연에(게) 긴장을 줘!'라는 조금은 킹(열)받을 수 있는 춤과 노래와 함께 핸드폰을 전달했다. 그런데 다연이는 너무 행복해했고 감사해했다. 너무 웃겼다. ㅋㅋㅋㅋㅋㅋ 아무튼 숙소에 돌아와서 나는 내가 맡은 구역을 조사해야

했다. 나는 텔아비브인데 내 일정이 거의 삼일 내지 이틀에서 반나절로 대폭 축소가 됐다. 그래서 일정을 갈아엎어버려야 했다. 내가 계획했던 모든 코스들, 숙소들이 펑하고 터지는 것 같아서 너무 슬펐다. 그래도 태준이는 더 속상하게도 예루살렘 일정이 다 날라가 버렸기 때문에ㅠ.ㅠ 반나절이라도 일정을 진행할 수 있음에 감사했다.

2023-01-29 (주일) / 출애굽기 14장

사해에서 신비한 경험

- **정연이의 묵상과 여행**

　이스라엘 백성들이 불만이 있을 때마다 하나님께서는 능력을 드러내셨다. 그러면 이스라엘 백성들은 하나님을 경외하다가 시간이 지나면 다시 불평을 하게 되었다. 이 부분을 보면 나 또한 눈에 보이는 증거를 바라지 않았나 돌아보게 된다. 나에게는 이미 성경이라는 하나님의 말씀이 있다. 그러므로 기적을 기다리기보다는 지금 있는 것을 통해 믿는 것이 참된 믿음이라고 생각한다. 그래서 오늘은 하나님의 말씀을 더 깊이 묵상하기 위해 출애굽기 14장을 3번 반복해서 읽을 것이다.

　오늘 '사해'를 가는 날이라 기대가 되었다. 첫 끼는 이틀 전에 갔던 'Shahrazad Restaurant'에서 먹었는데, 역시 만족스러웠다. 아침을 11시가 다 되서야 먹기는 했지만 이렇게 생활한지 2주가 넘어가니 익숙했다. 숙소로 돌아와서 나갈 준비를 끝내고 오후까지 기다렸다. 영하로 내려가지 않는 중동이라도 겨울 바다는 춥기 때문이었다.
　사해 리조트까지는 1시간이 걸렸다. 내부를 둘러보니 확실히 시설 걱정할 일은 없

어 보였다. 사해까지는 계단을 꽤 내려가야 했다. 이때 눈앞에 보인 경치가 매우 예뻤다. 사진으로만 보던 사해에 드디어 발을 담갔는데 너무 차가워서 끝까지 들어가는 데 10분은 걸린 것 같다. 그냥 한 번에 들어가면 되는 건데, 추운 게 싫어서 괜히 천천히 들어갔다. 사해 물을 팔에 바르듯이 만져봤는데, 마치 꿀처럼 점성이 있었고 미끌거렸다. 그리고 가장 궁금했던 것은 사해 물이 얼마나 짠 맛이 나는지 였다. 영훈이가 알려준 대로 손가락에 물을 묻히고 털어낸 뒤에 남은 물기를 맛봤는데도 혀가 마비되는 듯 했다. 짠 맛을 넘어서서 쓴맛이 날 정도였다. 대신 염도가 높은 덕분에 몸이 저절로 뜬다. 나는 수영을 잘 못하는 편이지만 사해 속에서 수직으로 떠다닐 수 있었다. 물속에서 놀다 보니 1시간이 금방 지나갔다.

샤워실에서 따뜻한 물은 나오지 않았지만 차갑지는 않았고, 늦을까봐 얼른 씻고 나왔다.

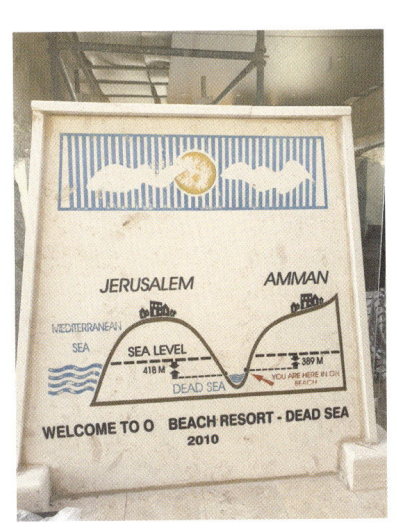

식당에는 뷔페가 있었다. 늦은 시간이라 사람이 거의 없었는데, 뷔페 음식이 짰다. 그래도 예산이 그리 넉넉하지 않은 상황에서 이곳에 왔다는 것 자체가 감사했다. 떠나기 전에 시간이 남아서 놀이터에 잠깐 들렀다. 나이가 어린 아이들을 위해서 만든 곳인데 다 큰 애들끼리 이러고 노는 게 웃겼다. 정문을 나가면서 본 표지판에는 사해가 2010년 기준으로 해발 -418m 라고 하는데, 사해의 면적은 점점 줄어들고 있으므로 아마 지금은 더 낮을 것이다.

점심을 늦게 먹었기 때문에 저녁을 또 먹기는 부담스러웠다. 그래서 암만에 도착한 뒤, 저녁을 대신할 과일을 사러 시장으로 갔다. 시장에는 외국인이 많이 오지 않아서인지 일반 가게에 비해 영어를 잘 하는 상인들이 없었다. 손가락으로 숫자를 표시해가면서 구매해야했다. 오렌지와 흰 자몽을 많이 사갈 수 있었다. 저녁 모임을 하면서 과일을 먹고 탄산음료까지 마셨다. 이곳에서는 단 음식이 정말 큰 힘이 되었다. 내일은 암만 시내를 구경하는데, 내가 조사한 마지막 일정이어서 기대가 된다.

• 태준이의 묵상과 여행

　이스라엘 백성들은 애굽 사람들이 쫓아올 때 피할 수 있는 방법이 없었다. 지쳤을 것이고, 애굽에 대한 트라우마가 남아있었을 것이고, 어린아이와 여성들도 있었고, 무기도 없고, 앞에는 홍해가 있었다. 즉, 이스라엘 백성들은 아무것도 할 수 없는 상황이었다. 이때 모세가 한 것은 간단하게 손만 들고 있던 것이다. 그리고 모세는 하나님께서 해주실 것을 믿었다. 혼자 어떻게든 해결하려고 노력하지 말고 가만히 하나님을 믿고 주님께서 해결해 주실 것을 믿자.

　어제 갔던 햄버거 집에 갔다. 가격이 싸고 양도 많아서 나는 그 가게가 좋았다. 다 먹은 후 예약했던 '사해'로 가는 미니버스를 탔다. 미니버스 기사님은 엄청 유쾌하신 분이었다. 우리는 9명이었는데 숙소에서 준비해준 버스는 7인승 이었다. 나와 영훈이는 맨  끝자리에 앉았는데 엉덩이를 반만 걸칠 수 있어서 30분 정도 지나니 반쪽 궁둥이에 감각이 없어졌다. 속으로 빨리 목적지까지 가달라고 간구했다. 사해에 도착해 문을 열고 내리는데 주저앉을 뻔했다. 기사님은 우리에게 기본적인 시설의 위치를 알려주시고, 이따 만나기로 약속한 후 쿨하게 사라지셨다.

　사해를 보니 힘들었던 생각은 사라지고 얼른 놀고 싶다는 생각밖에 들지 않았다. 긴장되는 마음으로 사해에 들

어갔다. 진짜 신기했다. 아무것도 안 해도 떴다! 사해에서 자전거도 타고, 아이언맨도 따라하고, 해파리도 따라하는 등 물속에서 해보고 싶은 것은 다 해봤다. 사해에 들어갔다 나오는 과정에서 다연, 정연이의 발바닥에 상처가 나서 피가 났다.

 샤워를 한 후에 리조트 뷔페에 갔다. 아무 조리가 안 되어 있는 그냥 흰색 밥이 있는 것이 너무 반가웠다. 나는 그릇을 꽉 채워서 4그릇 반을 먹었다. 재정 걱정없이 원 없이 먹었다.

 열심히 뛰어놀았겠다, 밥도 든든히 먹었겠다 버스에 타니 바로 잠들었다. 똑같은 자리였지만 불편함을 느끼기 전에 잠에 들었다.

 숙소에 돌아오니 담배 냄새가 반겨주었다. 나, 정연, 영훈, 기대 쌤은 방에서 원하는 찬양을 틀어주는 라디오 쇼를 진행하면서 시간을 보냈다. 정연이가 '주님 무어라 말할까요'라는 찬양을 틀어주면서 추천해 주었는데 너무 좋았다.

 나눔을 하기 전에 오늘 내가 약속한 적용하기를 지켰는지 생각해보았다. 나는 '주님께 기대기'였는데 사해에 가서 아무 것도 안 해도 물위에 뜨는 것을 보고, 나는 아무 것도 안하고 "그냥 물에 기대는 것이 주님께 기대는 것 같다."는 나눔을 했다.

• 다예의 묵상과 여행

홍해가 갈라지는 것을 보며 애굽 군대들이 여호와를 알게 되었고, 이스라엘 백성도 여호와를 경외했다. 나는 무엇을 알게 되면 하나님을 경외할 수 있을지 생각해 보았는데 '하나님의 사랑'이라는 것을 깨달았다. 하나님의 사랑을 느끼기 위해서, 오늘 감사한 일들을 계속 생각해 보아야겠다.

아침은 어제 점심을 먹었던 곳이었다. 주은이와 반을 바꿔 먹었는데 맛있었다. '사해'에 간다는 것이 너무 신났다. 얄라얄라(빨리빨리) 기사님이 데려다 주셨다. 사해는 산소 농도가 높다고 했다. 근처의 분위기와 리조트는 여행 온 느낌이 들게 해 주었다. 사해는 흐릿한 듯 선명한 색감이 예쁜 호수였다. 소금 결정들이 보였는데 물에 들어가니 느낌이 기름 같았다. 다리가 따가웠지만 나가고 싶지 않았다. 무게 중심이 이상해졌는데 조금 있으니 적응이 되어 조절할 수 있게 되었다. 바로 건너편에 이스라엘이 보여서 헤엄쳐서 가고 싶었다. 그냥 너무 신기하고 재미있었고, 작은 바운더리에서만 놀았던 것과 시간이 촉박한 게 아쉬웠다.

수영장도 갔는데 물이 차가웠다. 잠깐 놀다가 씻으러 갔다. 시설이 잘 되어 있었다. 프리비치에 가지 않고 이곳에 오기를 잘 한 것 같다. 그리고는 뷔페에 가서 이것저것 디저트까지 잘 먹었다. 시간이 남아서 놀이터에서 놀았는데 재미있었다.

그런데 오늘 하루 종일 감사하다라는 마음은 들지 않았다. 기쁨과 감사가 따로 노는 것을 보면서 '어딘가 망가졌구나, 회복이 되었으면 좋겠다.'는 생각이 들었다. 오늘 또 느낀 것은 이곳에서 나는 기뻐서 기뻤고,

힘들어서 힘들었고, 재미있어서 재미있었고, 싫어서 싫었다는 것이다. 이것을 파악하고 나니 머리가 조금은 편해졌다.

자기 전에 여행 쌤과 잠깐 멘토링(상담)을 했다. 1차적 소명(예수님과 인격적 만남)과 하나님의 때, 2차적 소명(하나님을 기쁘시게 하는 삶)과 행복. 의문이 조금은 풀렸다.

• 지원이의 묵상과 여행

　든든한 하나님을 보았다! 하나님의 반대편으로 가면 안 된다! 하나님은 무조건 내 편이어야 한다! 이번 말씀에선 애굽 사람들의 교만을 보았다. 여호와가 저들과 함께 싸우신다! 도망하자! 이 절을 읽고, 이들은 열 가지 재앙으로 인해 여호와가 있는 줄을 앎에도 불구하고 싸우려 들었다는 사실을 알 수 있다. 즉 여호와가 누군지 모르는데 싸움을 건 게 아니라, 여호와가 누군지 앎에도 불구하고 싸움을 시작한 것이었다. 요즘 이런 저런 불안한 일들이 많은 것도 내가 하려고 하는 교만 때문인 것 같다. 그래서 오늘의 적용점은! 오늘 하루는 '내가 할 수 있다는 생각을 버리고 하나님이 하신다.'라고 생각을 하면서 하나님이 주시는 평안 안에서 살아가기이다.

　오늘은 '사해'를 다녀왔다. 사실 집에 가고 싶은 마음이 없진 않았지만 다신 오지 않는 순간이라고 생각하니 이 시간이 더 귀하게 느껴졌다. 다함께 즐기고 있는 모습을 보고 처음으로 공동체와의 행복에 대해 생각해보게 되었다. 파워 I 인 나는 이렇게 긴 공동체 생활이 낯설고 어렵게 느껴졌다. 또한 그렇게 느끼는 나에게만 집중했었다. 하지만 처음으로 다함께 활짝 웃고 물장구치는 모습을 보니 마치 청춘영화에 나오는 장면 중 청춘남녀들이 바다에서 행복한 웃음을 지으며 물장구치는 모습을 슬로우 모션 걸어놓은 것 마냥, 우리가 그런 청춘들이 된 것 같은 느낌이었고, 그렇게 벅찬 감정을 잠시나마 느꼈다. 집 가고 싶다는 생각도 컸고, 내가 그렇게 귀한 것들을 얻어가지 못한 것 같아 마음이 조금은 힘들었는데, 갑자기

이 순간이 너무 귀하다는 생각이 크게 다가왔다. 많이 얻어가지 못하더라도 이 여행이 오래오래 기억에 남고, 귀했다면 더 이상의 설명은 필요가 없다고 느껴졌다.

여행 막바지에 이르니 여러 가지 불안한 마음이 조금씩 생겨나기 시작했다. 입시도 해야 하고 이젠 정말 고3이 되었기에 여행이 끝나고 집에 가서 할일들을 머리 속에 리스트 업 해 보기 시작했다. 그럴수록 늘어나는 건 불안한 마음 뿐이

었고 그럴수록 여행에 집중하기 보단 내가 돌아가서 해야 할 일에 대해서 더 집중하기 시작했다. 마침 오늘 묵상말씀이 홍해를 가르신 든든한 하나님에 대한 말씀이었는데, 그렇게 든든한 하나님을 두고 내가 굳이 불안해 할 필요가 없다는 생각이 들기 시작했다. 그렇게 생각하고 하루를 보내니 마음이 편했고, 하나님이 주시는 평안을 누릴 수 있었다. 여행이 끝나고 집에 가서도 불안한 마음이 든다면 묵상한 말씀을 적용하며 하나님이 주시는 평안을 마음껏 누리는 내가 되고 싶다.

• 다연이의 묵상과 여행

　묵상을 하며 "전쟁은 하나님께 속한 것이니" 찬양 가사가 떠올랐다. 여호와께서 나를 위해 싸우시고 여호와께서 친히 인도하시는데 나의 힘으로 무언가를 하려고 해서는 안 된다. 내 힘으로 할 수 있는 것이 없을 뿐더러 그렇게 행한다면 이스라엘 백성들처럼 또 다른 바로를 찾을 것이다. 나는 가만히, 담대히 주님의 뜻을 따르기만 하면 된다.

　어제 예약해둔 미니버스를 타고 '사해'로 향했다. 역시나 기대를 저버리지 않고 인원수에 맞지 않게 작은 버스! 사해로 연결된 리조트에 도착했다. 잠시 머무는 곳이지만 갑자기 호화로운 여행을 온 기분이었다. 7인 7색과 어울리지 않는 고급진 뷰?! 본격적으로 놀기 위해 수영복으로 갈아입고 사해로 들어갔다. 진짜 몸이 둥둥 떴다! 처음에는 중심을 잡기가 어려웠는데 긴장감은 곧 사라지고 온전히 즐길 수 있게 되었다. 밥 먹는 시간이 정해져 있어 오랫동안 사해 안에 들어가 있지는 못 했지만 그래도 너무 신기한 경험이었다.

　2차로 리조트 수영장에서 놀고 밥을 먹었다. 리조트 뷔페를 갔는데 가격에 비해서는

아쉬웠지만 흰밥이 있어서 행복했다. 언제 이렇게 배부르게 먹을 수 있을지 몰라 많이 먹어 두었다. 배가 부른 것만으로도 극도의 기쁨을 느꼈다. 여행에서 사소한 것에도 감사하고 행복해하는 것을 배우고 있다. 일상 속에서도 하나님이 주시는 은혜를 느끼고 거기에 의도적으로 감사를 드리는 삶을 살아야겠다고 다짐했다. 바로 어제 급히 계획한 요르단 사해 일정이었지만 그럼에도 너무 평안했다. 함께 누리는 친구들을 보며 더 큰 평안을 얻었고, 더 선한 길로 인도하시는 하나님을 발견했다.

 7인 7색 여행을 하면서 여행이 끝난 이후의 삶에 대해 많이 그려봤다. 여행 초반에는 행복한 시간이 모두 끝나고 다시 현실로 돌아간 나를 생각하며 마음이 힘들었는데 이제는 그렇지 않다. 7인 7색 이후 어떻게 공부해야 할지, 입시 준비에 대해서만 생각하곤 했는데 대입과 고3을 모두 떠나 지금 당장 하나님께서 주신 시간을 어떻게 성실히 보낼 것인지에 집중해야겠다. 19살이라는 귀한 시간을 하나님께 온전히 내어드리고 의지하며 살아갈 때 지치지 않는 힘을 주실 것이다. 이제는 오히려 여행 이후의 삶이 기대되고 어떻게 하면 지금처럼 하나님 안에서 살아갈 수 있을지 구상하게 된다. 너무 먼 미래에 대해 나 혼자 상상하지 말자. 하나님의 인도하심을 믿자!

- **영훈이의 묵상과 여행**

　오늘 말씀은 여호와께서 행하시는 구원을 직접 보게 하는 말씀인 것 같다. 벼랑 끝에 이스라엘 백성들을 보내어 이 일을 통하여 하나님의 영광이 드러나고 하나님만 참된 하나님이신 것을 알도록 하시기 위함이다. 이때는 주님께서 도와주신다 하고 뒤에는 군인들이 쫓아오고 앞에는 갈 길이 없는 것을 보고 주님을 원망한다. 이 모습이 원망하며 기도하는 내 모습과 비슷하다. 주님의 크신 계획을 나는 알지 못한다. 내게 고난과 힘듦이 있을 때마다 이길 수 있는 힘을 달라고 기도하지만 이걸 지나가면 다시 주님을 잊고 살아가는 나약한 내 모습을 오늘 말씀을 통해 보여주는 것 같다. 오늘 하루의 적용은 '흔들리지 않는 믿음으로 주님을 담대히 따르고, 모든 것이 주님의 계획이시고 인도하심임을 믿고 주님께 감사 기도를 드리기'이다.

　감사드리는 것을 친구들에게 3가지 정도 말을 하고, 자기 전에 기도를 드리는 것을 적용하려고 한다.

1. 5디나르에 뷔페를 먹을 수 있음에 감사합니다! 1디나르에 콜라를 먹는 것이 너무너무 감사하고 행복했다.
2. 과일을 먹고 오늘은 힐링 시간을 갖게 해주심에 감사합니다.
3. 이스라엘 가기 전에 저희 안전을 지켜주셔서 감사합니다.

　오늘 '사해'에서 이스라엘 땅을 보는데 너무 아쉽지만, 저들을 위해서 기도해야겠다는 생각이 들었다. 정말 위험한 상황에서 살아가는 그들을 위해 안전함을 달라고 주님께 기도드려야겠다. 우리는 참 감사하게 이스라엘에 있을 때 사고가 터지지 않고, 가기 직전에 알게 하시고 우리의 안전을 지켜주셔서 감사했다. 더 이상 사상자가 나오지 않고 이스라엘이 안전하도록 기도하겠다.

　뷔페를 가서 너무 낯설지만 생각보다 짜서 뭔가 너무 아쉬웠다. 콜

라 캔 하나에 2디나르였지만 우리 숙소 밑 마트에서는 1.5L가 1디나르여서 정말 너무 감사하고 행복했다. 오늘 하루 힐링했음에 너무 감사하다. 내일 가는 '키프로스'도 안전하고 주님의 말씀을 생각하는 하루가 되기를 원한다.

• **주은이의 묵상과 여행**

　백성들이 불평하는 모습이 힘들었을 때 하나님께 불평하는 나의 모습과 겹쳐보였다. 마지막에 백성들이 다시 하나님을 믿게 되었다는 모습에 상황이 해결되고서야 믿음을 되찾는 나의 모습이 회개되었다.

　오늘은 '사해'를 다녀왔다. 아침에 일어나서 아점을 먹은 뒤에 택시를 타고 사해로 향했다. 1시간 정도 지나 도착을 했는데 리조트를 갔다. 리조트가 너무 호화여서 여기서 수영을 해도 되는지 의문스러웠다.
　아저씨 말로는 거기서 수영을 하고 저녁을 먹으면 된다고 했다. 그래서 일단 화장실에 갔다가 사해에 갔다. 사해에 갔는데 몸이 떴다. 그냥 뜨는 게 아니라 공기가 몸 안에 들어있는 기분이었다. 그렇게 막 수직으로도 떠있고, 눕고 하다가 수영장이 있었기 때문에 수영장에 들어갔다. 그런데 너어무 추웠다. 그런데 영훈이가 물까지 뿌렸다. 너무 추웠는데 물을 맞으니 마치 얼음 반신욕을 하는 기분이 들었다. 나도 물을 뿌리려고 했는데 괘씸하게 도망가 버렸다. 그러다가 지원이도 물을 뿌렸다. 지원이한테는 그래도 그나마 반격을 할 수가 있어서 감사했다. ㅋㅋㅋ

아무튼 그렇게 물에서 잠깐 놀고 씻으러 갔는데 뜨거운 물이 안 나왔다. 샤워실이 되게 호텔 같아서 나올 줄 알았는데 안 나와서 그냥 찬물로 씻고 나왔다. 그렇게 뷔페에 가서 먹는데 뷔페가 아닌 뷔페였지만 그래도 감사하게 맛있게 먹고 나왔다.

택시를 타고 숙소에 가서 과일을 먹으며 모임을 했다. 달고 살던 감기 때문에 또 열이 났다. 그런데 컨디션이 많이 안 좋진 않아서 약만 먹었다. 이집트에서 달고 온 감기를 지금 2주 내내 달고 있으니 좀 억울했지만 그래도 거의 호전되고 있으니 다행이었다.

아무튼 나는 텔아비브 조사를 마저 했다. 혼자 숙소 카운터 소파에서 몇 시간이나 앉아서 계획을 대폭수정하고 다시 구글 지도를 찍는데 너무 급하게 수정해서 잘못되면 어쩌나 하는 걱정이 들었다. 그렇게 거의 마무리를 하고 나서야 잠에 들었다.

2023-01-30 (월) / 출애굽기 15장

암만 시내 둘러보기

• 정연이의 묵상과 여행

　26절에서 치료하는 하나님이라고 밝히시면서, 순종할 때 어떤 재앙도 내리지 않으신다고 하셨다. 이스라엘 백성이 어떠하든지 하나님께서는 항상 동일하게 말씀하셨다. 내가 하나님 앞에서 결단하더라도 얼마 못가서 다시 풀어지거나 그 은혜를 잊어버릴 때가 많은데 오늘은 15장을 더 묵상하면서 이 말씀을 통해 하나님이 무엇을 말씀하시는지 저녁에 친구들과 나눠봐야겠다.

　오늘도 평소처럼 오전 10시쯤에 아침을 먹었다. 그런데 오늘은 식당이 아니라 숙소에서 미리 사두었던 우유, 크림 치즈, 옥수수 통조림, 비스킷, 그리고 매일같이 먹던 빵을 먹었다. 이 빵은 이집트에서 '아이쉬', 요르단에서는 '호베즈'라고 불린다. 지금 요르단에 있기는 하지만 이 빵을 이집트에서 먼저 접했기 때문에 아이쉬라는 이름이 더 익숙했다. 게다가 한동안은 중동의 모든 나라가 아이쉬라고 부르는 줄 알았다. 이제라도 이 빵에 대해서 설명을 하자면 중동의 전통적인 납작빵이고, 한국에 비유하면 쌀밥과도 같은 존재다. 처음 먹었을 때는 별로였는데, 먹다 보면 은근히 괜찮은 음식이다. 특히 와디무사의 식당에서 갓 구워져 나왔을 때는 정말 먹을 만 했다.

　우리는 체크아웃을 한 뒤 숙소에 짐을 맡기고 '암만 시내 투어'를 하러 나갔다. 사실 이름만 시내 투어이지, 이 지역을 조사한 사람이 길을 찾아다니면서 유적지에 대해 설명해주는 것이었다. 첫 번째 장소인 '암만 성채'를 가기 전에 배를 채우기 위해

밖으로 나갔다. 숙소 주변으로 몇 군데를 알아봤는데, 'Hot n Dogs'라는 패스트푸드점으로 갔다. Chicken Shawarma Sandwich를 주문했고, 생각보다 나오는 데 오래 걸렸지만 음식은 매우 만족스러웠다. 치킨랩과 감자튀김이 함께 나오는 메뉴인데, 세 종류의 소스와 치즈가 정말 마

음에 들었다. 감자튀김에 찍어 먹으니 한국에서 먹던 맛과 비슷했다. 7인 7색에서 먹은 것 중 손에 꼽을 만큼 맛있었다.

점심을 든든하게 먹고 나서 암만 성채가 있는 곳으로 올라갔다. 이름을 조사해 보니 'Citadel'은 '성채'라는 뜻의 영단어이고, 아랍어로는 'Jabal Al Qala'a(자발 알 껄라아)'였다. 가는 도중에 굉장히 멀리 요르단 국기 하나가 보였는데 그 높이가 126.8미터였다. 세워질 당시에는 세계에서 가장 높았지만 현재는 사우디아라비아의 깃대가 가장 높다고 한다. 멀리서 봤는데도 정말 선명하게 보일만큼 어마어마하게 컸다.

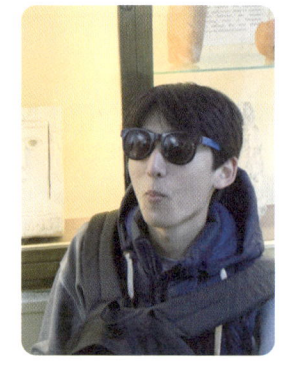

나는 시타델 유적지에 대해 하나씩 설명해야 했는데, 어쩌다보니 컨셉이 여행사 가이드처럼 잡혀버렸다. 이것도 나름대로 재미있었다. 시타델에는 오래 전 연달아 발생한 지진 때문에 지금은 큰 돌 기둥 몇 개만이 남아 있었다. 1900년대부터 복원을 시작했다고는 하는데 지금은 대부분이 발굴되지 않은 채로 두고 있다고 느껴졌다. 그래도 시타델에서는 암만 도심이 한눈에 보여서 기분이 상쾌했다. 박물관까지 둘러보고 나갈 때 로마 원형 극장을 갔다 온 선배들을 만났다. 우리와 이동 순서가 반대인 것 같았다. '로마 원형 극장'까지는 걸어서 10분 정도면 갔다. 길이 조금 복잡하기는 했지만 내려가는 방향이어서 힘들지 않았다.

이제 막 원형 극장을 들어가려고 하는데 갑자기 외국인 두 명이 말을 걸어왔다. 지금까지 이렇게 먼저 다가오는 사람들은 대부분 의도가 불순했기 때

문에 자동적으로 경계부터 하게 되었다. 그런데 자신들은 요르단 대학교에 다니는 학생이고, 이곳에 온 외국인에게 음식을 추천해 주거나 구경할 만한 곳을 알려주고 싶을 뿐이라고 설명했다. 처음에 약간 의심하는 것이 느껴졌는지, 도움을 준 뒤 돈을 요구하려는 것은 아니라고 말해주었다. 얘기를 하면서 지금까지 만났던 전형적인 현지인들과는 다르다는 것을 알 수 있었다. 그렇게 정말 이야기만 하고, 같이 사진을 찍은 후에 헤어졌다. 이후에 옆에서 지켜보던 한 아이와도 사진을 찍게 되었다. 외국인이라서 관심을 받는다는 것이 신기했다. 원형 극장 내부는 중앙에 서서 말하면 마이크 없이도 멀리까지 들리도록 설계되어 있었다. 사람이 워낙 많아서 소리가 약간 묻히기는 했지만, 실험해 보니 잘 들렸다. 투어가 다 끝나고, 현지 디저트인 '크나페 가게'에 갔다. 따뜻하고 달달해서 맛있었다. 크나페만으로는 아쉬워서 아이스크림 가게도 들렀다. 요르단에서 먹는 첫 아이스크림이어서 그런지 더 맛있었다.

오늘 밤에 '키프로스'로 가기 때문에 숙소 측에 돈을 지불하는 택시를 이용하기로 했다. 출발하기 전까지 시간이 남아서 저녁은 현지 컵라면으로 해결했다. 퀸 알리아 국제공항은 규모가 꽤 크고 한적해서 마지막 모임을 하기에 좋은 환경이었다. 요르단에서의 마지막 날이라고 생각하니 아쉬웠다. 키프로스로 가는 비행기에서 잠깐이라도 자야겠다.

• 태준이의 묵상과 여행

주님이 홍해를 지나게 해주실 때는 주님을 찬양했지만 이후 쓴물 때문에 주님께 원망하는 태도로 바뀌었다. 나도 신나게 찬양을 부르다가 힘든 일이 찾아올 때 하나님을 원망하지 않았을까? 찬양하던 태도에서 원망으로 바뀐 내 태도, 힘든 가운데 작은 감사를 깨닫지 못했던 내 태도를 성찰하게 되는 말씀 묵상이었다.

오늘은 '암만 투어'를 하는 날이다. 투어를 하기 위해서는 배를 든든하게 채워야 하기 때문에 우리는 핫도그를 먹으러 왔다. 세트를 시켰는데 핫도그, 감자튀김, 콜라 그리고 다양한 소스가 같이 나왔다. 소스가 예술이었다. 하루를 맛있는 음식으로 시작하니 행복했다.

밥을 먹은 후 '시타델'이라는 곳으로 향했다. 정연이의 가이드 하에 유물에 대한 설명을 들었다. 사진을 찍은 후 우리는 박물관을 가기로 했다. 박물관에서 우리는 정연이와 똑같은 유물을 발견했다.

시타델에서 시간을 보낸 후 우리는 '로마 원형 극장'으로 향했다. 우리가 로마 원형 극장에 들어가려고 하자 두 청년이 우리에게 말을 걸었다. 처음에는 경계를 했지만 정말 우리는 반겨주는 마음이 느껴졌다. 두 청년과 사진을 찍고 나는 그중 한 명과 인스타 팔로우를 했다. 두 청년과 헤어지려고 할 갑자기 다른 현지인 분들도 우리에게

사진을 찍자고 요구하셨다. 주로 어린 아이들이었다. 연예인이 된 기분이었다. 로마 원형 극장 가운데서 끝까지 소리가 들리는지 궁금해서 테스트를 해봤는데 진짜 들렸다.

이후 우리는 중동에 유명한 '크나페'를 먹으러 왔다. 크나페는 안에는 치즈가 있고, 밖은 설탕을 굳혀 달달짭짤한 맛이었다. 처음 먹을 때는 맛있었지만 계속 먹다보니 너무 달았다. 크나페를 먹고 우리는 '젤라또'를 먹으러 갔다. 단맛에서 벗어나고 싶을 때 젤라또를 먹었는데 정말 개운했다.

숙소로 돌아와 라면을 먹고 '키프로스'로 가기 위해 암만 공항으로 출발했다. 비행기를 타고 키프로스로 이동했다. 공항에 도착한 우리는 공항에서 노숙하기로 했다. 나는 잠이 안 와서 밤을 샜다.

• 다예의 묵상과 여행

'여호와는 나의 힘이요 노래시며 구원이시로다.'라고 모세와 이스라엘 백성들은 찬양한다. 그 중 무엇도 내가 느끼고 고백할 수 있는 것은 없었다. 하나님께서 나의 힘이 되신다는 것을 느껴보고 싶다. 오늘은 가사를 묵상하며 찬양을 많이 들어야겠다.

아침으로 아이쉬에 크림치즈를 바르고 콘 옥수수와 꿀을 올려 먹었는데 맛있었다. 점심은 소스가 다양해서 맛있는 치킨 롤을 먹었다. 그리고는 '시타델'에 갔다. 빼곡함과 구름 있는 하늘이 만들어내는 뷰에 놀랐다. 이것저것 설명을 듣고 '로마 극장'에 갔다. 가는 길에 예선(예배선교팀) 신나는 찬양 플리(플레이 리스트)를 들었다. 여러 사람들이 말을 걸고 같이 사진을 찍자고 했다. 기분이 나쁘진 않았는데 왜 사진을 찍고 싶어 하는 것인지 의문이었다. 로마극장에서는 어디까지 들리는지 실험을 해 보았다. 저 위까지 잘 들리는 것 같은데 어떤 원리인지 궁금하다. 이곳에서는 7인 7색다운 사진을 많이 찍었다.

'크나페'를 먹었는데 너무 맛있었다. 치즈에 바삭하게 설탕을 입힌 느낌인데 하나 더 먹고 싶었다. '젤라또'도 먹었다. 나는 확실히 상큼한 맛을 좋아하지 않는 것 같다.

그리고는 숙소의 로비에서 라면을 먹으면서 택시를 기다리다가 공항으로 갔다.

마무리 모임 시간에 나는 무엇도 나눌 수가 없었다. 복잡한 심정이라도 이야기할 생각이었지만 친구들의 나눔을 들으면서 그 생각을 접게 됐다. 친구들은 모두 느끼는데 내가 느끼지 못하는 그것이 무엇인지, 나는 왜 묵상이 잘 안 되고, 신앙에 대해 열등감 같은 것이 생기고, 때가 있다는데 그냥 내 잘못인 것 같은지, 나는 왜 여기서 행복을 느끼지 못하는지, 거리감이라는 단어만으로는 표현이 되지 않는 괴리감을 느꼈다.

• **지원이의 묵상과 여행**

　모든 것을 하나님께 고백하는 모세처럼! 하나님께 전심으로 기도드리는 시간을 가져야겠다! 오고가며 기도드리기도 했지만, 전심으로 하나님과의 시간을 온전히 가지진 않아왔던 것 같아서, 시간을 내서 무조건 '하나님과의 깊은~ 대화시간'을 가져야겠다! 적용!

　'키프로스'엔 기독교인들이 많다는 소식을 접하게 되었다. 여태 이집트, 요르단은 복음과 끊어진 나라라는 이야기를 많이 들었는데, 키프로스엔 기독교와 교회가 꽤 있다는 소식을 듣고 하나님의 인도하심이 느껴졌다. 그리고 오늘은 '암만 시내투어'를 했다. 김정연의 인도 하에! 첫 번째는 '암만 성채'를 가서 구경했다. 그리고 '로마 원형 극장'을 구경하러 들어가는데, 입구에서 어떤 대학생 두 명이 우리에게 말 걸고 엄청 자기네들 할 말을 많이 했다. 외국인을 만나서 신났던 듯하다.

　그렇게 대화를 하다가 갑자기 오늘 요르단 국왕의 생일이라며, 어떤 종이를 건네주는 어린 아이를 만났다. 국왕이 그려져 있고, 글씨가 막 써 있었는데, 종이를 주면서, '이분이 나의 왕이고 아버지이다.'라고 이야기 하는 모습을 접하게 되었다. 안타까운 마음이 제일 컸다. 그게 정말 진리라고 생각하고 왕으로 받들며 사는 '저 아이에게 하나님이 있었다면 어땠을까?'라는 생각이 들었다. '내가 열방을 위해 기도해야 하는 이유가 어쩌면 여기 있을 수도

있겠다.'라는 생각이 든다. 우리가 저 아이 한 명의 생명을 살릴 수 있는 유일한 통로는 기도뿐이다.

 사실 원형 극장에 들어가서 1일 연예인 체험을 했다. 마주치는 사람마다 사진을 찍어달라고 하는 게 너무 재밌고 신기했다. 신나게 애들하고 사진을 찍었다!ㅋㅋㅋㅋ 그렇게 나와서 유명한 간식 '크나페'를 먹었다. 되게 달고 맛있었다! 다른 친구들은 너무 달아서 남겼고, 단거 짱 좋아하는 다예는 다 먹고 친구 것까지 먹었다. 그리고 '젤라또 집'으로 향했다. 젤라또도 먹고, 슬러쉬도 먹었다. 진짜 너무 맛있고 행복했다!!!! 적당히 걸었고, 맛있게 먹은 하루! 행복했던 하루였다.

 숙소로 돌아와 씻고 공항으로 향할 준비를 하였다. 사실 카림이라는 우버 같은 택시 어플로 미리 택시 가격을 알아봤는데, 숙소에서 차 서비스 해준다는 것보다 훨씬 싸게 나오길래 숙소 차 서비스를 거절했다. 하지만 변수는.. 시간마다 가격이 달라져서, 공항으로 가려고 검색을 해보니까 거의 3배나 올라서, 숙소에서 서비스 해주는 값이 더 싼 꼴이 되었다. 그렇게 다시 흥정을 하러 나와 주은이가 출동했다.. 나는 사실 낯을 진짜 많이 가리고, 부끄럼을 잘 타고, 이 상황이 민망

해서 말하는 내내 쥐구멍으로 숨고 싶었다. 어쩌면 주은이도 그랬을지도… 그렇게 불쌍한 표정으로 나와 주은이가 함께 흥정하다가 절대! 안 된다길래 카드 수수료만이라도 해달라고 했다. "너네 학생이고, 너네 좋은 사람인거 알아서 해주는 거다!"하고 수수료를 면제해줬다. 진짜 너무 감사했다ㅠㅠㅋㅋ

 그렇게 큰 차를 타고 우리 9명은 암만 공항으로 향했고, 공항에 도착해서야 알았는데, 저가항공이라 그런지 온라인 체크인을 안 하면 돈을 내야 한다고 하길래!!!! 얼른 온라인 체크인을 마쳤다.

• 다연이의 묵상과 여행

　모세는 벅차오르는 마음으로 자신이 표현할 수 있는 모든 수식어를 동원하여 하나님을 찬송한다. 내가 믿는 하나님은 이 세상의 말로 다 형용할 수 없는 위엄을 가지신 분이다. 나는 하나님의 역사하심에 비해 너무 고요하게 반응하고 있었다. 온 마음 다해 하나님을 찬송해도 부족한데 하나님께서 거뜬히 이기실 세상의 것에 집중하고 두려워했었다. 하나님께 감사하기를 미루지 말자.

　아침 묵상을 마치고 먹는 우리의 아침은 또 '아이쉬' 빵이다. 수분이 날아간 얇은 난 같은 빵인데 아무런 맛도 안 난다. 처음에는 이게 뭔가 싶었지만 이집트에서부터 계속 먹으니 이젠 괜찮은 것 같기도? 오늘은 요르단 '암만 투어'를 하는 날이다. 짐을 맡기고 '요르단 성채'로 향했다. 다. 숙소 근처에 있어서 걸어서 이동했는데 오르막길이라는 변수가 있었다. 김정연이 성채 투어 가이드를 해주어 더 알차고 재미있는 시간이었다. 요르단 성채 투어를 마치고 나오는 길에 요르단에서 사역하시는 크리스천 분을 만났다. 그분께서 "요르단 땅을 위해 기도해달라."고 말씀해주셨는데 아주 짧은 대화를 나눴지만 그 한 마디에 진심이 담겨 있었다. 그때부터 내가 밟고 있는 이 땅을 위해 기도하게 되었다.

　다음으로 '로마 원형 극장'으로 향했다. 들어가기도 전에 한국인들을 좋아하는 사람들을 많이 만났고 계속 사진을 요청했다. 1일 연예인 체험을 한 기분이었다. 건축 구조 상 극장의 중심부에서 말하는 내용도 맨 윗 층까지 들리는 게 너무 신기했다! 원형 극장에 앉아 요르단 풍경을 보며 이들이 복음을 되찾을 수 있게 해달라고 기도했다.

　투어 일정을 마치고 우린 요르단의 대표 디저트인 '크나페'를 먹으러 갔다. 다큐를 통해 이미 알고 있었지만 현지 사람들도 줄을 지어 사먹는 음식인 걸 보고 더 먹고 싶어졌다. 달달하고 바삭한데 안에 치즈가 있어서 너무 맛있었다! 하지만 딱 한계를 넘으니 멀미날 정도의 단 맛을 자랑했다. 급히 '젤라또 가게'에서 상큼한 젤라또를 먹어 중화시켰다. 젤라또 하나에 이렇게 큰 행복을 느낄 수 있다니!

라면을 사들고 숙소로 들어가서 저녁을 먹고 공항으로 향하는 교통편을 알아봤다. 그런데 이게 웬걸.. 카림 어플로 알아봤던 가격이 몇 배로 올라갔다. 어쩔 수 없이 숙소에서 연결해준 미니버스를 이용하기로 했다. 그 전에 수차례 거절을 했어서 눈치가 보였지만 이 방법 외에는 답이 없었기에 지원이의 말과 주은이의 애교로 수수료를 깎고, 무사히 공항에 도착했다. 우리가 타는 항공은 악명 높은 저가 항공 라이언에어였는데 기대 쌤께서 기적처럼 온라인 체크인을 발견하셔서 추가 요금을 내지 않고 짐을 부칠 수 있었다.

비행기에 타기 전 나눔 시간에 열방을 위한 기도의 마음을 받은 것을 이야기했다. 다 같이 이집트, 요르단, 이스라엘을 위해 기도했는데 열방을 위한 기도를 하며 눈물이 난 적은 처음이었다. 하나님께서는 나의 생각보다 훨씬 크신 분임을 새삼 깨달았다. 7인 7색에서 얻어가는 것이 '열방을 향한 마음'일 줄은 꿈에도 몰랐기 때문이다. 입시를 준비하며 나의 환경과 상황 속에만 갇혀 있는 게 아니라 하나님 나라를 위해 기도하고 더 넓게, 더 멀리 봐야함을 깨닫게 하셨다.

• 영훈이의 묵상과 여행

2 여호와는 나의 힘이요 노래이시며 나의 구원이 시로다 그는 나의 하나님이시니 내가 그를 찬송할 것이요 내 아버지의 하나님이시니 내가 그를 높이리로다.

이 말씀을 보고 눈앞에서 홍해가 갈라지는 기적과 애굽 군대가 멸하는 모습을 보면 없던 신앙심도 생길 것 같다. 하지만 22~27절을 보면 물이 사라지자 바로 모세를 원망하는 것을 보고 한없이 나약한 인간의 모습을 볼 수 있게 되었다. 눈앞에서 기적이 행해지는 것을 보고도 원망하는 모습은 정말 내 모습이다. 주님을 어떤 상황에서도 믿고 순종함을 어려워했고, 원망하는 내 모습을 다시 돌아보게 되었고, 결단했지만 며칠 만에 풀어지고, 고난이 오자마자 주님을 원망하고 주님을 그때만 찾고 다시 풀어지는 삶을 반복해 왔다. 나 또한 나약하고 어리석은 백성임을 인정하게 된 말씀이었다. 키프로스 숙소를 정하는 어려움이 생겨도 주님의 인도하심임을 알고, 불평불만 하지 않고, 그것 또한 인도하심임을 알자. 오늘 하루는 불평불만을 하지 않고 불평불만을 감사로 바꾸고, 감사한 것을 나누자! 모든 것이 충족되어서만 찬양했던 나. 어려운 상황에도 주님을 찬양해야만 하는 모습으로 바꿔나가야 한다고 생각했다. 주님의 은혜를 누렸던 것들을 찬양으로 적어보라고 여행 선생님이 말씀하셨는데 도전해봐야겠다.

17년 동안 나는 몰랐다. 주님이 내 곁에 계신지. 기도하다가 우는 이유를 나는 몰랐다. 구원이 무엇인지도 몰랐던 나는 구원을 깨닫게 되었을 때부터 바뀐 삶을 살았다. 하지만 얼마 가지 못하고 다시 불평불만하고 어리석은 내가 되었다. 나 또한 나약하고 어리석은 백성이었다. 감사하지 못할 때 감사할 수 있고, 주님을 찬양하지 못할 때 찬양하는 내가 되도록 노력해보겠다.

점심을 먹으러 갔다. 핫도그가 너무 맛있었다. 여행 선생님이 "원고 얼마나 시간 줘야 해?"라는 말에 '이제 끝나가는구나.'라고 생각이 들기도 하였고, '언제 정리하지~??'라는 생각도 들었다.

한국인들을 많이 만났다! 그것도 기독교인을 만나서 좋았다. "요르단을 위해서 기도해달라."는 말을 듣고 너무 귀하고, 정말 기도해야겠다는 생각이 들었다. '젤라또, 딸기 주스, 크나페' 간식이 너무너무 맛있었다!

라면 끓이느라 수고한 태준이! 협상한 주은, 지원이! 오늘 하루 이끌어준 정연! 가위 달라고 하니 선뜻 일어나 큰 짐에서 가위 꺼내다주는 다예, 다연! 오늘 하루도 좋은 말씀과 우리를 잘 보살펴 주셔서 감사한 기대 쌤! 또 이쁘게 촬영해주시고 영상 올려주신 여행 쌤께도 감사합니다. 오늘 하루 너무너무 고마웠다.

• **주은이의 묵상과 여행**

  그들이 그렇게 환호하고 찬양한지 겨우 사흘 후에 다시 그들은 여호와를 원망하게 되었다. 인간은 참 나약한 존재인 것 같다.

오늘은 '암만 투어'를 하고 '파포스'로 이동하는 날이다! 아침을 간단하게 사먹은 뒤에 암만 투어를 시작했다. 우선 '암만 성채'에 갔는데 오늘 하늘이 지인-짜 너무 예뻐서 너무 좋고 행복했다. 이제 여행 막바지라는 게 너무 슬프다. 암만 성채에 갔다가 박물관도 들렀다가 밖에서 사진도 찍고, '원형 극장'으로 향했다. 원형 극장에 갔는데 현지인분들이 우리에게 사진을 권유하셨다!! 예전에 여행 유튜버 분들 중 사진 요청 하면 끝도 없이 하니 하지 말라고 하신 분이 있었는데 피라미드에서 애기 한 명이 사진 찍어 달라고 한 걸 거절 했다가 너무 미안했었다. 그래서 이번엔 사진을 요청했을 때 그냥 찍어줬던 것 같다. 그런데 계속 계속 애기들과 함께 찍어 달라는 요청이 들어왔다. 우리는 그게 너무 재밌어서 연예인 체험 한다고 막 계속 찍어줬는데 참 재밌고 좋았던 기억이 난다. 나두.. 연ㅇㅖ인..? >< 아무튼 그렇게 있다가 다시 시내로 돌아가서 '크나페'라는 디저트를 먹었는데 엄청 맛있었다. 그런데 너무 많이 사서 물려가지고 남기

긴 했다. 그런데 치즈가 쭉 늘어났던 그 맛이 잊히지 않는다. 계속 그렇게 돌아다니다가 숙소로 돌아왔다.

사실상 짐만 맡긴 거였지만 비행기 시간까지 시간이 남아서 숙소 사장님께 카운터 앞에 있어도 되냐구 물어봤는데 다행히 허락해주셔서 우리끼리 라면을 먹고, 모임도 하고, 대기하고 있었다. 택시를 그냥 잡을까 했지만 세 대나 잡아야 했기에 숙소가 컨택해 주는 택시를 타기로 했다. 깎아달라고 엄청 애원해봤는데 안 깎아주셔서 어쩔 수 없이 타게 됐다.ㅠ.ㅠ 그렇게 공항으로 이동했고, 짐을 다 보낸 후에 비행기를 타고 '파포스'로 향했다. 1시간 반 정도를 비행 한 후 도착했고, 입국수속을 한 후에 공항 노숙을 위해 자리를 잡았다.

2023-01-31 (화) / 출애굽기 16장

키프로스 파포스?

- **정연이의 묵상과 여행**

  16절에 한 오멜 씩 거두라고 하시는 말씀이 나온다. 오멜이라는 단위를 검색해보니 2.2kg가량이라고 한다. 이만큼이 하루의 양식이라고도 나와 있었다. 내가 광야를 지나가는 이스라엘 백성의 입장이었다면 부족하게 느껴졌을 것이다. 힘든 길을 가기 때문에 그만큼 많이 먹어야 할텐데, 한 오멜로 버틸 수는 있겠지만 조금 배고플 것 같다고 생각했다. 그래서 내가 당시 이스라엘 백성이었다면 20절의 상황처럼 하나님의 말씀을 어길 것 같았다. 오늘부터 예산이 적어지기는 하지만, 불평하기 보다는 함께하는 인원들을 배려할 수 있도록 노력해야겠다.

  '키프로스'에 도착하고 나니 자정이 넘었고, 잘 준비를 얼른 한 뒤에 공항에서 노숙을 했다. 아침에는 다들 잠을 많이 못자서 피곤할 텐데 일찍 일어나있었다. 암만에서 가져온 빵과 과자를 간단히 먹은 후 버스를 타고 숙소가 있는 동네로 이동했다. 요르단에 있다가 갑자기 유럽 섬나라에 왔더니 분위기가 완전히 달랐다. 항상 조심하고 경계하면서 다니다가 이곳에 와서 뇌가 혼란을 겪는 듯 했다. 키프로스는 한반도처럼 남북으로 분단된 국가인데, 그리스 계 주민들이 남 키프로스에, 튀르기에 계 주민들이 북 키프로스에 거주하고 있다.

  숙소에 도착해서 짐을 풀었더니 피로가 몰려왔다. 그 자리에서 눕기만 하면 바로 잘 수 있을 것 같았다. 그래도 점심을 먹어야했기 때문에 너무 피곤해지기 전에 일어났다. 코스 요리가 있는 식당으로 갔는데, 이곳에서는 에피타이저, 메인 메뉴, 디저트를 하나씩 고르는 메뉴를 주문했다. 하나의 코스 요리를 두 명이서 나눠 먹어서 양이 조금 부족했다. 아마 식사량이 많은 태준이가 가장 힘들었을 것이다. 나는 그저 앞으로 중동 현지 음식을 먹을 일이 없다는 것만으로도 감사했다. 우리는 식사를 마치고 바울이 전도 중에 붙잡혀 채찍질을 당했다는 기둥이 위치한 교회를 향해 출발했다. 바울이 키프로스에도 선교하러 왔었다는 것과, 지금 그

지역에 내가 있다는 것이 신기했다. 처음에 어느 곳에 바울의 기둥이 있는지 몰라서 엉뚱한 곳을 찍기도 했다. 이러한 순례지에는 처음 와보는데, 이곳을 직접 보면서도 여행 일정으로 인해 지친 탓에 제대로 묵상하지 못한 것이 후회가 된다. 살면서 다시 와보지 못할 것이라고 생각하니 더욱 아쉽다.

그 다음으로는 마트에 들러서 식재료를 샀다. 삼겹살을 구워먹고, 김치 볶음밥도 해먹을 것이라서 고기를 많이 샀다. 유럽이기는 하지만 한국과 물가가 비슷하고, 특히 겨울에 더 싸다고 한다. 탄산음료와 과일도 많이 구매해서 기분이 좋았다. 숙소에 돌아오니 벌써 4시30분 쯤 되었다. 오늘이 아니면 숙소 한가운데 있는 야외 수영장에 들어가지 못할 것 같아서 옷을 갈아입고 수영장에서 모였다. 그런데 햇빛이 비추지 않아서 그런지 물에 들어가지도 않았는데 벌써 추웠다. 들어갈 준비를 하려고 쪼그려 앉아 물을 묻히고 있는데 갑자기 뒤에서 누가 밀었다. 알고 보니 기대 쌤이 준비하고 있는 우리에게 장난을 친 것이었다. 처음에는 깜짝 놀랐지만 막상 한 번에 들어가니 훨씬 나았다. 오히려 물 밖으로 나왔을 때가 더 추웠다. 한 번만 들어가기에는 조금 아쉬우니 동시에 다이빙을 한 뒤, 챙겨온 수건을 두르고 들어왔다.

우리는 두 개의 화장실에서 돌아가면서 씻어야 했다. 그런데 첫 번째인 영훈이 차례에는 따뜻한 물이 잘 나오다가 그 다음부터는 차가운 물 밖에 나오지 않았다. 처음에는 두 화장실에서 동시에 따뜻한 물을 틀려고 해서 그런 줄 알았으나, 반대쪽도 마찬가지임을 듣고 나서 기대 쌤을 의심했던 것이 죄송했다. 알고 보니 화장실 전등 스위치 옆에 온수 스위치가 따로 있는데, 20분 이상 켜놓지 말라고 쓰여 있었다. 아마 이것 때문에 차가운 물만 나왔던 것 같다.

샤워를 끝내고 나왔더니 선생님과 친구들이 저녁 준비를 하고 있었다. 오늘의 메뉴는 삼겹살이었는데, 한국에서 가져온 음식들을 대 방출 하는 날이었다. 볶음 김치, 진미채 볶음, 맛다시, 볶음 고추장 그리고 미역국을 고기와 함께 먹었다. 적어 놓고 보니 '볶음'이 들어간 음식이 정말 많다. 게다가 아까 마트에서 산 쌀로 밥까지 지어서 오늘의 밥상은 완전히 한식이었다. 하나님께 정말 감사했다. 영훈이가 편집한 오늘의 11학년 여행 영상과, 만화 둘리에 나오는 마이콜의 노래를 불러준 영훈이의 공연까지 보면서 식사를 마무리했다. 중동에서 잔뜩 긴장했다가 키프로스에 오고 나서 풀리더니 평소보다 훨씬 피곤해서 오늘은 일찍 침대에 누웠다.

• 태준이의 묵상과 여행

 주님의 말씀에 순종 하지 않고 자신이 얻고 싶은 대로, 얻고 싶은 만큼 욕심을 부린 것은 결국엔 썩고 냄새가 났다. 반면에 주님의 말씀에 순종한 것은 썩지 않고 냄새도 나지 않았다. 주님께서는 우리에게 '자유의지'를 주셨다. 순종하느냐, 하지 않느냐는 우리에게 달려있다.

 안 자고 있었다. 그때 허주은이 깨고, 기대 쌤도 깨셨다. 가만히 앉아 있는데 허주은과 기대 쌤이 음료 한 잔씩 쏘겠다고 했다. 허주은이 사준다고 했는데 뭔가 이상하다고 느꼈다. 아무튼 사준다고 하니 맛있게 마셨다. 이유 없이 사주길래 일단 오늘 하루는 왕으로 모시기로 했다.

 의도치 않은 장소로 여행을 하게 되었는데 너무 기대가 되었다. 공항에서 버스를 타고 숙소로 향했다. 숙소에 도착했는데 너무 좋았다. 진짜 우리 숙소인지 믿기지 않았다. 숙소 내부의 시설도 깨끗하고 있는 건 다 있었고, 수영장도 있었고, 풍경도 완벽했다. 모든 피로가 사라졌다.

 밥을 먹고 바울이 전도 여행 중 매를 맞았다는 곳으로 갔다. 구약에선 모세를, 신약에선 바울을 가장 좋아하는데 7인 7색 여행 중 모세와 바울을 묵상할 수 있는 곳들을 가니 감격스러웠다. 바울이 매를 맞은 장소에서 바울은 하나님께 어떤 존재였을지 생각해보았다.

 숙소로 오는 길에 장을 봤다. 이

틀 동안 요리할 장을 봤고, 콜라도 샀다. 집에 돌아온 우리는 수영장에서 놀기로 했다. 그런데 물이 너무 차가워서 남학생과 기대 쌤만 들어갔다 왔다.

저녁은 삼겹살. 그리고 가져온 볶음 김치에 미역국에 진미채로 완전 한식 파티다. 기분이 좋아졌다. 삼겹살 냄새, 삼겹살이 구워지는 소리, 구워져가는 삼겹살이 나를 환장하게 했다.

• 다예의 묵상과 여행

　오늘 말씀에서는 하나님의 체계적인 계획을 볼 수 있었다. 이런저런 일들이 맞물려서 무언가가 이루어졌던 경험이 떠올랐다. 모든 시간이 나에게 필요한 시간일 것이라는 생각이 들면서 현재에 집중해야겠다고 생각했다.

　불침번이 4시 30분이었는데 일어나 보니 8시였다. 책임감 없는 사람이 된 듯한 느낌이 싫었다. 아침에 다들 뭔가를 알아보러 다녀왔던 것 같아서 더 미안했다. 그 후에도 교통이나 일정에 대해서도, 변수가 많아 내가 알아본 것이 별 의미가 없어졌다. 내가 맡은 곳인데 한 일이 아무것도 없어 보여서 마음이 불편했다. 어제부터 혼자만의 시간이 간절하게 필요했지만 그게 되는 환경이 아니었다.

　버스를 타고 숙소로 갔다. 생각보다 날씨가 추웠다. 가는 길에 덴마크 무궁화와 포인세티아와 라벤더가 보였다. 이곳은 확실히 다채로움이 있었다. 짐을 두고 점심을 먹으러 갔다. 코스 요리를 주은이와 나눠먹었는데 토스트도 믹스 그릴도 아이스크림도 맛있었다.

　식사 후 바울 채찍 기둥과 교회를 보러 갔다. 굉장히 의미 있는 장소라는 것을 조사를 하며 알게 됐었는데 감흥이 없었다. 자꾸 나의 불안정함에 집중을 하게 됐다. 마트에 가서 장을 봤다. 왜 유령도시라고 하는지 알 것 같았다. 언뜻 지나가면서 봤는데 파도가 감성적으로 부서졌다.

　수영장에서 놀 생각이었는데 물이 너무 차

가워서 들어가지 못했다. 차례대로 씻었는데 이곳에도 따뜻한 물이 나오지 않았다. 저녁으로는 삼겹살 파티를 했는데 맛있었다. 설거지를 하면서 안정감을 찾게 됐다.

여러 가지로 생각이 많아 현재에 전혀 집중하지 못한 하루였다. 묵상, 여행을 즐기는 것, 해야 할 일을 해내는 것, 친구들에게 도움을 주는 것. 이 중 어떤 부분에서든 제대로 하고 있는 게 하나도 없다는 생각에 여기에 오기 위해 어떤 과정을 거쳤는지가 생각이 나면서 회의감이 들었다는 것을 나누었다. 그리고 내일은 괜찮을 것 같은 느낌이 든다고도 이야기했다. 몇몇 친구들과 기대 쌤과 이야기를 나누다가 잠에 들었다.

• 지원이의 묵상과 여행

　20절에 필요한 만큼 채워주시는 하나님인데, 그 받은걸 자기 욕심으로 아껴두고 오래 간직하려는 마음이 있는 것 같다. 받은 것은 나눠야 한다. 오랫동안 그것을 붙들고 있으면 안 된다. 예산이 생각났다. 375달러,, 솔직히 갖고 싶은 맘이 없는 건 아니었다! 우리도 예산이 좀 빡빡해서 불안하긴 하지만, 그럼에도 나눔 한 것에 대해 하나님이 잘 했다고 칭찬해주시는 것 같았다! 또, 27절, 안식일에 일하러 나가는 백성을 보고 나에게 적용해 보면, 그 욕심이 나에겐 돈, 학업 등등으로 작용하는 것 같다. 하나님을 바라봐야 할 시간조차 아까워서 다른 것에 욕심 부렸던 적이 있나? 생각해보게 됐다. 하나님의 말씀을 안 보면 불안하지 않은데, 내가 학업적으로 해야 할 게 있는 것을 안했다면 불안한 마음이 생기는 내 자신을 돌아봤다. 생명의 말씀인데, 이러면 안 될 것 같다는 생각이 들었다!! 지금 이렇게 공항에서도 묵상과 나눔이 가능한데! 집에선 얼마나 더 좋은 환경일까? 훨씬 좋겠지! 말씀으로 살아가기를 더욱 더 열심히 연습해야겠다! 오늘은 '기도와 나눔 성공하기'가 목표이다. 기대 쌤의 묵상 나눔 중 인상 깊었던 부분, 매일의 만나에 최선을 다하기! 덜하지도 더하지도 않고, 거두시면 거두시는 대로 드리기!

　오늘은 '키프로스'에서 공항노숙을 했다. 내가 숙소를 알아봤는데, 호스트가 예약 확정을 해주지 않아서 마음이 조금 조급했던 상태였다. 사실 해줄 거라는 확신은 있어서 불안한 마음은 아예 없었지만, 빨리 해줬으면 좋겠다는 마음에 조급한 마음이 있었다. 그렇게 시도 때도 없이 폰을 확인하던 무렵! 드디어 호스트가 수락을 해줘서 짐을 맡기러 숙소로 출발했다. 바람이 너무 심하게 불어서, 큰 가방을 메고 있지 않았다면 우리 모두 날라 갔을 것이다. 그렇게 숙소에 짐을 맡기고 나와서 밥을 먹었다. 공항에서 쪽잠을 잔 바람에 너무 피곤하고 체력적으로 많이 안 좋은 상태였고, 날씨도 추워서 더욱 움직이기 힘든 상태였다.

　하지만 그럼에도 바울의 선교지는 꼭 가보고 싶어서, 내일은 비가 온다 길래 오늘

그냥 갔다 오자!!! 라는 마음으로 바울 선교지에 다녀왔다. 바울의 선교지를 보고, 성경에 나오는 곳을 직접 와봤다는 생각에 너무나도 신기하기도 했고, '바울은 얼마나 힘들었을까?, 나에게도 바울과 같은 용기가 있을까?'라는 질문이 들었다.

우리는 그렇게 식료품 가게로 향했다. 과일도 되게 많았고, 고기, 쌀, 음료수를 장바구니에 담는데, 이렇게 행복할 수가 없다. 너무 행복하고 기대됐다. 친구들과 진짜 놀러 와서 힐링하는 기분이 들었다!! 너무 행복했다는 말밖엔 나오지 않았다 진짜… 매일매일 아이쉬라는 빵만 먹다가, 이렇게 싼값으로 맛있는 요리를 해먹을 수 있다는 생각에 너무나도 들떴다. 장을 본 후 숙소로 향해, 삼겹살을 구워먹었다. 세상 행복하고 행복했다!!! 그렇게 맛있게 저녁을 먹고, 모임을 마친 후 푹 쉬었다.

오늘의 모임에서 느낀 점은, 불평을 감사로 바꾸기였다. 안 좋은 컨디션 탓에 불평만 하던 내 자신을 바라보고 너무 실망스러웠다. 불평을 감사로 바꾸는 그런! 능력을 갖고 싶다는 생각을 하게 됐다. 말씀대로 살기도, 감사하기도 참 어렵고 힘들었던 하루였던 만큼, 열심히 살아야 한다는 그 아침묵상 내용이 계속해서 생각나는 내 자신을 보고, 그래도 다행이고 기특하다!

• **다연이의 묵상과 여행**

　하나님께서는 이스라엘 백성들에게 일용할 양식만큼만 가져가라고 명령하셨다. 이스라엘 백성들은 하나님께서 내일도 만나와 메추라기를 주실 것임을 믿고 하루치 양만 가져가야 했다. 아침까지 먹을 것을 남겨두는 행위는 내일에 대한 확신이 없다는 뜻과 같다. 내일도 일용할 양식을 구할 수 있다는 확신이 있으면 내일을 위해 먹을 것을 남겨둘 이유가 없다. 나는 미래 일어날 일에 대해 자주 상상하고 계획하고는 했다. 내 멋대로 나의 미래를 그리고 걱정하기보다 매일매일 변함없이 동행하실 하나님을 의지하며 하루를 살아가야 한다. 하나님의 말씀대로 살아가면 부족하여 굶주릴 일도 풍족하여 넘칠 일도 없다. 하나님께서는 우리에게 필요한 만큼 충분히 채워주시는 분임을 믿고 그 분이 주시는 만큼만 온전히 누리면 된다. 더도 말고, 덜도 말고!

　어젯밤 '키프로스'에 무사히 도착하고 작은 공항에서 두 번째로 공항 노숙을 했다. 이제는 공항도 편안한 숙소가 되는 7인 7색 매직! 비행기에서 정신없이 자서 그런지 공항에서는 많이 못자서 피곤했다. 키프로스라는 섬나라가 있다는 사실도 이번에 처음 알게 된 터라 맨땅에 헤딩을 할 수밖에 없었다. 공항에서 아침을 아이쉬 빵으로 때우고 숙소 예약 확인을 기다렸다. 그동안 키프로스 여행 일정과 교통편을 조사할 수 있었다. 드디어 집주인 분과 연락이 닿아 버스를 타고 숙소로 향했다. 에어비앤비로 예약을 해서 그동안 묵었던 숙소 중 가장 좋은 아파트에 싸게 갈 수 있었다. 숙소에 짐을 맡기고 굶주린 우리는 코스 요리집을 찾아 점심을 먹었다. 생각보다 양이 적었지만 저녁에는 반드시 만찬을 먹으리라 다짐했다.

　다음으로 바울이 선교하다 채찍을 맞았다고 전해지는 교회를 보러 갔다. 뜻하지 않게 오게 된 이 섬이 바울의 선교지일 줄은 전혀 몰랐다. 하나님의 인도하심이 이

렇게나 놀랍다는 것을 다시 느꼈다.

이후 우리는 저녁을 해먹기 위해 식료품점에서 삼겹살, 쌀, 과일 등 여러 음식을 사왔다. 양손은 무거웠지만 발걸음은 가벼웠다. 드디어 한식! 고기 가격이 싸서 배부르게 고기 파티를 할 수 있었다. 약간 실패한 냄비 밥과 한국에서 챙겨온 김치까지 함께 먹으니 정말 환상 그 자체였다.

열방을 위한 기도를 하라는 마음을 따라 기도하다보니 본질적 질문이 나를 찾아왔다. '나는 하나님을 얼마나 믿고 있는지, 내 마음속에는 복음이 얼마나 들어와 있는지' 돌아보게 되었다. 이내 부족한 점이 넘쳐난다는 걸 인정할 수밖에 없었다. 원래 같았으면 나의 믿음이 이렇게 부족한데 열방을 위한 기도를 해도 되는 것일지 의심하고 세상을 향한 기도를 금세 멈췄을 터이다. 하지만 한 방향으로만 역사하지 않으시는 하나님을 이제는 안다. 비록 나의 믿음이 완전치 않을지라도 세상을 향한 기도를 멈추지 않아야 함을 인정했다. 열방을 위한 기도를 통해 오히려 다시 나를 돌아보게 하시는 하나님께 감사했다.

• 영훈이의 묵상과 여행

2 이스라엘 자손 온 회중이 그 광야에서 모세와 아론을 원망하여

하나님은 누구 하나 포기하지 않으시고 먼저 버리시지 않는다는 것을 느끼게 되었다. 주님은 우릴 실망하게 하시고 먼저 멀어지려고 하시지 않는다. 우리가 먼저 멀어지려고 하고 주님을 실망하게 한다. 기도할 때, 묵상할 때 형식적으로 주님을 찾는 것 같다. 항상 주님은 우리를 기다리시고 다시 주님께로 돌아오라고 묵상과 말씀과 삶을 통해 나에게 말씀을 하신다. 하지만 나는 너무나도 나약한 존재라 주님이 고난을 통해서 깨달음을 주시려고 하실 때마다 원망하고 그때만 찾는다. 주님께 귀를 기울여 나에게 주시는 말씀, 깨달음이 무엇인지 알고 살아가는 것과 그것을 저녁 마무리 모임 때 나누는 것이 하루 적용과 목표이다. 오늘 하루 매일 훈련하고 매일 거두기 위해서 욕심 부리는 것이 아니라 주시는 만큼 받아서 하나님이 채워주시는 것임을 알고 하나님의 백성으로 감사하며 살아가자.

오늘 도착해서 너무 피곤하고, 배고프고, 비도 와서 불평불만을 하려고 했지만 그래도 바로 음식점을 찾아서 정말 감사했다. 오늘은 바울이 선교하다가 채찍 맞은 장소에 왔다. 그런데 기분이 안 좋아서 그런지 정말 아무 생각이 들지 않았다. 아직 나는 부족한 기독교인인 것 같다는 것을 다시 한 번 느끼게 되었고, 주님이 나에게 하시

는 말씀은 "네 뜻대로 되는 것은 없으며, 조금 더 성장한 기독교인으로 살아가라."라고 오늘 나에게 말씀하신 것 같다. 감정에 신앙이 이기지 못하는 나약한 나. 앞으로 감정으로 말씀 묵상을 덮지 말고, 감정적인 중에도 신앙이 성장할 수 있는 내가 되어야겠다.

오늘 고기도 구워 먹고, 밥도 잘 먹을 수 있게 해주신 주님께 감사하고, 성장할 수 있는 날을 주심에 너무 감사하다.

• 주은이의 묵상과 여행

백성들이 약속의 땅에 갈 때까지 매일 일용할 양식을 내려주심에 또한 그들을 구름 기둥과 불 기둥으로 지키시는 모습에서 주님께서는 참 사랑의 하나님이심을 느꼈다. 나도 주님께 매일 내게 주어지는 당연한 것들이곧 축복이었다. 감사해야겠다.

오늘은 '파포스' 공항에서 노숙을 했다. 나는 1시 40분에 잠들었는데 2시 반에 깼다가 다시 잠에 들었다. 그런데 3시에 공항 불이 켜져서 다시 깼고, 3시 반에 화장실에서 누가 소리를 내서 다시 깼다. 또 관절이 너무 아파서 4시 반에 깼다. 깬 김에 기대 쌤이랑 공항을 둘러보다가 커피가 너무 먹고 싶어서 사려는데 선생님께서 "태준이가 깨어있으니 우리가 섬기는 게 어떨까?"라는 제안을 하셨고, 좋다고 했다. 그렇게 음료 3잔을 사들고 와서 사이좋게 먹었다. 하나 둘 일어나기 시작했고, 우리는 말씀 묵상을 하고 간단하게 아침을 먹었다.

여행 쌤께서 375달러 공급이 있다고 두 학년이 어떻게 나눌지 상의해보라고 하셨는데 우리는 만장일치로 선배들께 모두 드리기로 했다! 지금 생각해도 정말 좋은 선택이다. 아무튼 우리는 숙소 체크인 시간이 좀 늦어서 짐만 맡겨두고 주위를 둘러보기로 했다. 버스를 타고 나가서 숙소에 도착했는데 우리가 지금까지 머문 숙소 중에 제일 좋았다. 수영장도 있고, 펜션에 온 기분이었다. 그래서 너무 좋았다.

점심을 해결했어야했는데 식당들이 거의 안 열어서 어쩌지 하던 찰나 코스 요리집을 발견했고, 2인1조로 밥을 먹

기로 했다. 나랑 다예는 토스트, 믹스그릴, 아이스크림을 시켰고 맛있게 먹었다. 이후에 바울이 채찍을 맞았던 곳을 찾아가서 잠시 묵상을 했다. 선생님께 설명을 들으며 경건한 마음으로 기도를 했다. 그 후에 식료품점에 들려서 음식들을 샀다. 삼겹살, 계란, 쌀과 과일을 샀다. 망고도 사서 너무 행복했다.

숙소에서 수영장에 들어가려고 수영복까지 갈아입었지만 물이 너무도 차서 실패하고, 우리끼리 밥을 하는데 펜션에 놀러온 것 같아서 너무 재밌었다. 나는 기대 쌤과 밥 담당을 했는데 나는 냄비 밥 레시피만 알고, 기대 쌤도 그런 느낌이어서 고민이 많았다. 그래도 정석대로 해보자라는 마음으로 하는데 기대 쌤이 갑자기 물을 더 넣어야 할 것 같다면서 물을 계속 넣으시고, 눌러 붙는 것 같다고 휘휘 저으셨다. 나는 뭔가 잘못됐다는 직감과 함께 등골이 서늘해졌지만 기대 쌤은 아예 정수기 물통을 잡고 밥에 물을 콸콸 넣고 계셨다. 그리고 그렇게 밥은 떡처럼 하나가 되기 시작했다. 너무 웃겼다. ㅋㅋㅋㅋ 그래도 완성된 밥은 생각보다 먹을 만해서 다행이었다. 내일은 내가 밥을 해보기로 했고, 다른 친구들이 요리를 완성시키기를 기다렸다.

오늘 밥은 삼겹살과 볶음 김치와 진미채였는데 너무 기대가 됐다! 요리가 어느덧 완성이 되고, 잘 먹겠다는 기도와 함께 먹기 시작했다. 정말 너무 그리운 맛이었다.

얼마 만에 한식인지 눈물을 흘리면서 먹었다. 고기가 다 떨어지자 기대 쌤께서 고기를 굽기 시작하셨다. 그런데 기대 쌤이 구우신 고기가 진짜 너무 맛있었다. 그래서 선생님께서 조금 실수하셨던 밥에 대해선 모두가 잊고 선생님을 찬양했다. 정말 너무 맛있었다. 그렇게 밥을 먹은 후 샤워를 하고 몇몇 친구들과 선생님과 깊은 얘기를 하다가 방에 들어가 잠에 들었다. 너무 재밌는 하루였다.

2023-02-01 (수) / 출애굽기 17장

요리에 진심인 우리

- - - - - - - - - - - - -

• **정연이의 묵상과 여행**

　이스라엘 백성들이 여러 가지로 피곤할 때에 아말렉 족속이 와서 공격을 했다. 14절에 하나님께서는 아말렉을 세상에서 잊히게 하시고, 16절에서는 대대로 그들과 싸우시겠다고 하며 무서운 모습을 보이신다. 이 구절을 통해 하나님을 경외하지 않고 거스르는 자들에게 어떻게 하시는지 알 수 있었다. 여행의 끝나가는 시기에 키프로스에 오게 되었는데, 이곳에서 긴장이 풀어지면 내가 하고 싶은 대로만 하게 되지 않을까 걱정이 되었다. 그렇게 되면 하나님 없이 사는 아말렉 족속과 다를 바가 없다. 오늘은 어떤 행동이나 결정을 할 때 하나님께 여쭤보겠다.

　오늘은 요리하는 것 외에 정해진 일정이 없기 때문에 늦게까지 잠을 잤다. 일어나 보니 잠든 사이에 비가 왔었다. 빨래가 잘 마르라고 밖에 걸어두었는데, 다시 젖어 버렸다. 그래도 일찍 일어나신 기대 쌤께서 빨래를 안쪽으로 옮겨 주셔서 다행이었다. 우리는 아침 겸 점심을 오렌지로 해결하기로 했다. 역시 오렌지는 언제 먹어도 항상 맛있었다. 오늘은 저녁뿐만 아니라 키프로스 공항에 도착해서 먹을 주먹밥까지 만들기로 해서 하루 종일 요리를 해야 했다. 다연이와 기대 쌤께서 컵밥에 들어갈 볶음밥을 볶고 있었다. 한 숟가락 맛을 봤는데, 따뜻해서 맛있었다. 태준이와 다예는 그 사이에 부족한 식재료를 사러 마트에 갔다. 우리는 출발하기 전에 아이스크림도 부탁했다. 그리고 태준이가 마트에 와보니 기념품으로 구매할만한 젤리가 있다고 해서 젤리까지 부탁했다.

특별히 한 일도 없는데 벌써 5시가 되었다. 오늘 키프로스를 떠나는 날이니까 저녁 먹기 전에 같이 해변에 갔다 오기로 했다. 노을이 질 무렵이어서 하늘 한 쪽이 붉은색이었다. 바람이 많이 불어서 쌀쌀하기는 했지만 한국처럼 영하는 아니어서 쾌적하고 좋았다. 가만히 서서 파도치는 것을 보고 있으니 마음이 평안해졌다. 이곳의 파도는 꽤 세다. 바위에 부딪혀서 부서지는 파도가 보기 좋았다. 20분이라는 시간이 정말 금방 지나갔다. 조금 더 있고 싶었지만 저녁을 위해 숙소로 돌아왔다.

내가 김치볶음밥에 쓸 채소를 손질하는 동안 나머지 친구들은 텔아비브 벤구리온 공항에서 먹을 주먹밥을 만들고 있었다. 이번 저녁 식사는 밥, 그리고 김치 볶음밥에 들어갈 고기를 뺀 나머지를 전부 내가 해야 했다. 8인분을 조리해 본 적은 없어서 걱정했는데 기대 쌤께서 도와주신 덕분에 무사히 마칠 수 있었다. 그리고 보니 키프로스에서 한 요리는 전부 기대 쌤께서 도움을 주셨다. 마지막에 김 가루와 선생님이 해주신 달걀 프라이까지 얹어서 맛있게 먹었다. 오늘 저녁 식사는 기대 쌤의 지분이 절반 이상이다. 사실 볶음 김치. 맛다시, 볶음 고추장 그리고 라면 스프의 힘을 빌리기는 했지만 맛있었으니까 상관없었다.

내일 벤구리온 공항으로 가는 비행기를 타기 위해 공항으로 가야했다. 버스를 타려고 11시 20분에 숙소에서 출발했는데, 우리가 약간 늦은 바람에 눈앞에서 놓쳐버렸다. 막차가 12시 넘어서 있기에 안심할 수 있었고, 다시 숙소로 돌아왔다. 미리미리 준비하지 못한 것을 스스로 후회했다. 이번에는 막차 시간보다 일찍 나와서 버스를 기다렸다.

• 태준이의 묵상과 여행

사람이 손을 올리고 내리는 것에 승리는 절대 정해지지 않는다. 하지만 주님께서는 자신의 사람에게 능력을 주신다. 여호와 닛시(여호와는 나의 깃발이다.), 주님의 사람이 되어 주 안에서 승리하는 사람이 되자.

비가 내리고 있다. 밖에 나가는 일정을 취소하고 숙소에서 시간을 보내기로 했다. 우리는 먼저 아침밥을 먹었다. 아침부터 한식인 누룽지를 먹으니 기분이 좋았다.

이후 장을 보고 아이스크림을 살 겸 문다예와 어제 간 마트에 갔다. 마트에서 장을 보고 돌아오는 길에 기념품을 파는 곳이 눈에 띄었다. 키프로스에서 기념품을 안 사가면 아쉬울 것 같아서 나와 문다예는 사기로 했다. 우리는 우리만 사기 뭐해서 카톡으로 물어봤다. 전달이 어렵고, 어떤 것들은 품절이고, 누가, 어떤 것을 정리하는 과정이 머리가 아팠다. 제일 답답했던 것은 이 상황에 아무것도 할 수 없다는 것이었다.

양손 가득 친구들이 주문한 기념품과 장을 봐왔다. 숙소에 와서 저녁 먹을 준비를 했다. 오늘 저녁은 무려 정연이가 해주는 김치볶음밥이다. 나는 주먹밥을 뭉치는 역할을 했는데 잘 못한다고 사장(박지원)한테 짤렸다. 한순간에 실직자가 된 나는 칼질을 하고 있는 정연이한테 가서 보조로 칼질을 했다. 여기 사장님(정연)이 훨씬훨씬 친절하게 대해주셨다.

밥이 다 됐다. 너무너무 기대되고 배가 고팠다. 한입 먹었는데 정말 맛있었다. 판다면 사먹을 의향이 있을 정도로 맛있었다. 1차로 김치볶음밥을 먹은 우리는 2차로 라면, 3차로 라면국물에 밥을, 4차로 오렌지, 5차로 아이스크림을 먹었다. 완벽했다.

밥을 든든히 먹고 공항으로 가기 위해 버스를 타러 갔다. 그런데 우리가 느긋하게 간 탓에 버스를 놓쳤다. 하지만 감사하게도 막차가 있었다. 막차를 타고 키프로스 공항에 무사히 도착했다.

• **다예의 묵상과 여행**

　나일강을 쳐 물을 피로 만들어버리던 지팡이로, 목말라하는 이스라엘 백성에겐 물을 주셨다. 이 상황에서 하나님의 사랑을 볼 수 있었다. 하나님의 사랑을 기억하며 지난번에 실패했던 감사한 일 생각하는 것을 다시 해 보아야겠다.

　늦게 일어났고, 점심은 누룽지와 라면을 먹었다. 중국 느낌이 난다는 라면은 맛있었다. 펜션 같은 숙소에 오니 내가 무슨 일을 해야 할지가 보였다. 1시 30분에 나가기로 했는데 정말 그때 딱 우박이 쏟아졌다. 나갈 준비를 다 했는데 아쉬운 대로 셀카를 많이 찍었다. 오렌지와 망고를 먹었는데 망고가 너무 맛있었다.

　친구들이 내일 아침을 만드는 동안 비를 뚫고, 장을 보러 나갔다. 필요한 것들을 사고, 간식거리를 구경하던 중 어떤 한 코너에서 멈추게 됐다. 어제도 내가 그랬던 것이 생각났다. C.S. 루이스의 나니아 이야기, 「사자와 마녀와 옷장」에서 에드먼드가 먹는 터키 젤리처럼 생겼다. 찾아보니 정말 그것이 맞았다. 포장이 키프로스를 기념할 수 있을 것 같았다. 친구들 것도 물어 보고 사갔는데 체력이 생각보다 소모되는 일이었다. 아이스크림은 3L를 사갈까 고민하다가 작은 쿠앤크 아이스크림을 샀다.

　바다는 그림 같이 예뻤다. 바다에 발을 담그고 있을 때면 많은 것들이 떠내려가는 느낌이 든다. 마음을 시원하고 부드럽게 만들어 주는 파도였다. 이곳에서도 모래를 조금 담아왔다.

　씻고 나서는 주먹밥을 만들었는데 실수를 해서 '주먹밥 공장'에서 쫓겨나지 않도록 집중했다. 저녁은 과할 정도로 풍성하게 먹었다. 김치볶음밥은 정말 최고였고,

라면도, 오렌지도, 아이스크림도 너무 배부르고 맛있게 먹은 저녁이었다.

  오늘은 내가 진짜 감사함을 느끼고 있나 깊게 생각하지 않고, 그냥 '감사하다'라고 생각했다.

  굉장히 즐거운 하루였는데 특히 자연이 주는 것들이 좋았다. 비 올 때 식물에게서 나는 내음이 좋았고, 짐이 무거운데도 발걸음을 멈추게 만드는 정원과 식물들이 많았다. 비에 젖은 모습이라 더 예쁜 꽃도 하나 발견했다. 바다도 좋았고, 밤에는 오묘한 색감의 숲 같은 분위기가 좋았다. 그런 것들에 정말 힐링이 되었다.

• 지원이의 묵상과 여행

　진짜 이스라엘 사람들은 불평불만 투성이다. 그럼에도 하나님은 이스라엘 사람들을 품어주신다. 기다려주신다. 물이 없다고 하나님을 원망하는 모습을 보고, '이스라엘 사람이 어떻게 그럴 수 있지?'라는 생각을 잠깐 했지만, 이 모습이 마치 필요에 따라 주시는 하나님이란 걸 묵상 하고도 '힘들다고 부족하다고 불안하다고 투덜대는 나의 모습과 같지 않나?'라는 생각이 들었다. 그럼에도 주은이가 말했던 대로 사랑의 하나님이었다. 물도 주고, 싸움에서도 이기게 해주시고, 협동하게 하신 하나님은 분명 '사랑의 하나님'이다. 모세 혼자서는 불가능 했다. 오늘의 목표는 '불평을 감사로 바꾸기! 기도 많이하기!'

　오늘은 늦잠을 푹! 잤다. 매우 매우 행복했다!! 하지만 밖에 내리는 비.. 사실 이건 비밀인데, 외출이 너무나도 싫었던 나는 비소식이 조금 반가웠다. ㅋㅋㅋㅋ 그렇게 일어나서 묵상을 하고, 그래도 곧 집 가는데 아쉽다는 다연이의 의견을 반영해 1시30분에 외출 계획을 짜고 누워서 친구들과 쉬고 있었다. 웬 걸 1시30분이 되자마자 우박이 내리기 시작했다. 어찌나 강한 우박이었는지, 테라스 책상에 하늘에서 내린 얼음조각들이 쌓이기 시작했다. 도저히 나갈 수 없음을 직감한 우리는 몸살 걸린 지영훈도 있기에 오히려 다행이라는 말과 함께 요리를 시작했다. ㅋㅋㅋㅋㅋㅋㅋㅋㅋㅋㅋㅋㅋ 아 사실 이렇게 말하면 진짜 웃길 수도 있는데 하루 종일 요리만 했다. 진짜 아침, 점심, 저녁 요리 하니까 하루가 뿅 사라졌다. 아점으론 누룽지와 라면! 저녁으론 김정연표 김치볶음밥! 그리고 다음날까지 공항에 있어야 하니, 공항 가서 먹을 밥도 싸가기로 했다. 막판 되니 컨디션이 너무 안 좋아져

서 친구들 밥하는데 많이 못 도와준 것 같아 미안했고 속상했다..

그래도 오늘 저녁이 진짜 기가 막혔다! 김정연이 전전날부터 백종원의 김치볶음밥 유튜브 영상을 시도 때도 없이 보더니, 결국 일을 냈다.. 너무 맛있었다. 진짜 먹어본 김치볶음밥 중에 최고였다. 진짜로. 이걸 못 먹어본 사람이 있다는 사실이 너무 안타깝다. 그 정도로 너무 맛있었다. 본인도 인정했다. ㅋㅋㅋㅋㅋ 오

늘은 김정연이 요리사였다!

그렇게 밥을 먹고 공항으로 향할 준비를 했다. 밤 버스를 타고 공항으로 향하기로 했는데, 버스 하나를 놓치고, 다시 숙소로 돌아왔다가 다음 버스를 타러 갔다. 다음 버스가 막차였다. 막차 놓쳤으면.. 택시도 안 잡히는 이곳에서… 몇 시간 동안 배낭을 들고 걸어갈 뻔 했다.. 휴 정말 다행이었다. 그렇게 공항에 가서 마지막 모임을 했다.

기대 쌤의 나눔이 인상 깊었다. '여행자의 삶 말고, 일상과 같은 하루를 처음으로 보냈는데, 바쁜 여행 때보다 더 하나님을 묵상하기 어려웠다. 일상을 준비하는 하루였다.'라고 말씀하셨다. 진짜였다. 하나님과의 시간을 더욱 보내기가 힘들었다. 일상에서 더욱! 정신을 바짝 차려야 한다는 사실을 느꼈다. 또한 이번 여행은 나에게 훈련이었을 수도 있겠다는 생각을 했다. 하루를 열심히 사는 것. 최선을 다해 하나님이 주신 하루를 살아가는 것을 연습. 아침을 묵상으로 준비하고, 저녁을 피드백으로 마무리 하는 그런 걸 연습했던 여행이었으리라 생각이 든다.

• 다연이의 묵상과 여행

직접 전장에서 뛰었던 군인들은 하나님께서 역사하시는 전쟁임을 몰랐을 것이다. 적에게 밀려나는 것, 적을 격파하는 것. 이 모든 것이 우연이나 실력차이로만 여겨졌을 것이다. 하지만 직접 손을 들고 있었던 모세와 양 옆을 받쳐주었던 아론, 훌은 전쟁의 결과가 오직 하나님께 달려있음을 알고 있었다. 오직 하나님만이 전쟁의 주체이시다. 좁게 보면 사람이 행한 일로 보일 수 있지만 산 위에서 전체를 보면 결국 하나님께서 행하시는 일이다.

7인 7색 막바지를 달리며 키프로스 두 번째 날이 시작되었다. 어젯밤 플랜 C까지 계획을 세워놨는데 딱 나가기로 한 시간에 갑자기 천둥이 치고 우박이 떨어졌다. 비도 아니고 우박이 떨어지는 바람에 반강제적으로 숙소에서 하루를 보내게 되었다. 다행히 어제 음식 재료를 많이 샀다. 하루 종일 밥하고 먹고 설거지했다. 점심으로 누룽지와 진미채 볶음을 먹고 내일 공항에서 먹을 볶음밥을 만들어 포장했다. 비가 그쳤을 때 잠깐 바다를 보러 갔다. 해가 지는 시간에 가서 하늘이 엄청 예뻤다. 파도치는 바다를 보고 있으니 7인 7색이 끝나가는 게 실감이 났다. 벌써 내일이 마지막 날이라는 게 너무 슬프고 아쉬웠다. 하지만 이 7인 7색이라는 순간을 한 여름 밤의 꿈처럼 느끼고 싶지 않았다. '현실'로 돌아간다는 말을 많이 썼는데 사실 이 순간도 '꿈'이 아니라 하나님께서 허락하신 현실이다. 돌아가서도 '여행자'의 마음가짐으로 매 하루를 보내고 싶다.

가장 기대하던 저녁시간! 김정연 셰프가 김치볶음밥을 만들어 주셨다. 아무래도 김정연은 요리사를 해야 할 것 같다. 여기가 키프로스인 게 믿기지 않을 정도로 맛있었다. 메인 요리 이후 총 네 번의 후식을 먹었다. 라면, 라면 밥, 오렌지, 아이스크림까지 배가 터지기 일보직전까지 먹었다. 7인 7색에서 이렇게 배부르게 먹은 날이 얼마 없었는데 배부른 것만으로도 너무 행복한 하루였다.

    내일 오전 비행기를 타기 위해 밤에 미리 공항으로 갔다. 벌써 세 번째 공항 노숙! 숙박비를 안내고 여행하는 방법을 터득했다!

• 영훈이의 묵상과 여행

7 그가 그곳 이름을 막사 또는 므리바라 불렀으니 이는 이스라엘 자손이 다투었음이요 또는 그들이 여호와를 시험하여 이르기를 여호와께서 우리 중에 계신가 안 계신가 하였음이더라.

이들은 불 기둥, 구름 기둥, 만나, 메추라기 등의 기적이 눈앞에서 일어났음에도 의심하는 모습이 안타까웠다. 나는 주님이 계시는지 의심하지는 않지만 "왜 고난을 주시고 이기시게 하는데 오래 걸리게 하시지?, 왜 나는 주님의 백성인데 고난을 주시지?" 이런 생각이 들기도 한다. 고난을 통해서도 주님을 생각하게 하시고, 주님의 백성임을 다시 한 번 깨닫게 해주시는 것인데 나도 평소에는 생각지 않은 고난이 오면 불평불만 하는 모습을 보고 '저들 또한 의심을 할 수 있겠다.'라는 생각이 들었다. 말씀을 항상 가까이 하고, 주님만을 생각하고 따르는 내가 되어야겠다. 오늘 하루는 어떠한 성경 말씀이든 3번 이상 읽고, 말씀을 나누는 것이 목표이다. 그래서 말씀 뽑기를 해서 말씀을 묵상했다. 잠언 13장 4절과 골로새서 2장 2절.

잠언 13장 4절

"게으른 자는 마음으로 원하여도 얻지 못하나 부지런한 자의 마음은 풍족함을 얻느니라."라는 말씀을 오늘 하루 묵상하려고 했는데 너무 필요한 말씀이라고 생각한다. 하루하루 게으른 삶을 살아가고 있는 나에게 주신 말씀이라 너무 감사했다. 지금까지 집에서는 아무것도 안 하고 말씀 묵상도 하지 않는 삶을 살았는데 7인 7색 중동 여행에 와서 부지런히 일어나고, 묵상하고, 여행을 하다 보니 너무나도 좋은 경험과 주님 말씀에 대한 깨달음을 얻을 수 있었다.

골로새서 2장 2절

"이는 그들로 마음에 위안 받고 사랑 안에서 연합하여 확실한 이해의 모든 풍성함과 하나님의 비밀인 그리스도를 깨닫게 하려 함이니." 주님 안에서, 말씀 안에서 위안과 힘을 얻은 7인 7색 여정 속에서 정확히 맞는 말씀을 나에게 주심에 감사하다. 묵상 속에서 깨달음과 위안을 얻을 수 있는 것이 말씀임을 알게 되었다.

오늘 하루는 종일 나가지 않고 숙소에만 있어서 너무 좋았다. 비록 몸살감기에 걸리긴 하였지만 쉼에 필요했던 나에게 너무 행복했던 하루였다. 밥도 진짜 맛있게 먹을 수 있었고, 후식으로 아이스크림도 먹을 수 있어서 너무 행복했고 주님께 감사했던 하루였다. "김정연을 요리사로!"

버스를 놓쳤지만, 막차가 아님에 감사함을 느끼고, 잠언 13장 4절 말씀이 더더욱 나에게 다가왔다. 오늘 하루도 말씀으로 많은 것을 느끼고 깨달음을 얻게 된 하루이다. 내일은 어떤 말씀과 깨달음을 주실지 기대가 된다!

• **주은이의 묵상과 여행**

모세를 돌로 치기 직전의 백성들 사이로, 하나님께서는 모세에게 그 앞을 지팡이를 잡고 지나가라고 하신다. 그리고 주님께서는 모세 앞에 서신다고 하신다. '세상 무엇이 나를 위협할까? 하나님께서 내 앞에 계신데.'라는 생각이 들었다.

오늘은 너무 좋았다. 쉼을 가질 수 있어서 너무 행복했다. 오늘은 늦게까지 잔 다음에 일어나서 큐티를 하고 또 쉬었다. 그리고 밥을 준비했다. 오늘은 정연이가 김치볶음밥을 만들어주는 날이기 때문에 엄청 기대하는 마음으로 밥을 지었다. 오늘은 정석대로 했기 때문에 밥이 아주 잘됐다. ㅋㅋㅋㅋ 다예랑 태준이가 계란 같은 필요한 식재료를 사러 갔다. 그런데 도중에 "터키 젤리 기념품으로 살 사람?" 이렇게 물어 보길래 산다고 했는데 어쩌다보니 우리 일행 모두가 터키 젤리를 사게 됐다. 엄청 많이씩 주문했는데 솔직히 조금 미안했다. ㅋㅋㅋㅋ

고기도 굽고 내일 공항 가서 먹을 볶음밥도 만들어서 포장하고 주먹밥도 만들고 하다 보니 어느새 김치볶음밥이 완성이 됐다. 그렇게 먹은 김치볶음밥은 너무너무 맛이 있었다. 진짜 눈물 날 정도였다. ㅠ.ㅠ 한국에서 김치볶음밥 잘 안 먹는데 그냥 먹고 또 먹었다. 정연이에게 우리 모두 감사의 절을 할 기세였다!!! 아무튼 진짜 맛있었다.

그렇게 먹고 짐을 싼 뒤에 버스를 넉넉하게 타러 갔는데 눈앞에서 놓쳐버렸다. 다행히 막차를 놓친 게 아니라서 다음 버스가 있었다. 너무 감사했다. 놓친 게 막차가 아니여서. 하나님께서 다시 한 번 우리에게 경각심을 놓치지 말라고 하시는 것 같았다.

그렇게 다행히 막차를 타고 라이언에어를 다시 한 번 타야했는데 태준이랑 여행쌤이 오질 않았다. 왜 안 오나 했는데 우리 기타가 기내수하물로 등록이 안 되었기 때문에 돈을 내야한다고 했다고 한다. 어이가 없었지만 안 보내줘서 그냥 돈을 낸 상황이었다고 해서 라이언에어의 돈을 뜯어내려는 모습이 참 안타깝고 화가 났다. 날씨도 엄청 추웠는데 비행기 앞에서 몇 십 분을 대기하라고 해서 정말 우리끼리 너무 추워가지고 막 싸매고 난리 났었다. 심지어 잠도 거의 못 잔 상태여서 더 피곤하고 힘들었다.

우여곡절 끝에 자리에 앉았는데 앉는 순간 기절해서 비행기가 뜨는 것도 기억이 없고, 내리는 것도 기억이 없다. 정신차려보니 비행기가 착륙한 뒤였다. 드디어 내가 준비한 '텔아비브!' 너무 떨린다. 준비를 제대로 못했는데 너무 걱정이 된다.

2023-02-02 (목) / 출애굽기 18장
텔아비브에서 이스라엘을 누리다

• 정연이의 묵상과 여행

하나님의 부르심을 받아서 이스라엘 백성을 이끄는 모세도 부족한 점(13절)이 있었고, 이드로의 도움을 받았다. 이번 말씀의 내용이 우리의 상황과 비슷하다고 생각했다. 나는 평소에 어떤 일이든 혼자 하고 싶어 하는 경향이 있는데, 여행을 통해 서로 도움을 주고받는 것도 중요하다고 느꼈다. 앞으로는 주변 사람들을 더욱 신경 써야겠다.

벤구리온 공항으로 향하는 비행기는 이른 새벽에 탑승이어서 시간은 별로 없었지만 잠깐이라도 눈을 붙이려고 저번처럼 침낭을 펴고 누웠다. 짧은 취침 이후, 어제 준비한 컵밥을 비행기 탑승 전에 먹었다. 어쩔 수 없이 식은 상태라 따뜻할 때 보다는 맛이 덜했지만 나쁘지 않았다. 이스라엘에 도착했을 때는 아침 7시였다. 비가 오길래 비행기에서 내리기 전에 겉옷을 챙겨 입었다. 이스라엘의 입국심사가 어렵다는 이야기를 들어서 걱정이 되었다. 부모여행동의서, 영문 가족관계증명서 등 여러 가지 서류를 준비한 이유도 이스라엘 입국을 준비하기 위함이 가장 컸다. 그런데 심사관이 몇 가지 질문을 하더니 금방 끝나버렸다. 매우 전형적인 입국심사로 끝나버리는 바람에 비용을 들여서 준비해 온 것이 의미가 없어져버렸지만 아무 일 없이 통과했다는 것에 감사했다.

공항 밖으로 나왔다. '텔아비브'에서의 일정을 시작하기 위해서는 큰 짐을 공항 물품 보관소에 넣어야 했다. 철제 사물함처럼 생긴 보관소 한 칸에 9개의 가방을 넣어야 했는데, 공간이 좁아서 대략 10분이나 계속 시도한 끝에 다 넣을 수 있었다. 이때 태준이가 적극적으로 나서서 가방을 쌓았는데, 나는 옆에서 지켜보기만 해서 미안했다. 오늘은 들고 다녀야 하는 짐이 생기면 내가 들어야겠다. 시내로 나가려면 지하철과 버스를 타야했다. 공항 건물에 지하철이 있는 것은 처음 봤고, 게다가 우리나라에는 거의 없는 2층짜리 열차가 지나다녔다. 문이 열리자마자 위층으로 가서 앉았다. 이 다음에도 버스를 타야 했는데, 대부분의 글씨가 히브리어로 적혀있어서 굉장히 복잡했다. 오늘의 일정을 준비한 친구들이 대단하다고 느껴졌다.

우리는 텔아비브의 야파라는 해안지역에 도착했는데, 이곳이 성경에 나오는 '욥바'라고 한다. 요나가 하나님의 말씀을 듣지 않고 배를 타고 도망친 곳이어서, 요나를 삼킨 고래 모양의 동상이 있다. 그리고 베드로가 환상을 본 시기에 거주했던 '시몬의 집' 앞도 지나갔다.

나머지 장소들을 다 가보고 싶었지만, 김가은 선배와 친분이 있는 한국인 선교사님과 4시에 뵙기로 해서 시간이 부족했다. 아쉽지만 일단 점심을 먹으러 '시장'으로 갔다. 시장에서는 선물할 기념품 몇 개를 구매했는데, 가격도 비싸고 특별히 사고 싶은 것이 없었다. 그러나 점심으로 먹은 포크 샌드위치는 정말 맛있었다. 한국 서브웨이처럼 달달한 소스는 없었지만 갓 구운 기름진 빵이 내 입맛에 맞았다.

점심을 먹은 후, 해변 가에 도착해서 선교사님과 만나기로 한 장소로 이동했다. 이곳에서 선교사님이 준비하신 돗자리를 깔고 저녁을 먹으며 해가 질 때 까지 자유롭게 시간을 보냈다. 마지막에는 이스라엘 사역에 대해서 설명해 주셨고, 나는 이곳 사람들이 하나님을 알고 경험할 수 있도록 기도해야겠다고 느꼈다.

　공항으로 가려면 버스와 지하철을 타고 온 길을 돌아가야 했다. 오늘 한 번씩 와봤던 장소인데, 햇빛이 쨍쨍할 때와는 분위기가 달랐다. 바람이 불면 조금 춥기는 하지만 낮 보다는 해가 졌을 때가 활동하기 더 좋은 시간이라고 생각했다(위험한 지역 제외). 지하철에서 환승하고 마지막 지하철을 기다리고 있는데, 핸드폰이 주머니에 없었다. 내 옷과 가방의 모든 주머니를 찾아봐도 없었다. 찰나에 정신이 번쩍 들었고, 지나왔던 모든 길을 되짚어 보았다. 핸드폰이 있는 주머니는 항상 지퍼를 닫고 다녔기 때문에 떨어뜨릴 일은 없었다. 바로 이전 역에서 핸드폰을 충전시켜놓은 상태로 두고 왔던 것이었다. 선생님께 말씀을 드리고 친구들에게도 상황을 설명해 주었다. 핸드폰을 두고 온 역이 사람이 잘 가지 않는 곳이라 주변 사람들과 역무원에게 물어서 겨우 갔다. 조마조마 하며 충전기 쪽으로 갔는데 핸드폰은 사라져있었다. 알고 보니 직원이 분실물로 처리해서 보관하고 있었다. 정말 다행이었다. 다들 오늘 일정으로 인해 많이 피곤했을 텐데 이런 사건을 일으켜서 미안했다. 또, 이런 상황에서도 침착하게 이끌어주신 선생님과 한 번도 화내지 않은 친구들에게 감사했다. 내일도 새벽에 비행기를 타야하기 때문에 잠깐 자고 다시 일어나야겠다.

• **태준이의 묵상과 여행**

　오늘 찬양은 '나를 세상의 빛으로'이며, 이드로는 모세를 통해 하나님을 알게 되었다. 주님께서는 모세를 비춰 주셔서 그로인해 사람들이 주님을 따르도록 모세를 사용하셨다. 주님께서는 나를 어떤 상황에, 어떤 장소에 세상의 빛으로 사용하실 지를 기대하며 주님의 계획하심을 신뢰하자.

　비행기 좌석에 앉고 눈을 떠보니 '텔아비브'에 도착해 있었다. 눈을 감은 이후에 기억이 없다. 큰 배낭이 있는 상태에서는 이동하기 불편했기 때문에 나, 주은, 기대 쌤이 짐 맡길 곳을 찾으러 공항 밖으로 나갔다. 다행히 물품 보관함이 있었다. 대충 짐을 어떻게 넣을지 견적을 보고 일행을 데리러 갔다.

　제일 큰 보관함에 테트리스를 하듯 차곡차곡 배낭을 쌓았다. 이런 것을 세 네 번 반복한 후에 드디어 짐이 다 들어가는 결과를 얻었다. 그런데 문제는 문이 안 닫히는 것이었다. 내가 보관함의 옆구리를 있는 힘껏 밀 때 기대 쌤이 보관함의 문을 닫았다. 힘이 다 빨린 상태였다.

　이스라엘은 교통카드가 없으면 이동을 못해서 교통카드를 하루 이용권으로 구매했다. 허주은의 인도 하에 '올드 시티'에 갔다. 가는 길에 아이스크림 집에 들렀다. 몇

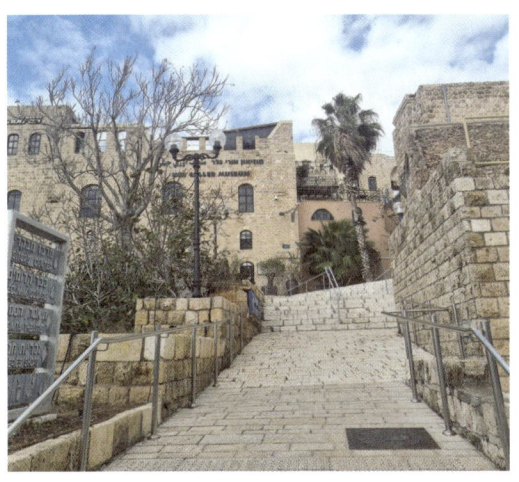

명만 구매를 했는데 사장님께서 우리 모두에게 팬케이크를 선물해주셨다. 팬케이크 덕분에 몸도 마음도 뜨뜻해졌다. 올드 시티에 도착하고 성경에 나오는 '시몬의 집'을 보고 왔다.

　이후 버스를 타고 '전통시장'에 도착했다. 용돈이 많이 남아있던 상태라 텔아비브에

서 많은 기념품을 사가려고 했다. 그런데 막상 가니 딱히 살만한 게 없어 아쉬웠다. 그곳에서 점심을 먹고, 과일주스도 마셨다.

텔아비브에 계신 선교사님과 약속한 시간이 있었기 때문에 우리는 늦지 않게 공원으로 출발했다. 선교사님께서는 우리를 위해 돗자리, 음식 등을 준비해주셨다. 바다가 보이는 공원에서 힐링을 했다.

선교사님과 헤어지고 공항으로 갔다. 기차를 타고 환승해서 또 다른 기차를 타려고 할 때 정연이가 핸드폰을 전 역에 잃어버린 것 같다고 했다. 멘붕이었다. 내가 좀 더 긴장을 늦추지 않았다면 하는 죄책감도 들었다. 우리는 이전 역으로 다시 돌아왔다. 감사하게도 정연이는 핸드폰을 찾았다.

공항으로 도착했는데 바닷바람을 맞았던 탓인지, 여행 막바지가 되어서 그런지 애들 컨디션이 많이 안 좋아졌다. 나눔을 얼른 끝내고 자기로 했다. 3시간 정도 밖에 못 자기 때문에 그냥 내가 깨어있기로 했다.

• **다예의 묵상과 여행**

　오늘은 말씀을 읽는데 생각이 뻗어가지를 않았다. 하나님께서 나에게 하시려는 말씀이 무엇인지 하루 동안 생각해 보아야겠다.

　'텔아비브'에 도착했다. 잠을 제대로 자지 못해 많이 지친 상태였고, 다들 그래 보였다. 교통카드를 만들고 '욥바'로 갔다. 요나가 배를 탄 곳이라고 했다. 젤라또를 사먹었는데 로투스 맛이 정말 맛있었다. 서비스로 무언가를 만들어 주셨는데 맛있었다.

　'올드 시티'는 분위기가 있었다. 또 베드로가 환상을 보았다는 장소에도 가보았다. '플리마켓'에 갔는데 생각하던 것과 달라서 '카멜마켓'으로 갔다. 기념품을 많이 팔았는데 마땅히 살 만한 것은 없었다. 점심을 먹고 다시 구경을 했다. 석류 망고 주스를 나눠 마셨고, 돌아다니다 크나페 가게를 보았다. 피스타치오와 아이스크림이 포함되어 있고, 굉장히 유명한 집이라고 자랑스럽게 설명을 해 주셨다. 너무 먹고 싶었지만 만 원이 넘어가는 가격이라 포기했다.

　그리고는 선교사님을 만나러 갔다. 이곳의 파도는 힘찼지만 거칠다는 느낌은 들지 않았다. 돗자리를 깔고 앉아서 선교사님께서 준비해 주신 팔라펠과 과일을 먹었다. 이스라엘에서 바라보는 지중해의 노을이었다. 색감은 따뜻하지만 어딘가 쓸쓸했다. 해가 지고 난 후 야경도 예뻤다.

여행은 오늘이 마지막이다. 이곳에 오면 내가 잃어버린 것을 찾을 수 있을 것이라고 생각했다. 나의 상태를 잘못 파악한 듯하고, 안일한 생각이었던 것 같다. 더 있다가는 정말 버티기 힘들 것 같아서 지금 돌아가는 게 너무 감사했다. 그렇게 느끼려 노력했던 감사라는 말이 저절로 나왔다. 집에 돌아가서 하나하나 정리하다 보면 놓쳤던 것들이 보이지 않을까? 이 여행을 하나님께서 허락하신 이유를 발견할 수 있지 않을까 싶어 기대가 되었다. 부다페스트가 생각나는 마지막 날 밤이다.

• 지원이의 묵상과 여행

　이드로를 보고 믿음의 가정의 모습이 어떠한지가 보였다. 말한다고 어떻게 그대로 믿을 수 있었을까? 서로가 서로에게 주는 영향이 하나님 안에서 이루어 질 때에 시너지가 난다고 생각한다. 이드로는 모세 덕에 하나님의 일하심을 이야기로 경험했을 것이고, 모세는 이드로라는 믿음의 동반자를 얻었다. 우리가족은 예전엔 신앙 나눔이 활발했는데! 이젠 다들 바빠지고 적게 하게 됐다. 돌아가서 어떻게 해야 할까 생각해봤다! 여행에서 훈련된 게 이런 묵상과 적용, 나눔인 것 같다. 가서도 이 묵상 나눔을 잊고 싶지 않은데, 어떻게 해야 잘 실천할 수 있을지에 대한 고민이 해결된 것 같다. 가족과 나누기가 젤 쉽고 편하다! 나눔의 시간 무조건 갖기가 내 목표이다! '그런 나눔을 보는 우리아빠(무교)는 하나님을 조금이라도 궁금해 하지 않을까?'라는 기대가 된다. 그리고 오늘의 목표는 '친구들과 나눔 하기! 어떤 것이든!' 그리고 매일의 목표는 '감사하기와 하나님생각 많이 하기!'

　오늘의 일정은 짐을 맡기고 '텔아비브' 시내를 돌아다니다가 이스라엘 선교사님을 만나야 하는 일정이었다. 우리의 계획은, 공항 사물함에 짐을 맡기고 시장을 돌아다니며 밥도 먹고, 기념품도 산 후 해안가로 가서 이스라엘 선교사님을 만나는 것이었다. 하지만 처음부터 난관이었다. 공항 사물함을 찾는 것도 오래 걸렸고, 공항 사물함에 9명의 큰 배낭을 넣는 것도 문제였다. 결국 가장 큰 사물함에 테트리스를 해서 5번인가.. 시도 끝에 성공하였다. ㅋㅋㅋ 이건 진짜 사진을 꼭 봐야한다. 얼마나 웃겼는지.. ㅋㅋㅋㅋㅋ 그렇게 사물함이 휠 듯 배낭을 꽉꽉 채워 넣고, 버스카드를 사러 갔다.

　버스를 탈지, 택시를 탈지 엄청 고민했다. 알아본 바로는 버스 가격도 너무 많이 들어서, 택시 타는 것과 비슷하다는 생각이 들었다. 하지만 계산해보니, 그래도 버스가 더 저렴했다. 그렇게 버스를 타고 다니기로 결정! 하고 버스카드를 발급 받으러 갔는데 웬걸.. 40세켈 정도로 알아봤었는데, 한 사람 당 23세켈이었다. 훨씬 저렴해져서, 너무너무 기뻤고! 한편으론 불안했다. 그래서 카드 찍고 지하철 들어갈 때, 찍히는 게

너무 신기해서 막 다 같이 놀랐었는데 촌놈처럼 보였을까봐 걱정이다. ㅋㅋㅋㅋ

그렇게 불안불안하게 버스를 타고 다녔는데 다행히 원하는 목적지에 도착할 수 있었다. 걷다가 보이는 아이스크림 집에 홀린 듯 들어가 아이스크림도 먹었다. 얼마나  맛있던지!!! 아직도 생각나는 맛이다. 하지만 기념품을 사러 시장에 갔을 땐 실망을 많이 했다. 엄청나게 비쌀뿐더러, 이쁘지도 않았다. 그렇게 다들 실망한 상태로 시장을 빠져나와 이스라엘 선교사님과 만나기로 한 해안가로 향했다. 바람이 심하게 불어서 조금 추웠다. 선교사님이 돗자리, 먹을 거 등등 엄청 많이 싸와주시고, 챙겨주셨다. 진짜 너무 감사했다ㅠ 하지만 엄청 추웠다. 진짜 심각하게 추웠다. 바람이 장난 아니게 불었다.. 이스라엘에서 어떤 선교를 하고 있는지도 말씀해 주셨는데, 아이들에게 조금이라도 하나님을 알게 해주고 싶은 그 마음이 전해졌고, 다양한 나라에서, 다양한 방법으로 하나님을 전할 수 있다는 것을 새삼 깨닫게 되었다.

• 다연이의 묵상과 여행

우리는 교회에서 흔히 말하는 '다음 세대'의 주체자들이다. 모세처럼 남들에게 기준점이 되는 삶을 살아야 하는 것은 맞지만 내가 모든 것을 다 할 수도, 다 해야 할 필요도 없다. '함께 이 세대를 비춰나갈 동역자'를 구해 함께 복음을 전해야 한다.

'텔아비브' 공항에 도착했다! 예루살렘은 못 갔지만 이스라엘 땅을 밟을 수 있음에 감사하다. 다들 잠이 부족한 상태로 오늘의 일정을 소화해야 했다. 마지막 날이니 피곤함을 참고 텔아비브 투어를 해보기로! 공항에서 시내로 갈 수 있는 교통수단과 물품 보관소를 찾는데 시간이 오래 걸렸다. 다행히 물품 보관함을 찾아 한 칸에 모든 짐을 넣고 가볍게 다닐 수 있었다. 교통카드를 구입해 전철과 버스를 타고 '올드시티'로 향했다. 가는 길에 젤라또를 먹었는데 그동안 먹어본 젤라또 중에서 가장 맛있었다.

올드시티 구경을 마치고 바로 기념품을 살 수 있는 시장으로 향했다. 첫 번째로 간 곳은 말 그대로 현지 골목이라 실패하고 다음 시장으로 향했다. 그 곳이 더 '현지'느낌이었다. 시끌벅적한 시장 안에는 기념품 가게들도 있었지만 살만한 것은 하나도 보이지 않았다. 그 곳에서 샌드위치로 점심을 먹고 다시 두 눈을 부릅뜨고 찾아봤지만 이번에도 실패!

어쩔 수 없이 포기하고 이스라엘 선교사님과의 만남을 위해 시장을 떠났다. 바다 옆 공원이 약속 장소였는데 바닷바람 때문에 너무 추웠지만 풍경만큼은 너무 아름다웠다. 이스라엘에서 교회 사역을 하시는 선교사님의 말씀을 들으니 한국으로 돌아가서 열방을 위한 기도를 해야 한다는 마음이 더 강하게 들었다.

　이스라엘에서의 하루가 저물고 우리는 다시 공항으로 돌아와 무려 네 번째(이젠 노숙 고수..?)공항 노숙을 했다. 피로가 누적된 상태에서 하루 만에 삼 일 일정을 소화한 우리는 어느 호텔도 부럽지 않게 잘 잤다!

• 영훈이의 묵상과 여행

9~12절을 묵상하면서 하나님께서는 이방인들의 예배도 기뻐하면서 받으시는데 우리의 예배와 기도는 어떻게 받으실지 상상을 해보았던 묵상이었다. 우리가 주님을 기쁘시게 만드는 것이 대단한 것이고 주님 또한 원하실 거라고 믿는데 내가 자주 찾지 못하고 너무 형식적인 삶을 살아왔던 게 죄송했고, 이 말씀을 보면서 정말 기뻐하실 주님을 상상하고 기대하면서 예배와 기도를 해야겠다. 오늘 하루 적용은 '주님께 감사기도 드리기, 주님 보시기에 기쁜 일 하기, 친구들을 최선을 다해서 섬기고 도와주기.'이다.

비록 게이트가 한 시간 뒤에 열렸지만, 너무 늦게 열리지 않았음에 감사하다. 너무 피곤하고 힘들어 보이는 여정이지만 주님에 말씀을 잡고 따라야겠다.

오늘은 나에게 어떤 말씀과 깨달음을 주실지 기대가 되는 하루이다. 오늘도 돈을 뜯겨버렸다. 기타 수하물을 왜 안 잡다가 비행기 타려고 하니 돈을 내라고…. '담당자마다 규정이 다른 것인가…?'라는 의심까지 하게 되었다.

이스라엘 도착하자마자 느낀 것은 공항시설이 너무 잘 되어있었다. 한국보다 큰 것 같다. 기차와 버스를 타고 나와 갑작스럽게 먹은 아이스크림은 너무 맛있었다! 행

복함을 얻을 수 있어서 좋았다. 그런데 '크랩(?)'을 공짜로 주셔서 너무 감사했고 주님의 은혜라고 생각했다! 착하신 분이셨지만 주님의 이끄심이 동반했기에 감사하고 또 감사했다. 여기도 버스 한자리 비우는 것은 국민 규칙인가보다.

여행 선생님이 버스를 기다릴 때

에 리더의 중요성을 이야기해주셨다. 여행 중에 원양 어선에서 참치 잡으시던 분을 만나 들으셨던 이야기를 나눠주셨다. 참치는 무리를 지어 다니는데 리더를 잘 만나면 그물을 쳐도 리더가 길을 알고 빠져나가면 모두 빠져나가 한 마리도 못 잡았고, 리더가 그저 그런 애들이면 그 무리를 모두 다잡는다고 하셨다. 우리의 리더인 태준이가 잘 이끌었기에 아무 문제없이 여행을 할 수 있던 것이 아닌가 싶다.

김가은 선배를 통해 이스라엘 선교사님을 만날 수 있어서 너무 좋은 시간이었다. 무슨 사역을 하시는지 듣고 준비해주신 밥(?)을 먹을 수 있어서 너무 행복했다. 선교사님이 말씀하신 기도 제목은 "랍비기도교회에 있는 2세대, 다음 세대들이 든든히 교회를 지키게 해 주세요."였다. 이 말을 듣자마자 정말 감사했고 중요한 일을 하심을 알 수 있었다. 든든한 사역자, 믿음의 친구가 생겨서 랍비기도교회를 지킬 수 있게, 주님의 인도하시고 구원하심이 있게 정말 열심히 기도하겠다. 정말 기도해야겠다고 생각을 하게 된 첫 기도 제목이었다. 열심히 기도해야겠다.

• **주은이의 묵상과 여행**

　모세가 혼자 맡은 재판을 장인의 조언에 따라 여러 사람들과 함께 재판하는 것으로 바꾸게 되었다.

　그렇게 '텔아비브'에 도착을 했는데 친구들 컨디션이 다들 막바지여서 너무 안 좋았다. 그렇게 텔아비브 공항에 착륙을 해서 밥 먹고 묵상을 하기 위해 자리를 알아봤

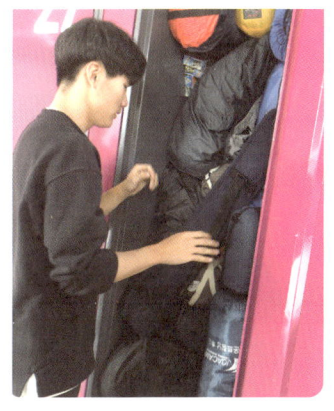

다. 그리고 잠깐 체크인을 알아보러 갔는데 시간이 너무 오래 걸려서 '아 이게 이스라엘이구나.' 싶었다. 밥을 먹고 묵상을 한 후에 짐을 맡길 장소를 찾아 기대 쌤이랑 태준이랑 떠났는데 마침 짐 보관소를 찾게 되었다. 7만원 정도에 엄청 큰 락커 하나를 24시간 정도 쓸 수 있는 조건이었는데 큰 락커가 하나밖에 없어서 얼른 테트리스를 했다. 그런데 우리가 9명인데 9명 가방을 그 큰 락커 안에 넣었어야 했다. 남자애들과 기대 쌤이 가방 테트리스를 시도했고, 3번의 시도 끝에 성공 하게 되었다.

　그 다음 대중교통이 가장 문제였는데 알아본 바로는 택시는 너무 비싸서 탈 수 없을 것 같다. 그래서 '라브카브'를 만들어야했다. 라브카브는 이스라엘 교통카드 같은 거다. 그래서 라브카브 사무실에 가서 카드를 만드는데 1인당 40세켈 정도를 예상하고 갔는데 반나절 대중교통 무제한 이용권 카드는 엄청 쌌다. 그래서 생각지 못한 행운에 참 기분이 좋았다. 그렇게 라브카브를 만든 후에 버스를 타고 '욥바'로 향했다.

　4시에 선교사님을 만나기로 되어 있어서 엄청 빠듯했다. 욥바에 도착해서도 엄청 촉박하게 진행해서 많이 아쉬웠다. 아이스크림을 먹고 '파장 시몬의 집'도 보고, 요나를 잡아먹

은 '고래 동상'도 봤는데 모두 엄청 신속하게 해야 해서 내가 좀 어벙벙했다. 친구들한테 제대로 설명도 못해준 것 같아서 엄청 속상했다. '자파 플리마켓'도 가봤는데 정말 중고 물품밖에 없어서 건질 것이 없었고, '카멜 마켓'에서도 기념품을 건질게 없었다. 여행 쌤이나 기대 쌤도 기념품을 엄청 사시려고 했는데 못사셨다고 한다. 좀 더 알아볼 걸 그랬나 하는 후회가 조금 들었다. 계속 촉박하게 돌아보다가 카멜 마켓에서 샌드위치 같은 걸 밥으로 먹었는데 하나당 16,000원이 넘었다. 정말 엄청난 물가였다.

밥을 먹고 젤리도 조금 사고 난 뒤에 선교사님과 만남을 갖게 되었다. 선교사님께서 팔라펠 샌드위치와 과일 등등을 준비해주셔서 맛있게 먹었다. 나는 팔라펠 샌드위치는 배가 불러서 공항에 가져갔다. 귀한 모임을 갖게 된 후 기차를 타고 공항을 갔어야 했는데 기차 번호가 내가 조사한 것과는 조금 달랐다. 조금 머뭇거리다가 탔는데 알고 보니 기차를 잘못 탄 것이었다. 그래서 우리가 기차를 탔던 하가나 역으로 돌  아갔는데 정연이가 폰을 놓고 왔다고 했다. 아뿔싸. 여행 마지막 날에 이렇게 일이 터지는 건가 싶었다. 훔쳐가지 않았길 기도하며 함께 다시 돌아왔던 길을 갔다. 솔직히 못 찾을 줄 알았는데 분실물로 처리되어 있었다! 하나님께 감사하며 함께 기분 좋은 마음으로 하가나 역에서 벤구리온 공항으로 갈 수 있었다.

가서 모임을 하고, 세안을 한 후에 다시 공항노숙을 시작했다. 공항노숙을 너무

많이 해서 이제는 바닥이 내 침대다. ㅋㅋㅋㅋㅋㅋ 아무튼 3시간 정도 잠을 잘 수 있어서 얼른 침낭을 피고 잠에 들었다.

　오늘 내가 맡은 구역에 대해서 너무 많이 아쉬웠는데 일단 선교사님과의 약속까지 고려해서 11시부터 4시까지 밖에 돌아볼 시간이 없어서 제대로 여행을 즐기지 못한 것이 아쉬웠다. 내가 맡은 구역인 만큼 자신 있게 설명하고 또 이끌어주고 싶었는데 4일 전에 그렇게 내 계획이 모두 날아가 버리는 바람에 여행지나 경로 같은걸 완전히 새로 짜야 하다보니까 지식이 너무 부족했다. 그 점이 친구들에게 너무 미안했고, 나로서도 속상했다. 또 티는 안냈지만 기념품을 위해서 두 군데나 살만한 곳을 정했는데 모두 생각보다 살만한 곳이 못 되었어서 너무 미안했다. '다른 곳을 갔었어야 했나?'하는 생각도 많이 들었다. 여행을 인도하면서 계속 우왕좌왕했는데 다른 친구들이 지도도 켜서 같이 봐주고, 도와줘서 너무너무 고마웠다. 오늘은 여행하는 동안 속상한 게 많았는데 그래도 이렇게 일행의 소중함을 느끼게 해주신 하나님께 감사했다. !

2023-02-03 (금) / 출애굽기 19장
출국하기 너무 어려워!

• **정연이의 묵상과 여행**

　시내산에서 모세에게 언약을 주시는 장면을 묵상했다. 하나님은 이스라엘 백성에게만이 아니라 모든 사람에게 똑같이 말씀하신다고 생각했다. 이번 여행 뿐 만 아니라 이후의 삶에서도 계속해서 메시지를 주시는 하나님께 귀 기울여야겠다는 생각이 들었다. 7인 7색을 돌아보면서 하나님이 내게 말씀하셨지만 알아채지 못했던 것들을 되돌아 볼 것이다.

　잠시 3시간 정도를 자다가 일어나서 폴란드 바르샤바로 가는 비행기 탑승 준비를 했다. 보안 심사를 하려고 기다리는데, 직원이 우리를 스키나 스노우 보드처럼 대형 위탁 수하물을 맡기는 사람들 쪽으로 분류했다. 등산 가방이 커서 그런지, 아니면 동양인이라서 그런지 몰라도 이 긴 줄에 세워놓으니 별로 기분이 좋지는 않았다. 게다

가 어제 너무 무리해서 그런지 감기까지 걸려버렸다. 앞에서는 엑스레이로 하나씩 검사를 하고, 의심되는 게 있으면 일일이 열어보기까지 했다. 비행기 탑승 시간은 점점 다가오는데 아직 우리 앞에 사람이 꽤 있었다. 이때 우리와 상황이 비슷한 한 외국인이 "비행기를 놓치면 티켓 값을 내줄 것이냐?"고 따지진 후에야 짐을 돌려받았다. 화가 꽤 났었는지 보란 듯이 검사장을 사진까지 찍고 떠나는 것을 옆에서 지켜봤는데, 속

이 후련했다.

  여행 쌤, 기대 쌤, 태준이, 그리고 나를 제외한 나머지는 벌써 게이트에 도착해서 기다리고 있었다. 우리 차례가 왔을 때는 이미 탑승 시간이 지나버렸고, 길고 긴 검사를 마친 후에야 그 자리를 떠날 수 있었다. 그 다음 순서를 빨리 통과해야 했기 때문에 줄을 서 있는 사람에게 양해를 구하고 먼저 지나갔다. 원래 예정된 시간에서 30분이나 지났지만 항공사에서 상황을 이해해주었는지, 도착했을 때는 지연 되어있었다. 하마터면 비행기를 놓치는 줄 알았는데, 무사히 탈 수 있어서 다행이었다.

  그렇게 4시간 정도가 지나서 폴란드에 도착했다. 저번에 한 번 왔던 곳이라 익숙했다. 한국으로 가는 항공편이라 그런지 거의 한국인 밖에 없었다. 이때 잠깐 쉬는 시간을 가질 수 있어서 지난 여행을 되돌아봤다. 나는 이번 여행 중후반까지는 다른 사람이 힘들어 하는 것에 비하면 거의 멀쩡할 만큼 컨디션이 좋았다. 그러다 마지막에 이스라엘에서 힘든 일이 한꺼번에 일어나더니 체력적으로, 정신적으로 매우 지치게 되었다. 그러나 오히려 이것을 통해 내가 놓치고 있었던 감사를 깨달을 수 있었다. 문제를 마주하기 전까지는 몰랐지만 지나고 난 후에야 내가 살아갈 수 있는 것이 하나님의 은혜라는 것이었다.

  면세점에서 선물할 것들을 샀다. Ptasue ML. Smietankow라는 이름의 초콜릿을 코팅한 마시멜로였는데, 이게 공산주의 시절부터 지금까지 이어져온 폴란드 대표 간식 중 하나라고 한다. 한국으로 가서 얼른 먹어보고 싶다. 용돈이 남아서 더 둘러보고 싶었지만 이제 출발할 시간이 다 되어서 가야했다. 원래 여행을 하고 떠날 때가 되면 그 나라에 계속 머물고 싶기 마련인데, 이번에는 고생을 많이 해서 그런지 드디어 한국에 간다는 생각에 설렜다. 한국까지 11시간이 소요되는 비행기에 기대되는 마음으로 올랐다.

• 태준이의 묵상과 여행

"경계." 12절의 경계는 주님께 미움을 받고 죽임을 받냐, 아니냐를 정한다. 주님께서 내게 정해주신 경계는 무엇일까? 오늘 하루는 주님께서 내게 주신 경계가 무엇인지 묵상하며 살아야겠다.

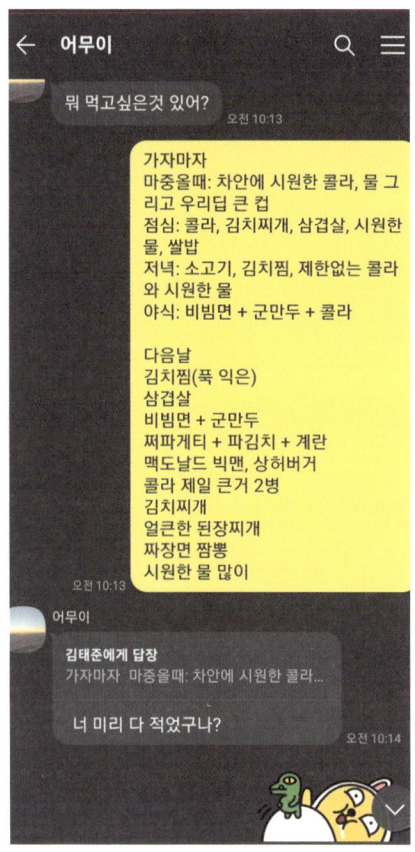

새벽 2시쯤 비행기 보딩이 시작된 것을 보고 친구들을 깨우러 갔다. 나는 피로가 쌓여 눈만 감으면 잘 수 있는 상태였다. 이스라엘의 계속되는 검문과 답답한 진행으로 인해 우리는 비행기 탑승 전에야 다 모일 수 있었다. 정신이 없었다. 많은 검문 때문에라도 다시는 이스라엘에 안 갈 것 같다.

바르샤바에 도착했다. 탑승을 기다리는 동안 우리는 한명씩 인터뷰를 진행했다. 인터뷰를 하기 전 여행을 한번 돌이켜봤다. 무엇이 가장 기억 나는지, 무엇을 배웠는지, 여행 이후는 어떻게 살 것인지 등 많은 생각을 할 수 있었다. 인터뷰를 한 후 남은 용돈으로 바르샤바 공항에 있는 초콜렛을 샀다. 드디어 한국으로 가는 비행기를 탄다. 다행히 이번 좌석은 이어폰 소리가 들렸다.

• **다예의 묵상과 여행**

　하나님이 두려워할 만한 분이라는 것과 동시에 그의 사랑을 볼 수 있었다. 이제 집으로 돌아갈 텐데 묵상이 주는 힘을 느끼며 방학이 끝날 때까지 '매일 큐티하는 것'이 목표이다.

　이스라엘에서 출국하기까지 시간이 오래 걸렸다. 바르샤바에서 마지막 묵상을 하며 지금까지 했던 묵상을 생각해 보았다. 나는 왜 묵상 시간이 힘들었을까? 나는 원래 질문이 많고, 자유로운 큐티를 해왔다. 그런데 이 여행에서의 묵상은 물음표가 아니라 마침표로 끝나야 했다. 또한 아직 받아들이지 못한 전제를 깔아두어야 했고, 구체적으로 하루에 적용할 수 있는 정답을 끌어내야 했기 때문인 것 같다는 생각이 들었다.

　비행기에서 내릴 때 주었던 빵을 먹고, 인터뷰 영상을 찍었다. "지금은 정리가 하나도 되어 있지 않다. 당장 집으로 돌아갈 수 있는 게 너무 기쁘고, 일상에 대해 감사함을 찾을 수 있었던 여행이었던 것 같다. 원래 그 순간보다는 다시 돌아보며 느끼는 감정과 생각이 훨씬 많아서 집에 돌아가서 하나하나 정리해 볼 것을 생각하면 기대가 된다."라는 이야기를 했다. 어정쩡하게 '이런 것들이 기억에 남았습니다.'라고 이야기하는 것보다는 지금의 심정을 이야기하는 것이 낫다고 생각했다. 면세점에서 초콜릿과 카라멜을 사고, 인천공항으로 가는 비행기를 탔다.

• 지원이의 묵상과 여행

　시내산에 가봐서 그런지 머릿속에 그림이 잘 그려졌다~~ 하나님 앞에는 성결하게 나아가야 한다. 죄인과 함께하지 못하시는 공의의 하나님을 보았다. 하지만 반대로 공의의 하나님이기에 사랑의 하나님일 수 있겠다는 생각이 든다! 이렇게 거룩하고 흠 없는 하나님임에도 불구하고 죄인들을 모두 살려주고 싶어 하시고, 구해내시는 하나님이 사랑의 하나님이다. 사실 하나님의 사랑을 풍성하게 느끼고 오는 여행이 되고 싶었는데, 그러지 못한 것 같아서 아쉬웠다. 하지만 오늘 묵상처럼 내가 사랑의 하나님을 놓쳤을 수도 있겠다는 생각을 하게 되었다. 오늘 목표! 비행기에서 '내가 놓친 것'들이 무엇인지 생각해보고, 여행을 정리하면서 '내가 깨달은 것'들에 대해 생각해 보는 것이다. 또한 크게 느낀 게 없는 것 속에서조차 하나님의 일하심 안에 있을 것이라는 생각이! 불안함을 없앴다!

　오늘은 이동만 잔뜩 했다. 사실 한국으로 향하는 게 나는 마냥 기쁘기만 했다. 옆에 아쉬워하는 다연이와 주은이를 보며 이해도 되고 공감도 됐지만, 나는 친구들과 다르게 너무 기쁘고 기다려왔던 순간이었다는 생각을 많이 했다. 마지막 인터뷰를 준비하며, 내가 느낀 게 무엇인지에 대해 오랫동안 생각해보게 되었다. 주은이나 다연이에게는 정말 뜻깊은 시간으로 다가왔다는 이 20일간의 여정이, '나에겐 그저 힘든 여행으로만 남는 게 아닐까?'라는 막연한 두려움이 자리 잡고 있었다.

　한국에 도착해 생각해보니, 무언 갈 크게 느끼고 오고 싶다는 욕심이 만들어낸 허무함이었다는 생각이 든다. 친구들과 다신 오지 않을 시간을 보낸 것이라는 한가지만으로도 이미 충분하다는 생각을 했다. 그렇게 욕심을 내려놓고 생각해보면 얻은 게 참 많다. 하루를 묵상으로 시작하는 것, 그리고 어디서든 묵상을 할 수 있다는 것, 마지막 하루를 피드백하며 마무리 하는 것. 나는 매일을 여행하는 것처럼 살고 싶다는 생각을 하게 됐다. 내일의 걱정은 내일 하고, 오늘 계획을 충실히 완료해가는 내가 되고 싶다. 아, 그리고 묵상 내용을 정리하다보니 내가 생각보다 '사랑의 하나님'을 많이 발견했었다는 사실을 깨닫게 되었다. 이 여행이 나에게 진하디 진한 향수로 자리매김 할 것 같다는 강한 예감이 든다.

• 다연이의 묵상과 여행

　하나님이 강림하시는 시내산에 경계를 지은 이유는 하나님을 위함이 아닌 '백성을 위하여'이다. 하나님은 선 그 자체이시며 구별된 분이시다. 하나님을 따르는 나는 '거룩'하게 살아야 한다.

　텔아비브 공항에서 일어나 묵상을 하고 체크인을 하러갔다. 시간에 딱 맞춰 갔지만 이스라엘 공항은 어마무시했다. 기다리는 사람은 많았는데 직원은 보이지 않았고, 짐 검사도 상상이상으로 오래 걸렸다. 세 시간이나 넉넉하게 잡고 준비했는데 어느새 비행기를 놓칠까봐 걱정하고 있었다. 불행 중 다행으로 이륙 시간에 거의 딱 맞춰서 들어갈 수 있었다. 텔아비브 공항에서 마지막 남은 기운까지 다 빠졌다. ㅎㅎ

　폴란드 바르샤바 공항까지 무사히 도착하고, 공항에서 7인 7색 여행 소감 영상을 찍었다. 벌써 소감을 말하다니.. 나 다시 돌아갈래~~ 여행을 마무리하며 돌아보니 매 순간 행복하고 감사했다. 여느 때보다 가치 있는 3주를 보냈다. 19살, 이 3주는 언제 꺼내 봐도 행복으로 기억될 것이다.

　이제 진짜 인천공항으로 출발! 너무 아쉬웠지만 막상 한국으로 가는 길은 설렌다. 도착하자마자 어떤 음식을 먹을지 이미 골라 났다. 사실 지금은 음식보다 온수가 나오는 샤워기, 내 매트리스가 가장 그립다.

· 영훈이의 묵상과 여행

주님의 은혜가 없으면 살아갈 수 없다고 묵상하게 되었다. 우리는 주님의 말씀이 없으면 죄의 길로 가기 십상인 것을 알고, 일상생활 속에서도 주님의 말씀을 묵상하고 하루를 적용, 주시는 깨달음을 위해서 매일 묵상하는 습관을 만들어야겠다.

무슨 대기만 한 시간 넘게 시키는 공항이 있을까요? 여행 왔다고 몇 번을 말을 해도 의심이 많은 건지 아니면 법적 문제인지 알지 못하지만 너무 화가 났다. 잠을 많이 못자고 피곤해서 내가 예민하고 조금 더 신경질적인 것일 수도 있지만 너무 이해하지 못할 상황과 대처였다. 그래도 결국 시간 맞춰서 겨우 항공을 타고 바르샤바에 잘 도착하긴 했다.

오늘 말씀을 통해서 나에게 주시는 말씀은 무엇인지 잘 모르겠다. 아파서 집중을 못하는 건지, 귀가 닫힌 건지 잘 모르겠다. 한국에 돌아가는 길에는 주님이 묵상을 통해서 나에게 주시는 말씀이 무엇인지, 묵상의 깨달음이 무엇인지 꼭 생각해 보아야겠다.

이제 정말 시간이 다 되어서 한국으로 가는 날이다. 무언가 시원섭섭하다는 마음이 들었다. 내 평생에 남을 추억이 생기게 되어서 너무 기쁘고 감사하다. 한국 가기 전에 주님이 나에게 어떤 말씀을 주시고, 어떤 깨달음을 주셨는지 알게 되어서 너무 행복하다.

• 주은이의 묵상과 여행

　백성들은 여호와의 강림을 보며 두려워했다. 하지만 얼마 지나지 않아 금송아지를 만들었던 그들의 모습이 생각났다. 내가 7인 7색을 마쳤을 때의 긴장감을 놓지 말아야겠다는 생각을 했다.

　짐 체크인을 하기 위해 새벽1시? 2시쯤 일어나서 체크인 하는 장소로 향했다. 그런데 웬걸 우리 짐은 따로 체크인을 해야 한다는 것이 아닌가! 그래서 우리는 다른 부스로 가서 체크인을 하려고 하는데 이게 무슨 일? 도저히 들여보내주지를 않는다. 앞에 사람들이 꽤 있어서 엄청 오래 기다리고 드디어 우리 차례가 되었는데 첫 번째 부터 막 짐 검사를 한다. 탐승시간까지 얼마 남지 않았던 상황이었는데 우리는 정말 답답해서 미치는 줄 알았다. 나도 그냥 보내주길 바랬는데 키프로스에서 구매했던 터키 젤리가 걸렸다. 그런데 그냥 뒤지기만 하고 "뭐야 젤리네?" 이러고 보내줬다. 솔직히 속으로 조금 화가 났다. 지원이도 터키 젤리가 걸렸는데 계속 애꿎은 짐만 뒤졌다고 한다.

　5시 비행긴데 4시가 넘어서서 우리는 모두 흩어졌다. 그냥 짐 검사가 되는대로 몇명 꾸려서 게이트까지 가기로 한 것이다. 나랑 다예, 태준이가 어쩌다보니 같이 게이

트까지 가게 됐다. 앞에서 여권이랑 얼굴 검사를 하는데 내 얼굴이 인식이 잘 안 됐다. 불안해서 막 서두르다가 옆에 기계 가서 하니까 됐다. 그렇게 이제 기내 수하물 검사를 하고 게이트로 향했는데 웬걸 난 다 통과가 됐는데 가방에 콜라가 있는 게 아닌가. 500ml 콜라가.. 텔아비브 공항은 정말 빡빡한 것 같은데 이런 부분에서 이렇게 실수를 한다는 게 어이가 없어서 헛웃음이 났다.

아무튼 모두가 여차저차 완벽하게 모이고, 우리는 아슬아슬하게 비행기를 타게 됐다. 정말 살이 떨렸다. 비행기에서 이륙하고 나서 2시간 반정도는 기절했던 것 같다. 그러다가 일어나서는 라운지를 발견했는데 난 거의 비행기 맨 뒷자리였고, 간식이나 음료 같은 걸 쉽게 먹을 수 있었다. 심지어 바깥 자리였기에 라운지에서 간식을 수시로 가져다 먹었다. 분명 라면이 있다는 소리를 들었는데 그건 아니어서 아쉬웠다. 기내식을 먹고 조금 시간이 지나자 라면냄새가 막 났다. 그래서 혹시 하고 봤는데 라면을 정말 주고 있었다! 일단 나 먼저 하나 먹은 뒤에 아까 라면 발견하면 서로 알리라고 했기 때문에 친구들을 찾아 나섰다. 친구들에게 라면이 있다고 알려준 뒤에 뿌듯하게 자리에 가서 스물다섯 스물하나 드라마를 보기 시작했다. 그렇게 드라마 정주행을 하고 또 잠에 들었다.

2023-02-04 (토) / 출애굽기 20장

벌써 귀국이라니!

• 정연이의 묵상과 여행

　내게 우상이 되는 것은 무엇이 있는지 고민하고 제거할 필요가 있다. 이번에 여행 중 일상에서 잠시나마 한 발짝 떨어져서 내 삶을 되돌아보니 내가 하나님보다 우선시 하는 게 무엇인지 알 수 있었다. 그것들을 손에서 놓지 못하고 있으니 하나님을 붙잡지 못한 것도 당연한 것이었다. 이번 여행을 마무리 하고 집으로 간다고 해서 내 삶이 기적적으로 변하지는 않겠지만 여행 중에 얻은 것을 쉽게 잊어버리지 않으려고 노력하며 살아가자. 그리고 힘든 상황일수록 감사하며 살자.

　이제 몇 시간만 더 지나면 한국에 도착하게 된다. 한국에서 올 때와 같은 기종의 항공기일 텐데 이번에는 허리가 아프지 않았다. 이번에는 피곤해서 잠만 잤던 것 같다. 푹 자고 드디어 한국에 도착하니 너무나 익숙한 분위기에 긴장이 확 풀렸다. 외국인

만 가득한 곳에 있다가 한국 사람들이 지나가는 것을 보니까 이곳이 한국이라는 것이 실감이 났다. 공항 밖으로 나가니 공기부터 달랐다. 생각했던 것 보다 춥지 않았지만 미세먼지의 냄새가 나는 듯 했다. 배낭여행 때 봤던 맑은 하늘이 그리워질 것 같다.

BJ 쌤께서 학교 버스로 우리를 데리러 오셨고, 얼마 지나지 않아 학교에 도착했다. 학교가 산에 위치해서 그런지 공항보다 몇 배는 더 추운 것 같았다. 주차장에는 학부모님들이 여러분 계셨고, 우리 엄마도 금방 도착하셨다. 오랜만에 엄마를 만나니 매우 반가웠다. 다 같이 기념사진을 찍은 후, 코로나 자가검사키트를 받아서 집으로 갔다.

처음에는 길게만 느껴졌던 배낭여행이 되돌아보니 굉장히 빠르게 지나갔다. 3주라는 시간 동안 밖에 있었지만 우리 집은 언제나 익숙했다. 이곳에서의 생활에 금방 적응 하겠지만 이번에 경험하고 얻은 것들을 오래 간직하며 살아가고 싶다. 중동 배낭여행을 무사히 마칠 수 있음에 감사하다!

• 태준이의 묵상과 여행

'너는 너를 애굽 땅, 종 되었던 집에서 인도하여 낸 네 하나님 여호와니라.' 2절의 말씀이다. 우리를 인도해주신 주님께 감사드린다. 7인 7색 뿐 아니라 앞으로 내 인생 속에서도 인도해주실 주님께 감사드리자.

한국에 도착했다. 어딜 보든 한글이 보이니 마음에 안정이 찾아왔다. 배낭을 찾고 공항 밖으로 나갔다. 3주 만에 한국 공기를 마시니 몸이, 기분이 좋았다. 학교에서 공항까진 그루터기 선생님께서 태워주셨다면, 공항에서 학교까진 BJ 선생님께서 마중을 나와 주셨다.

학교로 돌아가는 버스 안에서 선생님께서 주신 설문지를 작성했는데 3주 동안의 여행이 어땠는지 생각을 정리했다. 시간이 빨리 지나갔다. (원고를 쓰고 있는 지금 생각해보니 집에 가서 침대에 누워 쉴 생각 덕분에 시간이 빨리 지나간 것 같다.)

드디어 학교에 도착했다. 우리가 내리니 부모님들께서 반갑게 맞이해주셨다. 나는 셔틀에 실었던 배낭을 꺼내야 했기 때문에 거의 마지막에 버스에서 내렸

다. 북적거리는 인파 속에서 부모님의 얼굴이 한눈에 들어왔다. 반가웠고, 해주고 싶은 이야기들이 막 생각이 났다. 부모님과의 인사가 끝나고 친구들 부모님께 인사드리러 갔다. 그때 고자질도 하고 친구 자랑도 했다. 단체 사진 촬영이 끝난 후 차에 탔다. 자려고 하는데 옆에 친구들이 없으니 어색했다. 벌써 7인 7색의 향수가 왔다.

• 다예의 묵상과 여행

　오늘 말씀은 십계명이었다. '하나님을 사랑하고 계명을 지키는 자에게는 천 대까지 은혜를 베푸느니라.'라는 말씀이 따뜻했다.

　비행기에서 영화 '나니아 연대기: 사자와 마녀와 옷장'을 봤다. 아슬란을 보며 예루살렘에 가지 못한 게 다시 아쉬워졌다. 한국에 도착했다. 아빠가 공항에 계셔서 같이 집에 갔다. 내 방을 보니 너무 기쁘고 편안했다. 터키 젤리를 기대하며 먹어 봤는데 맛이 없진 않지만 생각하던 맛은 아니었다. 선물하면 좋아할지 살짝 걱정됐다. 초콜릿은 나쁘지 않았고, 크루프키는 정말 맛있었다. 점심으로는 드디어 엽떡을 먹었다!

• **지원이의 묵상과 여행**

  안식일을 지키라는 말은, 쉬라는 뜻도 있지만 엿새 동안 열심히 일하라는 뜻도 있다는 것을 기억해야 한다. 따뜻한 물로 샤워한 게 하루밖에 되지 않는다고 징징거렸던 내가 부끄러워지는 영상을 보게 되었다. 나는 중동을 다녀와서 이곳에 '살기 좋은 대한민국'이라는 수식어를 붙여주었지만 여전히 어떤 이들에게는 살기 좋은 대한민국이 아니라는 점, 어떤 이들은 살기 좋은 곳으로 되돌아갈 곳조차 없다는 점, 내가 내 상황에 불평하지 않고 은혜를 누리며 감사해야 한다. 동시에 이것이 내가 '예수님의 마음으로 살아야 하는 이유'이기도 하다. 어떻게 보면 내가 '영화를 만들어야 하는 이유'도 여기에 있다.

  비행기에서 집으로 돌아가는 길에, 그리고 한국 공항에서 집으로 돌아가는 길에 많은 생각이 들었다. '드디어 돌아가는구나, 드디어 내 침대로 가는구나, 드디어 편한 곳으로 가는구나.' 어떻게 보면 3주 동안 힘든 일이 있어도 버틸 수 있었던 이유는 아마 '내 집'이 있기 때문일지도 모른다. 힘든 생활을 하면서도, 친구들과 함께함이 즐거울 수 있었던 이유와 즐길 수 있었던 이유도, 이곳이 '나의 터전'이 아니라는 생각 때문일지도 모른다.

  3주 동안 다른 친구들과 달리 나는 나에게 더 집중하는 시간이 됐던 것 같다. 조금 반성하는 부분이다. 나를 관찰하는 것은 어디서나 할 수 있지만, 그 중동이라는 지역에서 주위를 둘러보며 그곳에 사는 이들을 관찰할 기회는 지

금뿐인데 말이다. 우리는 사기를 당했고, 놀림을 당했지만, 우리는 그 못된 행동에 집중해선 안 된다는 생각이 문득 들었다. 예수님이라면 어떻게 하실까? 그들이 예수님의 품으로 돌아오길 바라실 것이다. 그 땅을 걸으며 진정한 복음이 조금이라도 전파 됐으면 좋겠다는 마음을 품고 갔지만, 정작 기도는 많이 못하고 돌아오는 것 같아 아쉬운 마음이 든다. 하지만 앞으로 '직접 밟아봤기에 더 잘 기도할 수 있을 것이라는 기대를 품으며 집으로 가야겠다.'는 생각이 든다. 또한 '그곳에 복음을 모르며 사는 사람들을 위한 기도를 해야 한다.'는 생각이 나에게 임무처럼 다가온다.

• **다연이의 묵상과 여행**

하나님께서는 "나는 너를 애굽 땅, 종 되었던 집에서 인도하여 낸 네 하나님 여호와니라."라고 말씀하신다. 하나님을 표현할 수 있는 말은 형용할 수 없이 많지만 이 말씀을 통해 백성들이 그들의 '경험'에서 나타나신 하나님을 기억하게 하셨다. 7인 7색에서 나와 함께하신 하나님, 그 경험을 잊지 않겠다고 다짐하며 앞으로도 함께 하실 하나님을 기대한다.

비행기에서 푹 잘 수 있을 줄 알았는데 잠이 안 와서 거의 못 잤다! 오히려 비행기에서 내리니 졸음이 몰려오기 시작했다. 인천 공항에서 나오는데 이곳이 한국이라는 걸 인정하고 싶지 않았다. "다음 숙소는 어디죠? 여기는 어느 나라죠?"하면서 친구들과 상황극까지 했다. 학교 버스를 타고 드디어 집으로 향했다. 한국의 공기는 제법 쌀쌀하고 상쾌했다(한국의 미세먼지 따위, 이젠 거뜬히 이겨낼 수 있다.). 7인 7색 후기를 적다보니 어느새 학교에 도착했다.

비록 잠과의 사투를 벌이는 중이었지만 오랜만에 가족들의 얼굴을 보니 너무 반갑고 기뻤다. 바로 설렁탕을 먹으러 갔는데 원래는 한 공기를 다 못 먹던 내가 너무 가

볍게 밥 한 공기를 해치웠다. 집으로 돌아와서 나의 사랑스러운 매트리스와 감격의 인사를 하고, 따뜻한 물이 나오는 샤워기를 마음껏 누렸다. 모든 게 당연한 게 아니었음을 느꼈다. 저녁은 그토록 먹고 싶었던 고기를 먹었다. 아빠와 함께 7인 7색 영상을 전부 돌아보며 이야기보따리를 풀었다. 여행의 시작과 과정, 안전하게 무사히 돌아오기까지 전부 하나님의 은혜다!

• **영훈이의 묵상과 여행**

  십계명을 통하여서 우리를 세상으로부터 구분 지으신 주님이다. 십계명이라는 규정으로 세상에서 말하는 죄와 하나님 세계에서 말한 죄가 다르고, 우리는 이런 삶을 살아가야 한다는 것을 알게 된 묵상이다. 주님이 우리를 지켜주시기에 우리가 있다는 것 또한 알게 되었다.

  7인 7색이 나에게 큰 깨달음과 좋은 추억으로 남을 수 있을 것 같다. 한국에서는 하지 못했을 아침 묵상 후 오늘 하루 적용, 묵상을 통해서 주님이 나에게 주시는 말씀이 무엇인지 생각해보게 되어서 아주 좋은 여행이었다. 비행기를 타고 갈 때 여행을 마무리하면서 주신 깨달음이 무엇인지 생각해보면서 갔다.

  마지막 날에 너무 아파서 뒤에는 마음이 아팠지만 결국 잘 마무리하고 큰 탈 없이 여행을 마칠 수 있어서 감사하다고 주님께 말씀드린다. 이제 집에 가서 엄마를 보고 내 방에서 푹 자야겠다는 생각이 젤 먼저 들었다. 이상 돌아오는 길에 영화 보다가 우는 이다연을 보고 놀란 지영훈이었습니다.

• 주은이의 묵상과 여행

　주님께서는 이집트로부터 이스라엘 백성들을 벗어나게 하셨다. 비록 그 계획에 이루어지기까지 수많은 시간이 흘렀고 많이 부딪혔지만 결국 주님께서는 그 계획을 이루셨다. 이 모든 순간이 주님의 계획안에 한 치의 오차도 없다는 말이다. 그런 주님을 믿고 삶을 살아가야겠다.

　드디어 한국에 도착했다. 아침으로 간단하게 기내식을 먹고 착륙을 했다. 믿기지가 않았다. 이제 친구들과 함께 잠을 자지 않다니. 묵상을 하지 않고, 모임을 하지 않다니. 너무 집에 가기가 싫었다. 다시 고3 생활로 돌아가고 싶지 않았다ㅜㅜㅜㅜ BJ 선  생님께서 부름이(학교 차량)를 운행해주셔서 공항에서 학교까지 갔다. 부모님이 너무 보고 싶기도 했지만 너무 아쉬운 마음이 계속 들었다. 학교를 도착하니 부모님들께서 모여서 열띤 환호를 해주고 계셨다. 정말 믿기지 않았지만 단체 사진을 한 장 찍은 후에 흩어졌다. 길고 긴 여정이 이제는 마무리가 됐다. 싱숭생숭하다.

중동 여행을 마치며

김정연의 "돌아보니 모든 게 감사!"

올해 2023년부터는 코로나로 인해 중단되었던 외부 활동들이 시작되었다. 내가 중학생이었을 때 말로만 듣던 프로그램들이 예비 고3이라는 예상치 못한 순간에 돌아온 것이다. 공부도 해야 하지만 이때가 아니면 다시 찾아오지 않을 기회라고 생각되어서 어떤 외부 프로그램이라도 하나는 참여하려고 계획했다.

처음에는 배낭여행이 아닌 남아공 선교를 가려고 했었다. 7인 7색도 다시 진행한다는 것을 전혀 모르고 있었는데, 같은 학년 친구들에게 같이 가자고 추천해준 다연이를 통해 알게 되었다. 사실 선교보다는 중동을 가는 것이 더 편하고 쉬울 것 같다고 생각해서 7인 7색으로 선택을 바꿨다. 이때까지만 해도 남미에 갔다 온 선배들의 이야기를 들어보지 못했기 때문에 앞으로 어떤 상황이 펼쳐질지 전혀 모른 채 배낭여행을 가기로 결정하게 되었다.

여행 준비 모임에서 거의 모든 것을 '직접' 계획해야 했다. 우리보다 먼저 7인 7색을 갔다 왔던 선배들의 조언과 여행 쌤의 도움을 받기는 했지만, 여행을 계획해 본 적은 없었기 때문에 무엇부터 해야 할지 막막했다. 첫 모임인 2022년 11월 2일부터 출국하는 날인 2023년 1월 16일까지 두 달이 넘는 기간 동안 어디를 갈 것 인지부터 여러 가지 경우의 수에 대한 계획을 매우 꼼꼼하게 조사했지만 완벽하다는 느낌은 없었다. 그래도 열심히 준비했기 때문에 후회는 하지 않았다.

이집트로 가는 일정의 경유지인 헝가리부터 육체적으로 피로했다. 한국에서처럼 음식을 원할 때 먹을 수도 없고 잠도 마음대로 잘 수 없었기 때문이다. 다행히 나는 버틸만 했고, 그렇게 여행이 끝날 때까지 별 문제 없이 마무리될 것 같았으나 여행 에세이에서 밝혔던 것처럼 막바지에 갑작스럽게 여러 사건들이 생기게 되었다. 그때 정신적으로 많이 무너졌다. 출국하는 과정에서 이 여행의 목적을 생각해보았다. 나는 단순히 여행을 즐기고 싶어서 신청했다. 그러나 처음부터 본래 목적은 고난을 맞닥뜨리면서 배우는 것이었음을 상기했다. 여행을 통해 내가 얻은 것은 '감사'였다. 모든 상황이 평화로웠던 것은 아니지만 모두 무사히 여행을 마칠 수 있었기 때문이다. 이 모든 것이 주님께서 함께 하시지 않았다면 불가능한 일이었음을 깨닫고 되돌아보니 불만스러웠던 상황들이 감사하게 느껴졌다.

다시 일상으로 돌아와서도 감사하는 법을 잊지 않도록 하신 하나님이 내 삶 또한 인도하신다는 사실을 잊지 말아야겠다. 이번 여행에서 안전하게 지켜주시고, 수많은 경험들을 허락해주신 하나님께 정말 감사하다.

김태준의 "7인 7색이 뭐길래?"

"갈까? …아니야 그냥 가지 말자. 아니, 한 번 밖에 없을 기회잖아."라며 많은 고민을 했다. 당시 나는 해외에서 선교를 하고 있었기 때문에 친구의 연락을 통해 7인 7색 지원자를 받고 있다는 소식을 들었고, 한국에 가기 전까지 고민의 시간을 가졌다. 귀국해 첫 등교하는 날 바로 여행 쌤을 찾아갔다. "쌤, 7인 7색 자리 있어요?" 여행 쌤께서는 웃는 얼굴로 딱 한자리 남아있다고 말씀해주셨다. 7인 7색 모든 일정 관련해서 하나님께 첫 감사를 드리는 순간이었다.

모임이 있는 날 전까지 7인 7색 관련해서 자료 조사를 하기 시작했다. 체력적인 면에는 자신이 있었기 때문에 정보를 모으는 것에 중점을 두었다. 11월 2일 드디어 7인 7색을 위한 첫 번째 모임을 하는 날이 되었다.

여행 전, 여행 초에 나를 가장 힘들게 했던 것은 '팀장으로서 어떻게 하나?'였다. 위험한 지역 그리고 각자 개성 넘치는 친구들이 3주간 같이 사는 중에 어떻게 한 공동체로 만드냐는 것이었다. 게다가 내게는 말을 잘하는 은사도 없었고, 앞에서 누군가를 이끌어주고, 적절한 해결책을 제시해 주는 리더십도 없기 때문에 큰 부담감이 있었다. 그래서 많은 생각을 했다. "어떻게 하면 내 장점으로 친구들을 도와줄 수 있을까?" 늘 이 생각을 했다. 그래서 여행 출발 전에 묵상하기로 했던 출애굽기의 모세라는 인물에 초점을 두고 먼저 묵상해보기로 했다. 감사하게도 하나님께서 해결책을 주셨다. 하나님께서는 내게, 앞에 서서 이끄는 리더십이 아닌 뒤에서 받쳐주는 리더십을 주셨다고 생각했다. 친구들과 얼른 한 공동체가 되고 싶었다. 그래서 최대한 섬길 수 있는 것들은 다 섬겨야겠다는 생각으로 임하게 되었다.

구약 성경에서 '모세'라는 인물을 가장 좋아하는데 7인 7색에서 출애굽기 말씀을 묵상하게 되어서 좋았다. 모세가 언어의 은사는 없지만 하나님께 모든 것을 맡겼던 것처럼 나 또한 하나님께 모든 것을 맡겨야겠다고 생각하니 부담감이 사라졌다. 하나님께서는 이런 경험을 통해 앞으로 사회에 나갈 내가 어떤 크리스천이 되길 원하신다는 것을 전해주시려는 것 같다는 생각이 들었고, 7인 7색에서 배운 것을 잘 간직해야겠다.

7인 7색 여행을 하며 내게는 한 가지 꿈이 생겼다. 바로 '세계 여행'을 해보고 싶다는 것이다. "여행은 인생을 압축한 것과 같아."라고 말씀해주신 여행 쌤의 말씀이 어떤 뜻인지 알게 되었다. 여행을 하며 모든 순간을 하나님께 맡긴다는 것이 무엇인지 배울 수 있었다. 그리고 여행 쌤을 포함해 두 분의 세계 여행하시는 형님들을 보고 세계 여행을 통해 배움을 얻고 싶다는 꿈이 생겼다. 얼른 그런 날이 왔으면 좋겠다.

마지막으로 다연, 다예, 영훈, 정연, 주은, 지원이와 같이 여행할 수 있었음에 큰 감사를 드린다. 또한 여행 중 멘토로서 기대 쌤과 여행 쌤을 붙여주심에 큰 감사를 드린다. 7인 7색이 뭐길래. 너무 많은 것을 얻었다.

문다예의 "내가 찾아가야 할 것들"

다시 그때로 돌아가 결정을 내리게 된다면 같은 선택을 할 것이냐는 물음에는 답을 할 수 없을 것 같다. 하지만 어떤 선택을 내리더라도 가장 좋은 길로 인도하실, 나를 향한 계획이 있으신 하나님을 신뢰한다.

7인 7색, 출국까지 3주도 남지 않았을 시점, 갑작스럽게 주어진 기회였다. 막연한 흔들림은 반대에 부딪히며 간절함으로 부풀었고, 이 여행에 합류하게 되었다. 내가 가장 기대한 것은 진짜 신앙이 생기는 것이었다. 나는 일시적인 것들에 지쳐 있었다. 내가 좋아하는 소명이니까, 이 공동체에서 비전 트립 때처럼 행복을 느끼고 싶은 마음도 있었다. 어떤 상황을 마주하든 내게 긍정적인 변화가 있을 것이라는 확신이 있었다. 내가 얻게 될 것만을 크게 보았던 것 같다. 하지만 부정적인 생각이 나를 공격했던 여행이었다. 그래서 집에 돌아온 나는 드디어 벗어났다는 것 자체에 기뻐했고 7인 7색을 생각하고 싶지 않았다.

의미를 찾아가기 시작한 건 시간이 흐르고 나서였다. 처음으로는 마커스워십 예배에서 '오직 예수뿐이네' 찬양이 나왔을 때와 출애굽기 말씀을 들었을 때 말로 표현할 수 없는 무언가를 느꼈다. 크게 와 닿았던 것은 교회에서 '비 준비하시니'라는 찬양을 부를 때였다. 그때, 와디럼의 별들과 느꼈던 자연, 우리가 밟았던 땅, 복음을 잃어버린 나라들의 모습이 스쳐지나갔다. 열방을 위한 기도에 대해 친구들이 나누던 말들도 생각이 났다. 이것이 친구들이 느꼈던 마음인 것 같다는 생각이 들며 기도를 하게 됐다.

이 여행이 나의 인생에 어떤 영향을 미칠지 아직은 모르겠다. 당시에 내가 느끼지 못했다고 의미가 없었던 것이 아님을 깨달았다. 그저 망각될 기억이 아니라는 사실이 좋았다. 그래서 앞으로도 계속해서 7인 7색이 나에게 주는 것들을 찾아보려고 한다.

박지원의 "여행이 나에게 알려준 '하루'"

　볼 때마다 책상에 피라미드를 그려대는 어떤 친구의 끝없는 설득 끝에 가게 된 7인 7색에 대한 이야기를 시작해보려 한다. 어느 날 친구가 나에게 7인 7색에 가자고 설득하기 시작했고, 얼마 전 산티아고 유럽 여행을 다녀온 나는 가족의 금전적 문제, 그리고 12학년 초반에 해외를 다녀오는 것이 조금은 걱정이 되어 계속해서 거절해왔었다. 그러다 엄마한테 가볍게 이야기를 꺼냈는데, 엄마가 "당연히 가야지! 뭘 고민하는 거냐?"라고 하시며 얼른 신청하라고 보챘고, 얼떨결에 7인 7색을 신청하게 되었다. 그렇게 시작된 7인 7색 모임, 시간이 가면 갈수록 해외를 나갈 준비를 하는 게 많이 힘들었다. 지금 와서 생각해보면, 한국에서 해온 모임 시간들 동안 제일 불안한 마음이 크게 들었던 것 같다. 정작 가서는 불안한 마음이 들지 않았다.

　이집트와 요르단, 이스라엘을 경험하며, '친구들은 너무 행복해하는데, 나는 왜 이렇게 즐기지 못할까?'라는 생각이 내 머릿속을 집어 삼키고 있었다. 다연이는 한국에서의 삶이 너무 규칙적이고 힘들어서 이곳에서의 모든 일들이 행복했고, 주은이는 그냥 마냥 행복하고 값진 시간을 보내는 것만 같아 보였다. 다예도 마찬가지로 의미 있는 질문들을 하며 지내고 있는 것 같아 보였다. 그런 반면 나는 평범하게 힘들면 힘들어 하고, 즐거우면 즐기고, 솔직히 이런 곳에 왔는데 너무 미지근한 내 자신을 보며 불안한 마음이 가장 많이 들었다. 특히 가정에서 큰 문제가 생긴 상태에서 출발해서 가뜩이나 마음에 불안을 가득 안고 출발했었다. 언니와 엄마와 연락하며 가정의 상태를 자꾸만 살피다가, 문득 언니의 말 한마디가 내 머리를 강타했다. "너는 친구들하고 다신 돌아오지 못할 시간을 보내고 있네. 부럽다." 나는 이 말을 듣고 '갑자기 무슨 오글거리는 소리야?'라고 잠깐 생각했지만, 문득 다시 머릿속에 그 말을 떠올려보니 진짜 맞는 말이었다. 내가 대단한 무언가를 가져가려고 하는 마음 때문에 이 순간을 즐기고 있지 못하다는 생각이 들었다. '친구들하고 다신 만들 수 없는 추억을 만든 것.' 이 하나만으로 값진 경험임을 깨닫게 되는 언니의 한마디였다. 또 값진 여행이라는 생각이 든 시점은 여행을 마치는 시기였다. 느낀 점과 소감을 인터뷰한다고 했는데, 그냥 '다신 돌아올 수 없는 시간을 친구들과 보내서 좋았습니다.'라고 한마디만 하기는 싫었다. 뭔가 더욱 값진 시간이라고 이야기하고 싶은데, 내가 어떤 부분에서 값진 시간이라고 진심으로 느꼈는지 생각해봤다.

사막에서 친구들과 선생님들과 나눴던 이야기가 떠올랐다. 했던 얘기를 잠깐 나눠보자면, 멀리 떨어진 나라 한가운데에 사막에서 와이파이도 되지 않고, 전파도 잘 터지지 않고, 텐트에 달랑 침대 3개 있는 그 텐트 안에서 잠들 때조차 두려운 마음이 들지 않았다. 하지만 그 안전한 한국에서는 입시 때문에 너무 두렵고 미래에 대한 막연한 마음이 든다. 두려운 마음이 들 때마다 이때 들었던 마음을 붙잡고 하나님과 함께 두려움을 헤쳐 나가고 싶다는 생각이 들었다. 또 하나 배운 점은 하루를 묵상으로 시작하는 것과 하루를 피드백으로 마무리하는 것이었다. 아침에 묵상을 하고, 피드백으로 마무리하는 시간을 가지면서 '말씀으로 하루를 사는 것'을 몸소 실천하고 온 느낌이 들었다. 특히 사막에서 묵상을 시작할 때에 '하나님의 세계'라는 찬양을 들었는데 하루 종일 그 찬양이 머리에 맴돌았다. 드넓은 사막을 보면서 하나님을 묵상할 수 있었다. 그냥 나는 하루하루를 이렇게 살고 싶다. 여행하는 것처럼 하루를 묵상으로 시작해서 주어진 시간을 말씀대로 열심히 사는 것, 그냥 그렇게 살고 싶어졌다.

요르단에서 4일 정도 머물렀던 숙소가 있었다. 거실이 공용으로 하나밖에 없어서 매일 아침 묵상과, 매일 저녁 피드백을 카운터 앞에서 해야 했다. 마지막 날에 카운터에 앉아 계시던 분이랑 택시 가격을 내려달라고 흥정하고 있을 무렵에, 그분이 하신 말이 아직도 기억에 남는다. "나는 너희가 매일 모임하며 서로 이야기 나누는 모습을 지켜봤어, 너네가 정말 좋은 사람들이라고 생각해." 아직까지 생생하게 기억에 남는 말이다. 나는 그냥 필수 모임인 묵상과 피드백 나눔을 한 것뿐이지만, 주변 사람들은 나를 지켜본다. 내가 어떻게 사는지 지켜보고, 반복하는 행동을 주의 깊게 관찰한다. 내가 말로 그들에게 전하는 게 아니라, 행동으로 전할 수 있음을 깊게 깨닫게 되는 순간이었다. 나는 선한 영향력을 행동으로 옮기는 사람으로 살고 싶다. 또한 말씀으로 하루를 살아가는 사람이 되고 싶다.

이다연의 "완전히 새로운 세상!"

　7인 7색 신청을 받는다는 소식을 듣자마자 단 일초의 고민도 없이 신청했다. 10대의 마지막에 역대급 적은 예산으로 친구들과 함께 떠나는 중동 배낭여행. 고민할 이유가 없었다. 명확한 기대를 품지는 않았지만 그게 무엇이든 엄청난 것을 얻고 돌아올 것을 확신했다.

　하지만 동시에 마음 한편에는 불안이 남아있었다. 고등학교 3학년으로 올라가는 겨울방학, 남들이 다 공부하고 있을 시기에 떠나는 여행이기에 한국으로 돌아온 이후의 삶이 걱정됐다. 미래에 대한 상상은 꼬리에 꼬리를 물었다. 하지만 내 걱정과 달리 여행을 하며 뜻밖의 깨달음을 많이 얻었다. 하나님께서는 내 추측을 뛰어넘어 자신을 드러내셨고 내가 생각하지 못한 방법으로 위로해 주셨다.

　먼저 7인 7색을 통해 '크신 하나님'을 경험했다. 시내산에서 본 일출, 광활한 와디럼 사막, 쏟아질 듯 많은 별들을 보며 크신 하나님을 몸소 느낄 수 있었다. '이렇게 크신 하나님께서 나와 함께하시는데 그동안 뭐가 두려웠던 걸까?'라는 생각이 머릿속을 탁 치고 지나갔다. 그 순간 내 불안에는 실체가 없다는 걸 깨달았다. 하나님의 동행을 믿는다면 두려워할 것이 없다는 말이 온몸으로 와 닿았다. 눈으로 보이는 문제의 해결보다 중요한 건, 하나님의 초대에 응하는 것임을 알게 되었다. 매일 내가 세운 계획에 갇혀 살다가 계획대로 이루어질 수 없는 곳으로 오니 오히려 자유했다. 하나님께서는 나의 상상을 뛰어넘어 가장 선한 길로 이끄시는 분임을 이제는 안다.

　다음으로 '작은 것에도 감사하는 마음'을 얻었다. 여행 내내 '감사'가 끊이지 않았다. 아무리 열악한 환경 속에 있어도 마냥 행복하고 감사했다. 내가 이렇게 작고 사소한 것에도 넘치는 행복을 느낄 수 있었다는 걸 처음으로 알게 되었다. 동시에 왜 그동안 범사에 감사하지 못했는지 돌아보게 되었다. 아침에 먹는 집밥, 나만의 방, 따뜻한 이불 등 내 주변의 모든 것들이 감사할 일이었다. 하나님께서 나에게 허락하신 시간과 환경을 더 이상 당연하다 여기지 말고 감사를 표현해야 한다.

 또한 '열방을 향한 마음'을 주셨다. 이집트, 요르단, 이스라엘, 키프로스를 다녀오며 기독교의 성지라고 불리는 나라에서 오히려 하나님을 잊은 사람들의 모습을 목격했다. 그 나라를 위해 기도해야 한다는 마음을 강하게 심어주셨다. 하나님의 시선이 닿는 곳에 나의 시선이 닿아야 한다. 나에게 놓인 상황에만 초점을 맞추던 나의 시야가 넓어지는 시간이었다.

 체력적으로는 힘들었을지라도 매 순간 너무 행복했고, 모든 순간 감사했다. 부족한 나와 함께 여행해준 친구들에게 너무 고맙고, 섬겨주신 선생님들께도 너무 감사하다. 무엇보다 이 시간을 예비하시고 다시 나를 일으키신 하나님의 은혜에 감사드린다.

지영훈의 "부모님 없이 가는 나의 첫 여행"

처음에는 '부모님 없는 여행'으로 아주 무섭고 떨리고 긴장을 많이 해서 '아무것도 두려워 말라'라는 찬양을 듣다 보니 마음에 안정을 찾게 되어 많은 도움이 됐고 긴장이 조금이나마 풀렸다. 여행을 준비하는 과정 속에서도 많은 걱정과 근심들이 쌓여있어 공항으로 가기 전에 집에서 울면서 나갔던 기억이 있다. 하지만 헝가리에 도착하니 근심 걱정이 조금이나마 풀리고 여행을 즐길 수 있어서 좋았다. 여행 중간중간 아프지만 않았다면 조금 더 좋았을 텐데 그 점이 아쉽기도 하다.

여행 초반에는 말씀을 많이 생각하지 못하고 살았던 것 같은데 그 점이 제일 아쉽다. 하지만 여행 중반에는 찬양과 말씀을 자주 접하려고 노력하다 보니 뭔가 정말 마음이 편해지고 근심 걱정이 사라지게 되었다. 말씀이 주는 엄청난 힘이 있다는 것을 알게 된 이번 여행이었다. 찬양과 말씀 안에서 주는 힘으로 사는 하루의 대단함을 느끼게 되어 신앙이 조금 더 좋아졌고, 말씀 안에서 살아가는 법까지 알게 되어 좋았다. 신앙도 채우고 여행을 통해서 많은 것들을 경험을 해보고 달인이 된 것 같아서 너무 좋고 뿌듯했던 여행이었다. 7인 7색이 아니었으면 경험해보지 못할 일들이 너무 많이 일어났고, 쉽게 보지 못할 것들 또한 많이 보았다. 눈도 마음도 회복되는 힐링의 시간이었다.

다만 용돈도 많이 쓰지 못한 것이 너무 아쉽고, 현지 옷을 사지 못한 것도 제일 아쉬움으로 남는 것 중 하나이다. 한 번도 가지 못했다면 꼭 추천하겠지만 다시 가기에는 힘들 것 같은 7인 7색! 하지만 나중에 기회가 된다면 혼자 혹은 친구끼리 배낭여행을 가고 싶다는 생각이 있다. 7인 7색 가기 전까지는 많이 긴장되고 떨렸지만 다녀와서 보니 좋은 추억과 기억으로 남게 되어서 너무 좋은 7인 7색이었다.

앞으로 계속해서 말씀을 접하고 오늘 나에게 무슨 말씀을 주셨는지 또 알아가고 실천하면서 살아가고 싶다. 주님의 계획하심 또한 느끼고 경험하면서 여행을 진행하다 보니까 너무 대단했고 감사함을 느끼게 되었다. 지금까지 실천을 잘하지는 못했던 것 같지만 다시 한 번 말씀 안에서 살아가고 싶고, 생각만 하는 것이 아닌 행동과 실천으로 살아나가고 싶다. 하루 동안 말씀을 접하고 가까이하면서 살게 된다면 얼마나 위대하고, 대단한 것인지 깨닫고 매번 묵상하는 것이 얼마나 기대가 되는 것인지를 알게 되었다. 주님이 나와 함께 하시는지를 여행 중간 중간 정말 깨닫고 신뢰하게 된 여행이었고, 계획적이지 못한 내가 많이 계획적으로 바뀌었고, 계획이 틀어진 경험을 통해 모든 게 뜻대로, 계획대로 흘러갈 수 없다는 것을 알게 된 여행이었다.

이번 여행을 보내주신 부모님, 여행을 가게 해주신 여행 쌤, 우리를 이끌어주신 기대 쌤, 소명학교에도 감사합니다. 태준, 정연, 다예, 지원, 다연, 주은, 기대 쌤, 여행 쌤 모두 수고 많으셨습니다. 7인 7색을 통하여서 정말 좋은 여행, 잊지 못할 여행, 좋은 추억을 만들어주셔서 너무 감사합니다.

허주은의 "걱정의 끝은 결국 행복"

지금 이 여정을 끝낸 시점에서 내가 바라보는 7인 7색과 여정을 시작하기 전 내가 봤던 7인 7색은 매우 큰 차이가 있다. 그것이 같은 7인 7색이라는 것을 보고, 내가 한 생각이 맞나 싶을 정도로. 우선 지금 내가 7인 7색을 원동력과 생기 그리고 무한한 행복이라고 생각한다면 그때의 7인 7색은 내게 있어서 마치 숙제 같은 느낌이었다. 얼른 해치워서 끝내버리고 싶은 플래너 속 계획과 같이 이 여행에 대해 좋지 않은 의무감을 느끼고 있었다. 3개월 정도 전부터 끊임없는 모임과 준비를 해야 했기에 그런 것 같기도 하다.

나는 7인 7색 모임이 시작 된지 중간 지점부터 합류했는데 한 친구가 개인 사정으로 여행에 참가하지 못하게 됐기 때문이다. 처음 그 사실을 알게 되고 여행 선생님께 권유를 받았을 땐 부모님과 상의할 생각조차 하지 않은 채 거절했다. 하지만 거절한 지 얼마 되지 않아 다른 친구들이 다시 한 번 진지하게 내게 권유를 하게 되었고, 나는 그제서야 고민을 해보았던 것 같다. 치열한 고민 끝에 결정을 하게 됐고, 그것이 내가 7인 7색이라는 여정을 시작하게 된 계기이다.

우선 가기 전에 알 수 없는 정말 심한 압박감과 의무감을 가지고 있었다. 그리고 그런 것들과 여러 가지 걱정들이 뒤섞여 큰 짐덩이가 됐었다. 하지만 확신은 하고 있었다. 이 여행이 내게 중요한 영향을 끼치게 될 것이고, 이것은 주님께서 준비하신 것이라고. 하나님께서 7인 7색이라는 여행으로 말미암아 내게 정말 중요한 것을 주시려는 것을 은연중에 깨닫고 있었다. 그리고 끝없는 모임 끝에 절대 시작될 것 같지 않았던 이 여정이 시작됐다.

너무 걱정하고 걱정했던 것과는 달리 여행을 시작한 뒤 정말 하루도 행복하지 않았던 적이 없다. 정말 여행을 시-작! 하자마자 모든 걱정과 압박감 같은 것들이 공기 중에 사라져 버렸다. 경유를 위해 부다페스트에 도착을 하고 나서 둘러보기 시작했는데 제일 유명한 부다페스트 국회의사당의 야경을 보자마자, 황홀할 정도로 아름다운 그 모습에 반해버렸고, 그때부터 여행 끝까지 행복하기만 했다. 여행에서는 정말 많은 일이 있었다. 이집트에 도착하자마자 다수의 택시기사 분들에게 사기를 당했던 것, 피라미드 가는 미니버스에서 우리를 속이려고 뒷돈 제공(?)을 하는 모습을 적발했던 것. 이스라엘에 가기 전 팔레스타인과의 분쟁으로 인해 급히 비행기 표를 끊어 다른 나라로 향해야 했던 것 등등.. 이외에도 다사다난한 사건들이 끊임없이 우리를 마주하고 지나쳐갔다. 그러한 상황들은 한국에서는 도저히 경험할 수 없었던 것들이었다.

우리가 마주한 다양한 나라들은 우리나라와는 정말 다른 문화들을 가지고 있었는데, 가장 인상 깊었던 두 나라의 문화에 대해서 잠시 소개 해 보겠다. 우선 이집트는 가격표가 없는데 사기를 치는 경우가 백이면 백이어서 무조건 깎아야 한다. 그리고 길을 건너려면 선택의 여지없이 무조건 무단횡단을 해야 하며, 차선도 신호등도 없는 자유분방한 나라이다. 그리고 매 시간마다 알라신에게 예배하는 노래 소리가 들려온다. 이스라엘에 경우는 딱 반나절 있었는데 전통 유대인을 매우 많이 보았다. 유대인 전통 모자인 키파를 쓰고 다니는 사람이나 전통 유대인들의 신사 같은 모습들을 많이 접했는데 매우 인상적이었다.

이런 문화들을 가지고 있는 여러 나라들을 거치며 예측할 수 없는 상황들을 계속해서 경험하고 또 문화를 접하는 그 순간이 내게는 너무 매력적이고 기쁘게 다가왔던 것 같다. 하지만 한편으로는 가슴이 아프기도 했다. 매 시간마다 알라신을 예배하는 노랫소리, 제시간이 되면 어디에 있든 절을 해야 하는 것, 시도 때도 없이 보이는 모스크 등 하나님이 아닌 다른 신을 경배하는 모습 말이다. 친구들과도 나눴지만 열방에 대한 기도의 필요성을 그곳에서 몸소 느꼈다.

여행을 하는 내내 기쁨이 멈추질 않았다. 너무 행복해서 여행 끝자락 쯤에는 집에 가고 싶지 않다고 생각할 정도였다. 막상 와보니 오기 전에 했던 걱정들은 아득해지기만 하고 그냥 너무너무 행복한 순간뿐이었다. 언제 이 나라, 이 친구들과 이런 배낭

여행을 할 수 있을까? 소중한 자산을 얻은 것만 같은 기분이 들었다. 나는 우리에게 닥친 모든 변수들과 상황과 여정 속에서 행복했다고 단언할 수 있다. 힘든 순간도 행복했던 것 같다. 왜인지는 모르겠다. 매일 내 안의 기쁨이 샘솟았고 은혜로웠다. 여행으로 인해서 주님께서 내게 삶을 다시 새롭게 살아갈 수 있는 원동력을 주신 것 같았다.

출애굽기 속에 나왔던 땅을 직접 딛고 묵상을 하는 것도 너무 감격스러웠다. 하나님께서 나를 이 여행에 보내신 이유를 지금에서야 알 수 있을 것 같다. 나는 7인 7색을 하며 다시는 할 수 없는 경험을 하게 되었고, 그로 인해 삶의 원동력 그리고 상황을 헤쳐 나가는 지혜, 활기 등등 많은 것을 얻게 됐다. 그리고 다시 한 번 주어진 내 상황에 감사하는 법을 배웠다. 이 여행을 내게 선물해주시고 이를 통해서 나를 성장시켜주신 주님께 너무 감사하다. 3주라는 짧은 기간 동안 내게 참 많은 변화가 일어났다. 여행에 가길 너무너무 잘했다는 생각이 백 번이고 천 번이고 든다.

우리가 소개하는 여행 TIP

김정연이 소개하는 여행 TIP

1. 배낭여행은 체력이 받쳐줘야 한다. 여행 전에 운동을 통해 기초 체력을 기르자.
2. 간단한 현지 언어들은 공부하면 좋다. 대부분의 상황에서 영어를 쓰겠지만 "감사합니다"같은 단어는 습관화하자.
3. 본인의 컨디션을 항상 점검하자. 아플 것 같다는 생각이 조금이라도 들면 무리하지 말고 충분히 쉬면서 일정을 소화해야 한다. 특히, 식사가 너무 맛있다고 해도 과식하면 안 된다.
4. 가격 협상을 할 때에는 주저하지 말자. 외국인을 상대로 바가지를 심하게 씌우기 때문에 자신이 아무리 내성적이어도 '이렇게까지 깎아도 될까?'라는 생각이 들 정도의 가격을 제시하며 흥정을 시작해야 한다.
5. 중동에서는 도움을 주겠다며 먼저 다가오는 사람들을 조심해야 한다. 정말 아무 목적 없이 순수하게 도움만 주려는 사람은 거의 없다.
6. 여권, 카메라, 그리고 핸드폰과 같은 귀중품은 항상 내 몸 곁에 두자. 작은 가방에 넣어서 앞으로 메고 다니면 좋다.
7. 다른 나라로 이동하는 날에는 현지 화폐를 쓸 만큼만 인출해 놓자. 잔돈이 꽤 남아 있다고 해도 고액권이 아니면 잘 환전해주지 않는다.
8. 현지에서는 그 나라의 문화를 최대한 경험해보자. 한국 음식이 그립긴 하겠지만 이때가 아니면 언제 다시 올지 알 수 없기 때문이다.

김태준이 소개하는 여행 TIP

1. 이집트는 여행객에게 가격을 엄청 불러서 팔기 때문에 제시하는 가격의 반 가격을 먼저 말한 후에 합의를 하세요.
2. 대중교통을 탈 때 기사님과 밀당을 해야 합니다. 가격 깎기에 실패했다면 쿨하게 다른 차를 탄다고 하고 가세요. 그러면 기사님이 당신을 붙잡을 겁니다.
3. 신호등과 횡단보도가 발달 되지 않았기 때문에 차도를 지날 때 좌우를 신중하게 살피세요.
4. 사전 조사는 큰 힘이 됩니다.
5. 수건은 스포츠 타월이 좋아요.

6. 비타민, 꿀스틱은 꼭 챙기세요.
7. 버리는 물건을 챙겨서 버리면서 여행하세요.
8. 담배 냄새가 강하기 때문에 탈취제를 챙기세요.
9. 구걸하는 사람들에게 돈을 주지 마세요.
10. 썬크림, 로션도 챙기세요.
11. 매운 라면은 한국인의 피입니다.

문다예가 소개하는 여행 TIP

1. 힙색을 가져가면 돌아다닐 때 편해요.
2. 공기가 맑지 않아서 허브 마스크를 챙겨가면 좋습니다.
3. 따뜻한 물이 나오지 않는 곳이 많아서 추위를 많이 타면 드라이 샴푸 같은 것을 챙기세요.
4. 일회용 속옷을 사가면 편해요.
5. 아끼는 모자는 웬만하면 쓰지 말고, 될 수 있으면 두 개 정도 가져가세요!
6. 아이쉬를 생각보다 많이 먹게 될 텐데 간단히 발라먹을 만한 것을 챙기면 좋아요.
7. 물티슈는 휴대용 하나, 생활용 하나.
8. 크나페 꼭 드세요!!
9. 물가가 싼 곳에서 좀 누리는 편이 합리적이라고 봅니다.
10. 현재에 집중하고, 외부, 내부, 자신에 의해 멘탈이 무너지지 않도록 기도하세요.

박지원이 소개하는 여행 TIP

첫 번째는 여행 전! '최대한 많은 정보를 검색하되, 나오지 않는 정보들 때문에 불안해 말기!' 지극히 개인적인 의견이지만, 산티아고도 다녀오고, 7인 7색을 다녀오고 나니 확실하게 느낀 것이다. 여행을 하다 보면 검색한 것과 매우 매우 다른 상황에 많이 맞닥뜨린다. 그럴 때마다 중요한 건, 소통이었다. 그냥 지나가는 사람 붙잡고 물어보면 다 해결된다. 인터넷 붙잡고 1시간 동안 검색해도 나오지 않던 게, 지나가는 사람 붙잡고 물어볼 때 해결되는 경우가 다반수이다.

두 번째는 '최대한 영어공부 열심히 하기'이다. 여행 가서 넓은 세상을 보고 오는 것만으로도 많은 도움이 되지만, 현지인들과의 대화를 통해서 얻는 게 제일 크고 많다. 중동 같은 경우는 소통이 어려울 수도 있겠지만 그래도 대화를 최대한 많이 해보는 것이 여행을 가서 많은 것들을 얻어올 수 있는 방법인데, 딱 대화가 되려고 할 때, 깊은 질문들로 나아가려 하는데! 말이 안 나올 때에 드는 그 절망감은 말로 표현할 수 없다… 정말 슬프다ㅠ 그래서 꼭! 다음 여행 때는 회화를 많이 연습해 갈 것이다. +그 나라 언어 기초나, 기본 회화를 연습해 가면 좋다.

세 번째! 중동 여행에서는 절대 사람을 믿어선 안 된다. 가격표가 없는 경우에는 무조건 깎기!

네 번째! 상의와 하의는 3벌 정도면 충분하다. 그 대신 빨래비누 같은 걸 무조건 챙겨야 한다!

다섯 번째, 카메라 챙기기. 최대한 영상과 사진을 많이 찍는 게 좋다!! 그 대신 체력적인 부분에서 여행에 너무 무리가 된다면 사진과 영상에 부담을 가지진 않아도 된다.

여섯 번째, 보조배터리 필수! 가볍고 충전량이 많은 것을 선택하기! (**기내 반입되는 걸로)

이다연이 소개하는 여행 TIP

1. 배낭은 무조건 가볍게 들고 가야 하기에 옷은 최소화한다.
2. 빨래를 위한 종이비누와 빨랫줄을 챙기면 좋다.
3. 라면 스프나 고추장 등 '매운' 조미료는 필수이다.
4. 아는 만큼 보인다! 여행 루트뿐만 아니라 여행 지역의 역사나 문화 등을 미리 조사해가면 훨씬 좋다. 다큐멘터리 정복 추천!
5. 계획대로 되지 않아도 상심하지 말고 바로 대안을 찾아봐야 한다. 계획대로 이루어지는 것이 이상한 일!
6. 긍정의 힘을 무한 신뢰하자. 감사할 일을 '찾아서라도' 끊임없이 감사하자.

지영훈이 소개하는 여행 TIP

1. 한국 음식 많이 챙기세요! (언제 어디서든지 먹고 싶을 것입니다.)
2. 옷 많이 안 챙겨도 괜찮아요! 현지에서 옷 사는 걸 추천합니다. 전 못 샀지만 친구들이 부러워요! (부끄럽지만 전 겉옷 1개를 매일 입었습니다.)
3. 엄마가 챙기라는 거 다 챙겨가세요! (엄마 말은 항상 옳습니다.)
4. 자주 아픈 친구라면 상비약 많이 챙겨가세요!
5. 용돈으로 사고 싶은 거, 먹고 싶은 거 다 투자하세요! (전 아끼다 다 쓰지 못했습니다.)
6. 말씀을 최대한 생각하면서 살아가세요! (가시면 아시겠지만 말씀의 힘은 대단합니다.)
7. 여행 일기는 매일매일 적기!
8. 하루 마무리 기도하기! (전 매일 그렇게 하지 못한 것이 아쉬워요.)
9. 여행 가서 외부 사람은 절대 믿지 말기!
10. 준비 열심히! 놓친 것 없이 준비하기!

허주은이 소개하는 여행 TIP

1. 어떤 것이든지 철저히 준비하기. 철저하게 준비하지 않으면 변수가 많기 때문이다. (항공편부터 숙소, 물가, 문화, 역사, 치안 등등)
2. 여러 서류 같은 건 클리어 파일(6p정도) 에 한 번에 북마크 해서 가져가면 진짜 편하다. 여권도 거기 넣어 다니면 찾기 편하다.
3. 돼지코나 멀티탭의 경우 숙소 친구랑 나눠서 가져오는 게 효율적이다.
4. 스포츠 타올은 습식성 타올 쓰기. 그러면 수건 하나만 가져가도 진짜 충분하다.
5. 한국음식은 볶음고추장이 효율이 좋다. (컵라면은 효율은 안 좋은데 제일 귀한 보물이 되니 꼭 가져가기.)
6. 상하의는 입고 갈 것까지 2~3개면 적당하다.
7. 종이 세제 꼭 가져가기
8. 슬리퍼 꼭 챙기기

여행을 닫다

코로나로 전 세계가 멈췄던 지난 시간을 뒤로하고 다시 여정을 시작하게 되었습니다. 오랜만에 비행기에 올랐던 그 감격은 이루 말로 표현할 수가 없습니다. 그렇게 다시 배낭여행을 시작하게 되었고, 아이들의 출애굽기 묵상과 중동 여행 이야기를 책으로 담게 되었습니다.

이번에도 담고자 하는 이야기를 다 담기에 어려움이 많았습니다. 다녀온 기간이 20일이라 그리 길지는 않았지만 7명 학생의 시선을 담다보니 지면의 한계가 있었습니다. 아쉬움이 있지만 그래도 묵상과 여행 이야기를 최대한 살려서 담고자 노력했습니다.

이 글은 여행 에세이와 청소년 에세이라는 성격이 함께 있습니다. 보시다가 가끔은 이해하기 어려운 표현을 마주하셨을 수도 있습니다. 최대한 이해를 돕기 위해 보충을 하려고 했으나 그럼에도 불구하고 이해하지 못하는 단어를 마주하셨다면 이해를 부탁드리며 검색 창의 도움을 받으시기를 바랍니다.

또한 아침마다 묵상에 힘을 쏟고, 묵상한 결단으로 하루를 살아가고자 힘을 쏟았던 나날임을 고백합니다. 하나님과의 관계를 놓고 끊임없이 고민하며, 넘어져도 다시 일어서는 그 과정이 하나님께서 보시기에 분명 값진 시간이었으리라 믿어 의심치 않습니다. 이 씨름의 과정을 통해 하나님과 더욱 친밀해지는 아이들의 모습을 볼 수 있었습니다.

세 번의 출판을 하면서 여러 독자 분들과 소통을 하며 느낀 것은 기독 청소년, 기독 학부모만 한정하여 관심을 가져 주시는 것이 아니라 다양한 분들의 많은 관심이 있다는 것이었습니다. 피드백을 주시는 경우도 있었고, 칭찬과 격려를 주시는 분도 있었습니다. 하나를 나눠보자면 '여행을 어떻게 준비했는지 궁금한데 책에서 실려 있지 않아서 아쉽다.'라는 피드백이 있었습니다. 그래서 학기 중에 아이들과 모임을 하면서 과정을 기록했고, 이번에도 짧게나마 나눌 수 있게 되었습니다.

　이번 여행에서도 '하나님 나라'를 경험했습니다. 12학년 선배들이 부다페스트에서 벌금을 받아 약 35만원 손실, 파포스로 향하는 악명 높은 항공사의 2시간 전 온라인 체크인을 하지 못해 약 65만원의 손실이 생겨 가난한 배낭여행 중 약 100만원 큰 손실이 발생되었습니다. 그런 중에 두 학년의 공금으로 갖고 있던 375달러(약 47만원)를 선뜻 11학년들이 12학년에게 주자는 의견이 나왔고, 모두 동의가 되어 전달을 했습니다. 선배들의 어려움을 외면하지 않고 먼저 손을 내미는 아름다운 모습이 있었습니다. 우리는 장차 올 하나님 나라를 고대하며 살고 있지만 그 하나님 나라는 이미 우리 가운데 임하였습니다.

　7인 7색 배낭여행을 진행하도록 지원해주신 소명학교 신병준(꿈) 교장 선생님, 요르단에서 사역하시며 한국에 오셨을 때 아이들 여행 준비 모임에 함께해주시며 조언을 주신 이순복 선교사님, 선교사님과 만남을 제안해주시고 소개해주신 정승민(슈퍼맨) 부교장 선생님, 인천 국제공항 오갈 때 운전으로 섬겨주신 김종은(그루터기) 중등 교감 선생님, 김병준(BJ) 고등 교감 선생님, 출판 재정 대여에 힘써주신 박광제(마중물)선생님과 오미영(단비)선생님께 감사드립니다.

　일정 동안 기도로 함께해주신 소명학교 전교직원 선생님들, 아이들을 믿고 맡겨주신 학부모님께 감사드리며, 저의 신앙 공동체인 서울 노량진 강남교회와 남편의 부재 동안 가정을 잘 지켜준, 또한 윤문으로 아이들의 글을 아름답게 다듬어준 사랑하는 아내 유근혜 자매와 건강하게 잘 자라주는 고마운 아들 박아론에게도 감사드립니다.

중동 배낭여행에 함께한

맛난 요리 실력으로 친구들을 행복하게 해준 정연이,

섬김의 끝자락을 향해 최선을 다한 팀장 태준이,

여행을 마친 뒤 더 많은 것들을 얻고 있는 다예,

아이유에 진심이며, 모두에게 웃음을 주는 지원이,

두려움과 걱정 중에 평안과 감사함을 찾은 다연이,

친구들은 물론 잠시 만난 사람들도 배려하는 영훈이,

20일 동안 200% 행복했던, 가끔은 허당스러운 주은이,

형처럼, 오빠처럼 아이들을 친근하게 품어주신 기대 선생님과

함께해서 저도 무지 감사하고 행복했습니다.

마지막으로 위험천만한 중동에서 안전하지 못할 수도 있었던 일정을 안전하게 잘 마무리할 수 있도록, 다음 세대 아이들이 당신을 더 알아가고 성장할 수 있도록 허락하신 하나님께 마음 다하여 감사와 찬양과 영광을 높여 드립니다! 할렐루야!

감사합니다.

2023년 9월

소명학교 교사 박진섭 (여행)